原动力

云时代企业成长之道

李桂云 主编

北京大学出版社
PEKING UNIVERSITY PRESS

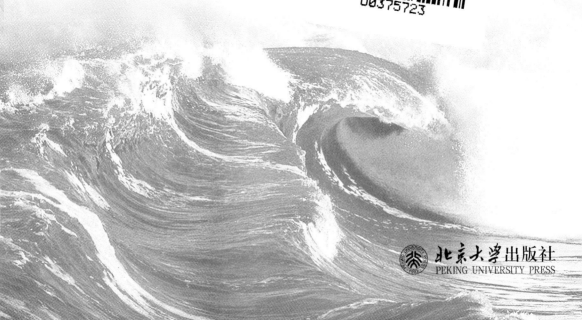

图书在版编目(CIP)数据

原动力：云时代企业成长之道/李桂云主编．—北京：北京大学出版社，2013.11
 ISBN 978-7-301-22952-1

Ⅰ.①原…　Ⅱ.①李…　Ⅲ.①企业管理－研究－中国　Ⅳ.①F279.23

中国版本图书馆 CIP 数据核字（2013）第 177299 号

书　　　名：	原动力：云时代企业成长之道
著作责任者：	李桂云　主编
策 划 编 辑：	姚成龙（yaobianji@163.com）
责 任 编 辑：	王　莹
标 准 书 号：	ISBN 978-7-301-22952-1/F・3699
出 版 发 行：	北京大学出版社
地　　　址：	北京市海淀区成府路 205 号　100871
网　　　址：	http://www.pup.cn　新浪官方微博:@北京大学出版社
电 子 信 箱：	zyjy@pup.cn
电　　　话：	邮购部 62752015　发行部 62750672　编辑部 62756923　出版部 62754962
印　　刷　者：	北京宏伟双华印刷有限公司
经　　销　者：	新华书店
	720 毫米×1020 毫米　16 开本　17.5 印张　310 千字
	2013 年 11 月第 1 版　2013 年 11 月第 1 次印刷
定　　　价：	38.00 元

未经许可，不得以任何方式复制或抄袭本书之部分或全部内容。
版权所有，侵权必究
举报电话：010-62752024　电子信箱：fd@pup.pku.edu.cn

招银大学　企业变革推动器 …… 128
农信银中心　建设农信银系统人才储备库 …… 134
平安大学　一切皆是营销 …… 140

第四章　支撑业务转型 …… 147
中国移动广东公司　U-Learning学习平台与国际接轨 …… 149
北京移动　品牌培训意识助推运营商转型 …… 157
中国电信网上大学　支撑电信转型永不满足 …… 164
上海电信培训中心　面向市场的企业大学转型 …… 172

第五章　争做草根时代的王者 …… 181
大联想学院　带着渠道商一起成长 …… 183
金蝶商学院　让中国式管理在全球崛起 …… 192
用友大学　草根时代的"王者"之道 …… 198
奇虎360学院　严谨系统上的轻舞飞扬 …… 206
腾讯学院　企鹅帝国的人才精进策略 …… 214
中兴通讯　员工能力提升助推企业发展 …… 222

第六章　"创造者"的春天 …… 231
西安杨森大学　做专业的业务合作伙伴 …… 233
长虹商学院　标准化进程中打造教导型组织 …… 240
北京龙发装饰集团　培训必须跟着经营走 …… 247
远东大学　让创造型企业培养"创造者" …… 256
宝钢　十年练就传统行业E-Learning春天 …… 263
国美培训　零售业龙头的雄鹰之志 …… 269

目　录

序 ··· 1

专家访谈 ·· 1
中国将出现世界级的企业大学 ·································· 3
企业大学建设路在何方？ ·· 10

第一章　"心"与"行"的修炼 ································· 17
中储粮　大型央企"心"与"行"的修炼 ··················· 19
国核大学　成长是一种责任 ···································· 27
中航大学　思想引领央企变革 ································ 33
供销合作社　传统机构嫁接现代培训理念 ··············· 40
中粮集团　忠良书院预示中粮未来 ·························· 47
中国邮政网络大学　力争成为企业科学发展的智库 ··· 53

第二章　文化是魂，业务为根 ······························ 63
星巴克(中国)大学　文化是魂，伙伴为根 ··············· 65
IBM中国渠道大学　与众不同的成长之道 ··············· 72
爱立信中国学院　文化蕴育"电信界黄埔" ··············· 80

第三章　企业变革推动器 ······································ 87
人保财险　把企业建设成一所大学 ························· 89
中国银联培训中心　新技术应用控的排头兵 ············ 97
泰康人寿　企业文化开启员工成长密码 ·················· 105
中国工商银行　打造ICBC学习品牌 ······················ 113
渣打银行　外资银行人才培养那些事 ····················· 120

序

四年时间,陆续采访了几十位企业大学、培训中心负责人,每次采访结束时均如同打了鸡血一般的兴奋,常常被受访者的战略思维、专业能力、工作激情所打动。如何使这些人的思想与智慧让更多人受益,成为这几年的一大心愿。

记忆犹新的是那次采访摩托罗拉大学中国创始人之一普瑞姆·库玛,这位世界级学习型组织创建大师的中国通形象至今一直萦绕于脑海,他不仅相信中国企业未来会崛起,而且认定中国会有一些世界级的企业大学出现,库玛基于自己25年的全球公司经验得出的结论——未来将是中国企业教全世界。这让我激动不已。

随着采访的不断深入,越来越觉得企业大学、企业培训绝非是培训领域的专业者在自娱自乐,许多培训管理者都在努力不断实现自我"升级":像企业家一样经营自己的事业;与老板站在一个平台上思考、互动;与企业战略密联,始终以企业业务为核心,让培训、学习、人才发展成为企业,甚至行业解决问题的有效途径……一些有远见的企业家,已经把企业大学作为战略服务的重要推手。在推动企业变革、战略转型、价值观传递等层面,培训及学习越来越发挥着不可替代的作用。

然而,仍有一部分企业把目光停留在快速盈利的短期目标层面,还有一些企业领导人虽然意识到人才培养的重要性,但却缺乏对企业大学、人才培养的科学、专业、系统的认识与理解。因此,编辑出版本书的目的,一方面是希望引起更多企业领导者对培训、人才发展领域的关注与重视,从战略发展的高度重新认识与定位这项工作。另一方面希望能让更多优秀企业大学的实践,在分享和广泛传播中进一步生根、发芽,从而为中国企业走向成熟,走向卓越,略尽绵薄之力。

如今已步入云时代,互联网挖掘并放大了人类的潜能,不仅赋予了人类创造的力量,而且更在快速传播创意,知识更新、产品创新都在以难以想象的速度发展；云时代的企业只能在不断的变革中生存，也只有持续创新才能永恒发展。今天单枪匹马的英雄时代已经逝去，取而代之的是团队意识高涨的草根时代；谁更懂得有效整合资源，谁就将是这个时代的宠儿。在今天企业发展的核心是人，是人的学习力、人的忠诚度和人的创造激情。所以，在这个意义上，我们可以把企业大学称之为企业发展的灌能引擎，重视和培育企业的这种原动力，是企业做大做强的根本。从本书收录的企业大学实践来看，我们已经在路上——将会有越来越多的优秀企业走向世界，我们也同样相信会有越来越多的世界级企业大学在中国出现！

  本书能够得以出版，首先要感谢所有的受访者，他们作为智慧的分享及传播者，每一位都积极配合、全情投入，他们的真诚、激情时时感染、激励着我。再者要感谢北京大学出版社的姚成龙主任，约稿一年多，他总会不厌其烦地问，什么时间可以成稿？是他的执著鼓励了我。还要感谢夏巍峰主编、刘宪子老师，作为领导，他们时刻鞭策我们要为推动行业发展多做些事情。还有我的同事李密珍、吕瑶、潘超、王铁军、罗勇等的辛勤付出，他们为本书文章资料的搜集、整理做了大量工作。本书若有不足之处，还望读者同人批评指正。

李桂云

专家访谈

中国将出现世界级的企业大学

"中国是一本大书,学得越多,越觉得自己不够。"记者惊叹这句满含对中国文化崇拜之情的话出自一位马来西亚人之口,更佩服他对中国文化的了解与融会贯通,他的言行举止不仅表明他是一个"中国通",他还通过自己的思维、理念、价值观来传播中国文化,俨然一位中国文化的传播大使。他便是普瑞姆·库玛(prim kumar),摩托罗拉大学主要创始人之一、亚洲企业大学联盟创始人、世界级学习型组织创建大师。

普瑞姆·库玛不以自己在摩托罗拉工作20多年为傲,也不以曾在马来西亚最大的银行做CEO为豪,却"得意"于别人听说他曾在中国工作三年而肃然起敬。他很虔诚地告诉记者,他之所以来到中国,是有一个声音在冥冥之中一直告诉他应该来中国学习,"我像个和尚一样住在北京,待了三年,依然不能触及中国文化的深处"。到目前为止,普瑞姆·库玛已经在中国工作、生活八年了,仍认为中国文化太深了,学不完。这位吸纳多种文化精神的企业大学界的泰斗在享有盛名之后,效仿中国圣人力求逃名,他认为"至人无己,神人无功,圣人无名"。

这些年普瑞姆·库玛与中国很多企业、机构结缘,致力于帮助中国企业大学走出去,让世界了解中国。凭借自己25年的全球公司经验,普瑞姆·库玛不仅相信中国企业未来会崛起,而且会有一些世界级的企业大学出现,"未来将是中国企业教全世界"。

中国企业大学处于什么水平?

李桂云:能简单介绍一下目前国际上企业大学发展的情况吗?

普瑞姆·库玛:从数量上来讲,大概有四五千家企业大学在全球范围内运营。之所以有这么多企业大学在运营,是因为现在企业最核心的目的是让自己的公司能够在竞争中脱颖而出,所以都越来越重视把自己组织的知识有效管理起来,把人培养好。

过去的企业竞争优势更多体现在资源上,企业若能占有更多独特的资

摩托罗拉大学主要创始人之一、亚洲企业大学联盟创始人、世界级学习型组织创建大师普瑞姆·库玛

源,就越有竞争力,因此那时人们往往更多关注设备、土地等硬件方面的投入。当竞争到能够排在第一梯队的大多数公司拥有了同等的厂房机器设备时,他们的竞争关注点就转移到谁能应用有效的流程。当第三次革命到来时,有了IT技术后,好的流程变得每个公司都很容易获得了。当前的情势就会变成,谁能将知识型员工运用得更好,让他们更好地运用资源,掌握流程,谁就有更大的竞争优势。

这样,组织最有竞争力的部分就变成了人,包括人的能力还有意愿,而提升企业学习能力的企业大学或相关培训部门的工作就会变得非常重要,因而世界范围内无论大小公司,都会倾注越来越多的资源提升这些部门,让这些部门帮助组织中的人能够学习,能忘却旧知识、学习新知识,快速形成这种学习循环,帮助组织中的人迅速回应组织当前面临的挑战和未来可能面临的挑战。

在我的头脑中始终有这样一个画面,在海底,很多小鱼组成了一个大的鱼阵,在不同的形势下,它们随时变阵用以抵抗外来入侵。这个画面在现实中就如同虽有100万员工的企业,但大家众志成城,用同样的思维方式,同样的心去感受、感应外界变化,这样的组织可能是本世纪最能成功的组织。很不幸的是,现在很多叫企业大学的组织还在用旧的方法应对新的变化,我认为理想的企业大学或现在可以称做标杆的企业大学的做法是,创建一个组织学习系统,帮助人或者迫使人在这个系统中变成组织所期望的样子。

李桂云:您所说的组织学习系统和学习型组织有怎样的关联呢?

普瑞姆·库玛:这两者是有关联的,学习型组织更像是一种结果和产出,而组织学习系统是一个系统,帮助产生学习型组织,它本身是另外一套系统。从系统论的角度来讲,系统有产出端、输入端,中间有过程,在各个环节还有反馈,自己循环变成一个系统。其中输入端有领导的关注、设备的投入、学习者的准备、学习文化的准备等。如果产出的是学习型组织,那么生产学习型组织的这个系统就是组织学习系统,该系统就是由企业大学来运作。我看到很多称之为企业大学的组织关注采购、开发课程,其实好的课程只是整个系统的一部分、一项要素，而不是全景，系统的目的是要营造出一种学习文化。这对于其他很多国家来说是一种挑战，因为他们的员工都不愿意去学习培训，而中国是一个喜欢学习的国度，一直提倡终身学习，因此我认为，在中国没有这些问题。

可中国的问题是什么呢？在中国大家都愿意学习，学完之后，却不愿意去动手实践，不转化，这才是中国的问题。中国定义的是学习型组织不是学习组织，即知道很多概念但不去实践，中国的学习型组织只搞宣传，搞运动。但事实上我们要建的是学习组织，其实我对学习的准确定义是在中国学到的，它包括两部分："学"和"习"，如果仅仅学不去做不行，仅仅做不去学也不行。

李桂云：您认为中国企业大学目前的发展处于世界上的什么水平？

普瑞姆·库玛：说到世界企业大学的发展，我有一个重大发现，那就是全球第一所企业大学是在中国诞生的。大概在五六年前，我在中国山西的平遥发现了这个秘密，我在平遥的一个钱庄发现了一面公元1640年的墙，那墙上写的所有的东西，全是与企业大学相关的内容：有测评的方法、新员工培训导入的方法、职业生涯的路径，还有岗位说明、岗位模型、认证的方法等。可见在16、17世纪平遥古城的钱庄已经有企业大学这些概念了，企业大学在中国不是个新概念，早就有，只是现在才流行。

站在全局或是世界层面看，我一直看好中国。中国在"文革"以后，在改革开放的20世纪80年代，当时社会办教育的状态，其本质和西方现在提到的企业大学是很像的。像那些技校、职工学校、夜校，他们所做的事跟现在咱们倡导的所谓企业大学的工作内容是高度一致的。因为20世纪80年代我就到过天津的工厂，所以了解情况。我相信中国很快就会赶上目前世界级企业学习的状态。中国过去30年所做的事情，是西方世界过去200年做的事情，中国是在一个快速的学习状态中往前发展进步的。现在，在发展中国家中，中国已经处在企业学习状态的顶端了，下一个阶段就是要去跟发达国家的企业大学状态持平。所以在20世纪八九十年代中国引进的比较多，外资投入的比较多，现在的状态是中国已经开始走出去了，已经在世界市场上竞争。以目前这种趋势发展，再过20年，中国可以超越美国、欧洲的一些国家。

李桂云：您指的是中国企业的发展还是企业大学的发展？

普瑞姆·库玛：是指企业的状态，竞争力的层面。从20世纪六七十年代开始，中国已经产生了三级跳，从负的状态，即极度不发达国家，到发展中国家，到现在已经开始迈进发达国家。这种状态不是自然发生的，一定是在深层次上有强大的力量去推动它的。人才培养是其中很关键的因素。

中国企业大学的问题和差距

李桂云：现在中国企业大学与国际上优秀的企业大学的差距在哪儿？

普瑞姆·库玛：世界知名的大公司已经成型很久了，他们投入了大量的资源做研发，积累沉淀了足够的东西，知道如何帮助人学习，帮助人成长，通过有效的流程去学习，这个已经标准化、流程化。一些顶级的公司，在10~15年以前，就已经投入资源做E-Learning了；10年前行动学习已经成为人家的标准范式了；10年前摩托罗拉大学就已经在做M-Learning的研发项目。因为他们开始得早，已经有了许多模式、标准、流程，也是正常的。而在中国，企业大学的概念真正热起来也就是这四五年的事。但中国顶尖企业跟世界顶尖企业在企业大学方面的差距现在是越来越小。因为中国有很多创新性的东西，历史又积淀了这么深厚的文化，我认为未来三五年内，中国企业就会超越世界级的企业大学，有些标准就会在中国企业中出来，那时世界范围的人都会来中国学习企业大学到底应该有哪些功能，如何去定义。

李桂云：您为什么会对中国有这么大的信心？

普瑞姆·库玛：因为我相信五千年积淀的学习文化是最强有力的，因为企业要转变学习文化是很困难的，中国有学习的精神，能实质准确地把握。我到过几十个国家做培训，西方的和东方的都有，只有中国最能够把握学习的本质。很多年前，我去人民大学星期五的英语角，想在那儿找翻译，却看到一个年轻家长抱着一个几个月大的小孩在那里培养小孩的英语能力。他告诉我小孩虽然现在还不能说话，但是让他先听听也是好的。

这是中国最厉害的地方，我们的传统，我们的基础，还有我们对学习的渴求、渴望。现在的问题是我们的学习流程不对，我们的学习流程、学习方法没有跟现阶段、现代的方法完全匹配起来。不过我们具备了这些精神，要想学习这些流程也会非常快，比如在M-Learning方面，从2012中国国际远程教育大会上来看，中国就已经处于领先地位。我要把中国带上世界，要在中国找一个好的M-Learning公司案例推广到东南亚。至于学习流程方面，我们一旦意识到了、观察到了，也会很快跟上。

李桂云：具体而言，中国企业大学在流程方面有哪些问题？

普瑞姆·库玛：首先，流程的起点不对，不遵循学习流程，不是从系统的视角来做，而是从项目的视角来做，系统方法不够。其次过多地用在教室内培训，即变得知识化程度很高，应用变得很弱，学习没有完成。为什么会出现这种情况？不是说学习者不想学、不想应用，而是这个系统没有迫使他们学完马上用。例如，中国有很多很有创意的创新课，可如果领导是一个传统型领导，枪打出头鸟，不喜欢别人出好主意，再好的课也没有用，这就是系统没弄对。而领导风格是学习流程中的一个关键问题。所以在创新组织中，在培训学员之前，先要培训领导，让他成为创新型领导，这是一种系统的方法。

中国的另一个问题就是，过多地关注在员工的培训上，老板没有真正地被培训。中国培训领域最大的问题就是领导力的问题，也就是领导力发展的问题。新时代的员工都是"80后""90后"，而老板是X时代的，或者更早，现在的挑战是老式领导、新式员工。在国外，包括摩托罗拉大学的前身往往都是从领导力入手，先把领导培养好再培养全员。如果在这个问题上中国得到解决的话，那将会有巨大的改变。

中国投入了大量的资源去学技术或思维方式的培训，可我认为真正的学习发生是会做、会思考，心灵还要发生转换，在改变心智模式这个层面上中国没有真正做到、做好。教导心灵转变很重要，而且促使心灵转变恰恰是东方的智慧，本来是中国的强项，现在却把它丢了。

中国企业纷纷在学西方的东西，却忘记了自己的智慧。现在中国企业在到处找方法，却不知方法就在中国，就像口渴的鱼找水，其实到处都是水。我有25年全球公司的经验，我认为，并不是所有的东西都是西方的最好，东方的未必不好，都有好的和不好的，所以中西合璧才最佳。

中国企业大学何去何从

李桂云：可毕竟中国的企业大学刚刚起步，我们还没有多少经验，而且没有统一的标准，也不是很系统，该如何走出去？

普瑞姆·库玛：我也与你有同样的感觉，并不是只有中国没有标准、没有路径，虽然目前号称有四五千所企业大学，但全世界都没有这个标准。去年我们有五个国家成立了跟咱们中国企业大学联席会差不多的机构——亚洲企业大学联盟。这个联盟其中一项重要的职责就是创建出世界级的企业大学标准。同时我们也邀请了美国知名企业大学里的一些专家，最后也期望通过北京大学之手出个报告。亚洲企业大学联盟委员会是世界范围的，由全世界的优秀企业大学构成委员会，而我们创建的标准或模型其实就是一种认证标准，它可以对企业大学进行评级，像评宾馆级别一样，进行星级评定。为什么这样做呢？因为其实并不是每个公司都需要建五星级的企业大学，有些可能起步从三星级的必要职能做起就可以。

而且这个项目如果高端地做的话，可以再培训一批认证的讲师，而并不是仅仅让培训经理来学。但是鉴于中国太大，我一己之力太微薄，所以要先培训培训者。我们可以同步认证两类人：有潜力的培训师和同步学员，更多地培养中国经过认证的称职合格的培训师。而且还要将流程和系统着重植入整个标准流程。

另外，更重要的是让这个项目变得出名，是以项目本身导向，而不是专家导向。就我的经验而言，一旦有了专家形象，别人就很难再进去。而且我对自己有一个要求，就是不能太出名，一旦出名自己就可能丧失谦卑的心，我提醒自己保持一颗平常心，因为真正的大师，是要逃名。

中国的领导者也应该学会走向世界去宣传中国，当你去分享，去教别人的时候，这就是最好的学习方法，首先你教别人的时候你的标准不会很低，其次你也能很好地将别人的东西抓过来，可以达到两倍收益。教得越多，学得越多。中国企业大学应勇敢地走出去教全世界，教的这个过程就是中国企业大学提升最快的过程。

摩托罗拉大学的启示

李桂云：摩托罗拉大学为何解体，众说纷纭。作为一个老摩托罗拉人，您能谈谈摩托罗拉大学解体给我们带来的启示吗？

普瑞姆·库玛：在摩托罗拉大学发生的事儿，其实也是在摩托罗拉公司发生的事儿。摩托罗拉是一个家族企业，它的运营方式是思考长远的发展规划，是为了更好的文化，发展人、培养人，创造一个家庭一样好的文化环境。可在2000年的时候，摩托罗拉由第二代继任，有了新的投资人进来，战略上就发生了一些改变，由于股东需求，每季度的短期收益就变得很重要了。为了组织者利益最大化，就这样把摩托罗拉拆分开，将当时一些认为非核心的业务卖了，一个是企业大学，一个是研发中心，殊不知这样就使摩托罗拉失去了整体优势，也失去了竞争优势。作为一个老摩托罗拉人，我觉得2000年后的摩托罗拉更像一个资本主义社会的公司，用追求短期利益或更多资源的思维方式来指导生产。但是我有一个秘密要说，那就是摩托罗拉大学的精神依然存在，摩托罗拉公司依然存在。因为这个家族又重新构建了一个新公司，又开始创建了这个新公司的企业大学，旧的文化在这个新公司里又复活了。所以，我认为摩托罗拉大学还是好好的，它重生了。

所以这件事给我们的启示是：第一，在运营管理团队中必须有一种信念，就是培养人，不能仅仅谋取短期利益，高层或决策层一定要有这样的承诺，要坚定不移地培养人和发展人。第二，从管理层的视角来讲，应该注重长远的发展与利益，因为培养人这种投资，是长期回报，并不是按季度去回报的。第三，摩托罗拉因为太出名了，小骄傲太严重，摩托罗拉大学也好，公司也好，曾经都很辉煌，所以他们就不从自身的错误中有效学习了。当形势发生变化的时候，如果不能有效地去反思，或者在错误中学习的时候，还用旧的方法来处理新情境就会出现问题。最后一点，我认为它给企业大学一个严重警告，那就是不要尝试使它成为利润中心。如果成为利润中心，一方面就会将自己核心的东西教给你的竞争对手，另一方面在利润中心导向下，思维方式也会发生变化，对内部提供服务时也用此去衡量的话就会有问题。

李桂云：您认为公司的发展应该从长远的利益着想，而中国的企业现在都纷纷追求上市，能上市是否就是一件好事呢？

普瑞姆·库玛：我一直认为一个比较纯粹的资本主义是不行的，是难以可持续发展的，一定要社会资本主义，要先尊重人，先从人的角度去考虑，而不是先从资本的角度。所以资本市场上，如果只知道不停地争取更多的投资，而不特别关注实体，不关注核心业务，却一味追求做高公司价值，实际上是不好的。我有一个案例，曾经有一个CEO开股东会承诺要建一个企业大学，但实际上当企业大学建成以后并没有给企业人力资源资本带来成长，或是对人员开发提供任何好处，只是对媒体声称我们有企业大学，而且很漂亮，这样的企业大学就变成了一个市场作秀的工具。

企业不一定要上市，上市后如果忘记了背后的那些人和业务，那些真正有价值的东西，可能你这家公司只是股价在上升，但没有真正存在的价值，时间长了，产生的泡沫就会破灭，你的公司可能也就不存在。上市只是让组织发展的一个工具，重点还在于平衡。

《中国远程教育》（资讯）杂志记者　李密珍/整理

企业大学建设路在何方?

与闫晓珍相识已经三年有余,那时她还在摩托罗拉大学任校长,她的睿智从容,以及在企业大学领域的深入研究给我留下了深刻的印象,所以在我刊开辟专门报道企业大学的空间时我们自然而然地想到了她。她非常爽快地接受了采访邀请,访谈在惠普大厦进行,我们交流的内容并不局限于惠普大学,或者摩托罗拉大学,作为亚太企业大学联合会核心理事、惠普大学联席校长,她重点阐述了国内外企业大学的差异、企业大学建设中应关注的问题、行业未来走势等。一如印象中的那样,闫晓珍还是那么健谈、淡定,以行业专家的角度阐述了自己的观点。

中外企业大学差异在哪儿?

李桂云:很高兴您能接受我们的采访,请您先介绍一下,业界普遍认为的中国企业大学是从何时开始兴起的?现在发展到了什么阶段?

闫晓珍:其实中国比较大的民营企业基本上是在2003、2004年就开始着手做企业大学了,他们已经有意识在软、硬件两个层面做很大的投资。但企业大学这个热潮真正掀起来我觉得差不多是在2005、2006年。国内企业兴起这股热潮蛮好的,证明大家对人才培养的重视。

李桂云:您认为,中国企业大学和国外企业大学的差异在哪里?

闫晓珍:我觉得国内的企业大学和国外的还是有不太一样的地方,可能国内企业大学比较先考虑硬件设施这一块。跟国外的企业大学相比较来说,平安大学、海尔大学、华为大学的硬件确实很棒,投资都是上亿人民币,但是在国际上500强公司里花这个钱在硬件投资方面的不是太多。GE有一个很好的培养领

亚太企业大学联合会核心理事、惠普大学联席校长闫晓珍

导者的中心，摩托罗拉和惠普也都有自己的中心，这些都是作为一个企业大学的标志，但是在硬件方面的投资是有一定的局限性的，他们的重点和真正想做、想发展的是软件部分。这里所提到的软件部分是企业管理者和员工的素质提升及企业大学的系统平台建设，我觉得这一点和国内的企业大学有所不同。

另外，国外的企业大学战略和公司的战略结合相当密切，而国内我不敢确保所有的企业都是这么做的，可能有些企业做得比较到位，对这一点很关注，但是有一些企业在这方面并不是很到位，只是觉得完成了培训和培训经费花出去就可以了。

还有就是系统和平台的建设上，国外的企业大学做得比较超前和扎实。

李桂云：如您所说，国内企业大学与国外企业大学相比，在与公司战略的结合上有一定的差距，要怎么样才能让企业大学跟公司战略结合得更紧密一些，您能不能给出一些执行层面的建议？

闫晓珍：执行层面的建议是，企业大学要知道业务部门的需求，也就是客户的需求是什么，而不是仅仅围绕部门的需求做服务。业务部门的责任是满足客户的需求，只有了解了客户的需求，才能真正为业务部门做好服务。

惠普大学与摩托罗拉大学孰强？

李桂云：为什么中国摩托罗拉大学会解体？其深层次的原因是什么？摩托罗拉大学在其他国家和地区的分部目前是什么运营状况？

闫晓珍：摩托罗拉大学仍然存在，只不过它的战略方向随着企业的战略方向的调整而有所变化。从去年年初开始，企业战略全部对内，不再对外，所以企业大学也做了相应的调整。企业大学依然在摩托罗拉存在着，摩托的系统和摩托手机部，这两个公司都有摩托罗拉大学，全部对内培养人才，在此更正一下理解。

李桂云：同为国外企业大学，惠普大学与摩托罗拉大学区别在哪里？其定位与目标是否不同？

闫晓珍：我觉得没什么太大的差别，从流程上、从人员素质上、从培训咨询上、从整体解决方案上、从和企业战略的紧密结合上，还有整个团队精神上各方面做的都差不太多。唯一不同的就是客户群，惠普的客户群更宽更广，对我来说是一个更新的挑战。而且惠普大学不是归属人力资源部，而是归于技术服务部，这一点上来说更贴近于客户。

其实惠普大学一共有六个学院，包括：商学院、IT管理学院、质量管理学院、网络教育学院、IT技术学院和服务外包学院，六个学院组成一个大学的体系，实实在在地支持公司的战略。大家可能有一个误解，认为惠普只有一个商学院，的确商学院在外面的牌子很硬，但其实我们有六个学院，是一个大学的概念，每一个学院在市场上都有不同的功能，支持的角度和维度各有不同，与惠普整体公司的战略是紧密相结合的。

另外，我想强调一点，惠普大学虽然是一个国外企业的企业大学，但是它的愿景是在中国为中国，这是我们的使命和宗旨，在中国的惠普大学实际上相当于中国的企业大学，既然我们在这片土地上，我们就要全心全意为中国的企业、客户服务。

李桂云：很多人关心您个人的职业发展规划，您在摩托罗拉工作了很多年，是因为摩托罗拉面临的一些情况选择离开，还是当时有其他的想法？

闫晓珍：我觉得这个事情很自然，我在摩托罗拉工作了将近17年，还是很有感情的，而且摩托罗拉大学做得的确很不错，这是毋庸置疑的。我认为公司的一个变化，任何一个人都要去服从，或者说去适应这样一个变化。以学习型组织的角度来思考组织变化为例，任何一个公司在发生组织变革和变化的时候，它的文化也会做出一些调整，而作为公司的一员要随着公司的变化而变化，随着公司调整而调整，你要去适应公司，而不是让公司适应你。当然，在这种情况下公司也应该考虑员工的既得利益，跟每个员工去谈其中的利弊。因为从一个大的公司拆分成两个中型的公司，公司首先要把拆分之后的动荡和变动与自己的员工沟通好。其实在摩托罗拉工作这么多年，我经历过多次变化和变革，从我个人来说，在摩托罗拉大学面临拆分的时候，刚好惠普大学有一个更新的挑战，或者更大的空间，更宽广的平台，这样一个机会也是蛮好的，所以我来到惠普是很自然的一件事情。

惠普是一个高科技公司，它的客户面很宽，摩托罗拉那个时候重点只是为电信的客户服务，惠普的产品是对各行各业，惠普打印机的市场份额到目前为止一直是第一，是打印机领域的领军企业，任何行业、任何人都会用到，这些都是它的客户，我觉得真的是一个很大的挑战。我这个人喜欢接受一些新的挑战，喜欢学习新的东西，人不能光有经验，还要再学习，从客户那里学习，从新的惠普大学和惠普整个公司学习更多的东西，所以我来到惠普是一件蛮高兴的事情。

我加入惠普后，感觉惠普的团队相当有朝气，潜力非常大。我在惠普质量管理学院的筹建和产品研发上做了很多的工作，在原来摩托罗拉的好的先进的经验基础上，加上惠普很强的精益六西格玛特点，强强联合，重新做了新的设计和新的研发，我可以很自豪地说，在目前市场上我们的持续改进后的精益六西格玛解决方案应该是最棒的。

企业大学归属哪里更高效？

李桂云： 您刚才提到惠普大学归技术服务部管理，这种情况好像很少看到，跟归属人力资源部相比有什么好处呢？您觉得企业大学应该归属哪个部门管理最好？

闫晓珍： 好处就是更贴近客户，技术服务部与业务紧密相关，当技术服务部接到任何客户的需求，比如客户买了我们的产品，技术服务马上就要跟上，给客户提供服务，像一些大的整体解决方案的需求直接就到了我们这个大学里，我们可以配合技术服务部，或者与技术服务部一起组成一个团队，给客户提供整体解决方案，这样操作起来比较直接，反应也比较快速。这是惠普的特色。

当然归属人力资源部也有一定的好处，因为人力资源部统管所有人员的素质提升、能力模型建设，包括组织结构的变化和调整，尤其是对高层人员的管理上，人力资源部肯定是最熟悉的，是它的老本行，所以不能简单地说归哪个部门管最好，而应该说归哪里最适合业务发展需求和客户需求。

李桂云： 有些企业大学是一把手、总裁直接管理的，您觉得这种做法怎么样？

闫晓珍： 我觉得很好，尤其国内一些企业，如果这个企业的老总希望建设企业大学，那么这个企业大学一定能建好。反之，如果是 HR 要建，老总不支持，中间就会出现很多问题。

企业老总有建企业大学的激情，这不单是他个人的激情，实际上是和企业整体的愿景、使命紧密结合在一起的，他所考虑的角度，是怎么能够用这个大学来帮助他，实现他对整个企业的战略实施和价值体现。所以企业的老总能在这方面重视起来是最好的，对企业大学的使命和价值的体现起的效果最好。

培训中心向企业大学如何转型？

李桂云：不管是摩托罗拉大学还是惠普大学，都是定位于外向型的企业大学，而目前国内的企业大学大部分是对内的，以后随着它们的发展成熟，也面临着转型的问题，那么什么样的企业大学适合外向型的定位呢？

闫晓珍：其实企业大学的建设应该从内往外走，对于国内的企业来说，想从一个培训中心转型成为一个真正的企业大学，首先要把内功练好，然后再谈企业大学。即使建立了一个企业大学，只对内做也没有问题，企业大学并不是一定要对外。

企业大学关键是要具有企业大学全部的功能。关于企业大学，国际上有很多标准，首先企业大学人员的素质要达到一个水平，能够管理好企业大学，另外自身要具备研发培训产品的能力，如果一个企业大学没有自己的研发团队，那可能还是停留在培训中心这样一个阶段。

企业大学必须考虑整体价值链，在价值链上，除了企业自身以外，还有上下游的客户和供应商，左右的合作伙伴，要让他们在你的价值链上去增值。先服务好客户，再培养供应商，帮助供应商提升，以保证产品的标准和质量。这个链条上的哪个环节出问题的话，都会影响到企业大学的建设，进而影响整个企业形象，因为企业大学是一个品牌的宣传，是一个对外的窗口。

李桂云：学术界一直有争论——企业大学能否独立于企业而存在？请您谈谈对这个问题的看法。

闫晓珍：企业大学能否独立于企业存在，我的答复是，至少现阶段不可以，它应该是和企业同时并存的，也就是说企业大学一定是和企业紧密相关，而且依赖于企业生存的。如果企业不存在了，也就无从谈起这个企业的大学，除非企业大学转型了，转到了职业教育和学历教育，划分为另外一个层面。比如像大唐电信的大学已经开始转型，它是电信行业比较独特的一个大学，在教育部有注册，可以授予学位，所以它既有企业大学的功能，同时也兼有学历教育的功能。这种情况在国内其实不是太多。

如何办真正的企业大学？

李桂云：您的头衔中有一个是亚太企业大学联合会核心理事，惠普大学联席校长，您能不能阐述一下这个职位的职能？

闫晓珍：惠普大学本身是亚太企业大学联合会核心理事，而且在中国只有我们一家是，在企业大学联合会中起领导者的作用。亚太企业大学联合会发起人曾到中国，对整个行业以及中国企业做过一些研讨和探讨，他认为惠普大学具备这样一个资格，有一套好的完整的体系来起到这样一个带头作用，将来能够为中国市场上所有的企业大学搭建一个平台，建成中国企业大学联合会。我们实际上是在帮助亚太企业大学联合会做这件事情。

李桂云：惠普作为亚太企业大学联合会核心理事，在2012年是否会在企业大学方面组织一些活动？

闫晓珍：这个问题问得非常好，我们确实有这样的计划和考虑，在龙年，我们希望惠普大学在企业大学建设方面能够起一个龙头作用，在2012年首要的一件事就是要成立一个中国的企业大学联合会。我们初步计划在4月份召开大型活动并启动联合会的相关工作。我们准备跟北京大学教育学院的企业发展研究中心以及像你们这样的媒体机构合作，希望更多企业能加入这一组织，把这个平台做起来。

不管是国企也好，还是外企也好，我们希望大家能够在同一个平台上，相互学习、分享、交流，把企业大学的理念加以深化，而不是只停留在一个表层，我们要办实和办成真正的企业大学。

《中国远程教育》（资讯）杂志记者　吕瑶/整理

第一章 "心"与"行"的修炼

中储粮　大型央企"心"与"行"的修炼

"国以民为本，民以食为天"，一支《中储粮人之歌》唱出了中国储备粮管理总公司所肩负的沉重责任，也唱出了中储粮人与生俱来的崇高使命。这支使命型团队是如何打造出来的？他们对人才队伍有着怎样的高标准严要求？教育培训又有着怎样的职责？温文尔雅的中储粮总公司培训中心主任杨建国有条不紊地向记者讲述着中储粮的培训特色。

在使命驱动下，中储粮培训中心围绕"两个确保""三个维护"，扎实严谨地落实着"双服务"战略，聚焦干部培训，从案例式、辩论式培训到研究式培训，再到长达半年的"校园式"中青班培训，不断推陈出新，创新培训方式。通过这些探索和创新潜移默化地改变学员的心智模式，促进他们的成长。而杨建国主任则更像一位大学的导师，带学生一样带员工，带团队一样做培训，他带领干部学员研究破题，督促学员练太极，引导学员潜心读国学，并时时关注学员的反馈，他诚恳地强调，培训要去功利化，"一定不能急功近利，太功利就不符合教育的规律"。

培训定位："双服务"战略

李桂云：中储粮总公司坚持以"两个确保"和"三个维护"作为企业的根本使命，秉持忠诚、创新、高效、卓越的价值追求，培训中心在帮助公司使命落地的过程中是如何定位自己的？

杨建国："两个确保"指"确保中央储备粮数量真实、质量良好；确保国家急需时调得动、用得上"，做好中央储备粮管理工作，关系国家粮食安全和社会稳定，中储粮责任重大。因此我们企业的宗旨是"三个维

中国储备粮管理总公司培训中心主任杨建国

护":"维护农民利益、维护粮食市场稳定、维护国家粮食安全"。

在公司崇高使命的感召下,自然离不开培训中心的定位。作为一个企业,特别是大型央企,究竟将培训放在什么位置,是大家一直在探讨的问题。中储粮主要将培训定位于两个服务:服务于中储粮事业的科学发展,服务于干部的成长。该定位把这两个点结合起来,看上去很简单,实际上是很难的。一些人认为培训就是解决一些实际工作中的日常问题,越具象越好,但我们认为培训要解决的是整个企业怎样科学发展、稳健发展,以及企业的转型和升级等根本性问题,它不是简单地解决当前面临的哪个矛盾,更多是作用于企业发展的全局。同时培训还要解决人的问题,通过培训有利于员工个人成长,尤其是管理层的成长,从而使科学稳健发展得以落地。所以,我们一直把这两个服务,作为我们的目标和宗旨。这两条主线必须很明确,也能比较好地聚焦。比如说,现在企业转型升级究竟要解决什么重大问题?中储粮的研究式培训通过八个课题体现出来,学员们共同聚焦、深化研究、交流分享,这样干部受益的就不仅仅是简单的知识更新,而是有利于干部视野更开阔,步子迈得更稳健。

聚焦干部成长

李桂云:培训中心在服务于干部成长的同时,如何服务基层一线员工?

杨建国:中储粮的培训理念是全员全覆盖。培训有两大类,一类是技能型培训,另一类是管理型培训。技能培训是按国家标准对普通员工的培训,它是基础,目标是达到"应知、应会、能用"的标准。比如我们保管员、质检员的培训也都做得很好,是全国示范站。

从培训的组织管理看,中储粮目前多层次的培训体系已初步形成,各分公司、子公司以业务培训为重点,直属库以技能培训为重点,持续提升员工业务素质。近年来,全系统共举办培训班12000多期,培训各级各类人员28万多人次。专业技能培训中获得职称的专业人员达7000多人,获得中级工以上国家职业资格的技能人员达4500多人,被人力资源和社会保障部评为第一批国家高技能人才培养示范基地和全国职业教育先进单位。

相对而言,管理型培训要求更具特色、更富成效。中储粮是国家调控的一个平台,行业声誉很重要。另外中储粮也要面向市场、参与市场、引导市场。在央企里我们的直属企业比较多,点多面广,战线非常长,责任非常大,因此我们的干部要有很强的管理能力,很高的政治思想素质和政策水平，很强的全局观念、责任意识、服务意识，还要懂市场、善经营。因此，中储粮教育培训形式的创新也更多聚焦在管理型干部的培训上。

推陈出新　创新培训方式

李桂云：培训方式具体是如何创新的？

杨建国：中储粮总公司从2009年开始探索处级干部培训，以提高战略思维和执行力为重点，以参与和互动为主线，不断推陈出新，创新培训方式大致经历了三个阶段。2009、2010年开展了案例式、辩论式培训，2011年则进一步推进研究式培训。

辩论式和研究式培训，主要采取互动式、参与式学习，既考察个人能力又考察团队能力，真正为学员提供一个促进团队协作和实现互动参与的平台，促使学员都积极参与进来，变被动听课为主动学习，边学边思考，边思考边动手实践。在竞赛式培训环节编排上，安排了理论辅导、主题深度研讨、情景模拟演练、案例小班教学、沙场点兵等环节，紧密衔接、环环相扣、时间紧凑，强度非常大。互动教学主要由学员完成，侧重对抗性训练。

辩论式培训要有一定的专业水准，要使人耳目一新，富于启迪性。还要从外面聘请评委，主持人也是请专业人士，比如央视的主持人。还会请一些嘉宾观摩，比如国资委、人社部等部门领导、其他央企或别的企业的代表。获得了一致好评。

李桂云：这种培训模式挺有新意，效果如何？

杨建国：效果也很明显，从策划、选题上我们就会考虑最后效果。在竞赛式和研究式培训选题上主要考虑了四个原则：具有战略性、前瞻性；具有系统性、跨部门性；具有理论性、创新性；具有针对性和较强的应用价值。竞赛式培训主要强调全面提高处级干部的业务能力、语言表达和应变能力，并从辩证对立的角度拓宽思维，改进心智模式。研究式培训则主要侧重于培养和强化处级干部的全局性、系统性思维，提高深层次研究能力，研究形成具有前瞻性、战略性的初步成果，为中储粮事业的发展提供智力支持。

在大型央企，处长级别的员工平时很少有机会表达，通过辩论式培训，给了他们很好的表现机会。前不久在我们进行的公开竞聘中就发现，很多优秀学员比其他员工更能抓住题，面试时能表达得更好。表达能力对干部来说也很重要。

研究式学习：整合集体智慧

李桂云：有那么多学习方法可选择，怎么想到做研究式培训？

杨建国：对于企业，特别是大型企业，真正要提高的是管控能力和执行力。而做研究式培训，需要对公司的方向以及面临的主要问题进行梳理，要对选定的研究难题进行破解，要达成共识。一个企业这么多人，要达成共同愿景、共同目标，需要一个平台，没有好的形式它是达不到的。我们想通过研究式培训，达成一个研究交流分享的平台，这个效果非常好。

2011年研究式培训选定的八个问题都是围绕中储粮发展中具有全局性、战略性、长远性的问题。因为平时没有精力对这些问题进行深入研究，而且有些是跨界的问题，比如风险控制就需要风险部门与其他很多部门一起参与，其实它并不只是风险部门的问题，需要很多部门参与进来，因此，由不同部门、岗位的学员形成研究组，能更好地进行交流，解决问题。另外集中一个时间段集中集体的精力研究一个问题，会比一个人研究得更透彻，不会受个人思维的局限，也打破了个人能力的局限、部门的局限、总公司与分公司的局限，能最大限度地将资源整合起来。

李桂云：具体如何进行研究式培训？

杨建国：在研究式培训中，主要采取课题组负责制，分组进行，全员参与，互动交流，分工负责。总的来说分三阶段，第一段是一周的集中培训，主要是破题和开题，有老师引导；第二阶段是回到工作岗位以后继续研究，为期两至三个月，形成初步的研究报告；最后一阶段对初步研究成果进行再交流、深化，以一个月的时间进行完善，最后固化成果，形成图书出版，像2011年的研究式培训成果《培训研究文集》就在中国财政经济出版社出版。导师全程跟踪指导，建立了严格的评审体系。

潜心修学：重温"校园学习"

李桂云：从2011年一直坚持用这种培训方式？

杨建国：是的，今年是第三年了，不过我们每年都会有创新，今年的创新是"2013年直属库中青年干部培训班"。直属库是中储粮最前沿的阵地，代表着中储粮的脸面，因此，从今年开始我们的教育培训重点下移到主任和副主任。经过严格选拔，一期培训60名左右的直属库中青年干部。

中青班培训实现三大结合：培训和课题研究相结合、培训和实习相结合、培训和干部使用相结合，培训流程采取集中培训、挂职锻炼和胜任能力评价三位一体的构建模式。前三个月是集中培训，然后60名学员到30个粮库去挂职锻炼两个半月，参与粮库的管理、分工，深化前期的学习成果。回来后再用半个月进行总结交流和考核评价。整个过程基本上是半军事化的，学分、学纪管理都非常严格，实行严格的考勤、评比，每天的作息流程也都进行了严格的设计：6点起床，6点半开始练太极，8点半晨读，读经典，读《大学》《中庸》《论语》《老子》，课间做手语操。

李桂云：全封闭式的管理？

杨建国：也不能说是完全封闭，每天的活动安排也很好，比如一些拓展活动，内容很丰富，所以尽管很紧张，培训完学员的收获还是很大。一是精神状态很好，心智模式有了改变，他们越学越精神；二是提高了素质，比如口头与书面的表达能力都有提高，我们每周还办周报、办报纸，均由学员投稿；三是思维方式也有变化，不少学员能独立思考一些公司改革发展中的深层次问题，学会了从全局的角度进行系统思考。

李桂云：俨然校园式教育管理，但前三个月都有哪些培训课程？

杨建国：培训课程紧紧围绕如何做一名合格的直属库主任必备的政治业务素质和职业素养来设置，共设置十个模块：政治思想品质模块、现代企业制度模块、职业素质能力模块、宏观经济模块、企业财务管理模块、国家储备基本政策专题模块、仓储规范化管理模块、风险控制模块、信息化管理模块、总公司发展战略研究模块。原则上，每个模块至少安排一次专题讨论，安排一次开放性的专题测试。

去功利化　改变心智模式

李桂云：在十个单元课程外，安排练太极、读经典的用意是什么？

杨建国：主要有两点，一是有利于管理，这种形式有利于流程管理与团队建设，能将学习与管理融合在一起，使学员不得不把全部的身心放在培训班上，包括读经典我们也是有导读的。第二，这种管理对干部来讲也是很好的修炼，养成练太极读经典的行为习惯，对他们是终身受益的。国学是大智慧，但学国学是慢功夫。经过坚持练习，对他们的品质意志，整体修养提高，都是非常有好处的。所以在集中培训后，比如去基地实习时，我们仍会与学员保持联系，看他是否坚持练太极读经典，对其进行引导。

所以，这就不像短期的培训项目，人还没混熟就走了，这种培训班不是简单地提供培训服务，而是在带一个团队，包括思想状况与精神面貌的引导。

李桂云：这种导师式的联系沟通与引导工作都是您来做吗？

杨建国：像研究式培训中的破题、国学的导学都是由我来承担，我自己还讲国学，与学员联系进行引导，工作量非常大。当然我们有一个团队做这些事，个人所为只是职责所在。培训中心下面有四个人。尽管人数不多，但人员配备都非常精干，大家的责任感、使命感很强，相互配合很协调，是一个能干事、效率高的小团队。人力资源和业务部门对培训都很支持和配合，特别是公司领导对培训工作很重视，包克辛董事长、赵双连总经理、培训分管老总陈克对培训都抓得很紧，指导也很到位。我们做起事来比较顺畅。

当然，我们工作也比较主动，敢于担当。我们知道，很多事是外面请的人不能替代的，比如破题，外面请的培训师就替代不了，我们对中储粮的业务与发展情况比他们了解，能把握有度，防止出现两张皮。我感觉做培训工作也需要自己潜入进去，自己不潜心读经典，怎么教学员读？只有自己读了，学员才会信你。做课题研究也是一样，自己不思考，不钻研一些问题，就无法与学员沟通交流，研究的效果就可能打折扣。另外，我们做培训的同志还经常去外面听各种课程，如果不去听怎么知道自己讲得好不好？怎么知道作为学员会怎么想？我们只有了解了各种学员的心态，掌握了学习规律，才能将课讲好，也才能协调解决好教与学的矛盾。

李桂云：教国学经典最终也要与中储粮实际联系到一起？

杨建国：最终效果肯定是一致的。但也不能那么直接、那么立竿见影。培训要讲究针对性、实效性，要管用，这是毫无疑义的。但实现管用的目标并不是一蹴而就的。目标明确后，要沉下心来，紧烧火、慢揭锅。这个过程是熬出来的，要耐得住性子。其实培训是要去功利化的。一定不能急功近利，太功利就不符合教育的规律了，也不利于人才的成长。欲速则不达，在人才的培养上体现很深刻。

比如说，练太极读经典，其实前面是很痛苦的。要 6 点就起床，经典一开始很难读懂，还不让看解说，不过只要坚持下来，过段时间后就能感觉到成长，能激发出很多东西，学员能够真正内心有所成长，而且更多的是改变心智模式。从第一节课我就跟学员们讲，学习的方法与目标必须明确，我们的学习目标有五个层次：知识、技能、行为方式、思维方式、心智模式，其重要性次序应该是倒过来的，心智模式和思维方式最重要。可最容易体现与考核的是知识与技能，所以很多培训都停留在知识和技能层面上，而我们是去功利化的，第一重视的是心智模式的改变，其次是思维方式的改进，再次是知识和技能的更新，这样才能真正改变和完善一个人的行为方式。一旦去了功利化，培训反而能达到事半功倍的效果，而且能走得长远。

企业大学承载社会分工

李桂云：您觉得央企的培训，与其他企业培训相比，有哪些不同？要关注哪些要点？

杨建国：据我了解，央企培训现在缺乏一个统一的模式，整体上来讲，还是比较受重视，探索了不少经验，各具特色，效果也不错，但还没有搭建起统一高效的平台。其次央企培训也面临一些问题，比如归口管理问题，还有央企搞企业大学究竟采取什么模式，对其研究不深。在我看来，一些央企大多是硬件搞得不错，但软件没跟上，缺乏精品。其实根一定要扎下去，像中储粮花钱是很省的，我们在硬件上没花什么钱，预算也抠得紧，但每一分钱都一定要用在刀刃上，每一期/班都会很用心、很尽心地去设计，也要进行很好的总结和评估。

李桂云：现在技术发展这么快，中储粮考虑过利用网络技术进行培训创新吗？

杨建国：我们从2013至2017年有一个比较完善的培训规划——《中储粮总公司重点人才培养和培训体系建设五年规划纲要》。规划主要分为两部分，一是这五年的重点人才培养规划主要为四类人才队伍：领军人才队伍、职业经理人队伍、直属库主任后备队伍、专业技能人才队伍。到2017年，计划重点培养60名领军人才；800名高素质职业经理人人才；600名直属库主任后备干部，建立素质优良、规模适度的直属库后备干部人才库；中高级专业人才总量达6000人，中高级技能人才达到8000人，高技能人才总量达到2500人。

二是培训体系建设，包括培训组织架构要最终形成企业大学模式，培训手段要进行网络化，都在这部分明确提了出来。网络方面的培训准备明年启动，主要解决基层一线员工的学习问题。中储粮员工分布很广，分散在全国各地，很多边远的地区都有我们的员工，要人人都来参加培训可能比较难，所以企业大学可以先从办网络学院开始，从网上大学过渡到企业大学。

李桂云：未来成立企业大学后，定位会变化吗？

杨建国：有变化，企业大学和培训中心是不一样的，企业大学要更聚焦于企业战略，更关注解决战略的交流和分享，因此高端的引领更重要。企业越往前走，越需要企业大学这个平台来汇聚大家参与战略的制定，分享战略的实施，让战略更好落地。企业大学起源于知识的沉淀和知识的传承，当企业发展到一定时候，就会形成自己的知识体系，有一些好的东西需要沉淀并传承下去，让别人一看就知道是中储粮的文化、中储粮的风格。第三，企业大学应该是一个对外传播品牌和形象的渠道，看一个企业好不好，首先看这个企业的大学办得好不好。

李桂云：您觉得为什么会有这样的发展势头？

杨建国：其实这是一种趋势。首先是企业转型的需要，企业转型是为了更好地适应社会发展，找到自己的定位，而不是自己要转型就能转型。转型升级后才有竞争力，这是社会发展的必然，特别是对大型企业来讲，现在就需要考虑10年、20年以后社会需要什么，对于这些任务一个培训中心能承担得起吗？培训只是企业大学的一小块。同时从国家教育来讲，也需要这种形式，企业大学是针对企业的在职人员，它是介于普通教育与商学院之间的教育形式，它培养出来的人才与企业的匹配度最高，能更好地解决企业的问题。所以说企业自身的大学能够承载一些社会分工，它也比较高端，但并不替代商学院等，更不替代普通教育，它相对比较超脱，能真正解决企业的问题，是真正契合企业战略而生。

《中国远程教育》（资讯）杂志记者　李密珍/整理

国核大学 成长是一种责任

核能是人类最具希望的清洁能源,也是一种可持续发展的能源。相比美国、法国等国家,我国对核能的应用还存在一定差距,如何在学习借鉴国外先进经验的同时拥有自己的核心技术,就显得尤为重要。

对于这一点,国家核电技术公司(以下简称国家核电)深感责任重大。这家成立于2007年5月22日的核电央企,是中央直接管理的53家国有重要骨干企业之一,肩负着第三代先进核电AP1000技术的引进、消化、吸收和再创新任务,承载着实现第三代核电自主化、提升我国核电产业国家竞争力的使命。战略发

国核大学正式成立

展,人才先行,伴随着国家核电对人才的强劲需求,国核大学应运而生。

"公司领导多次指出,国家核电不仅要出成果,还要出人才,要给到国家核电的每个人一个成长的机会。"讲这番话的是国家核电技术公司人力资源部副主任、国核大学常务副校长钟雄辉,"在国核大学人的观念中,成长已经成了一种责任。成长是对个人与公司负责,更是对国家负责。"

刚性需求催生培训重地

李桂云: 国核大学成立的初衷是什么?

钟雄辉: 来源于国家核电对人才的迫切需求。人才对于国家核电来说比一般的企业都要强烈,因为它从一开始就承担着一个国家的使命:引进、消化、吸收AP1000第三代核电技术,创新开发具有自主知识产权的世界先进的CAP1400第三代核电技术,推动第三代核电产业链的形成,为我国在确保安全的基础上高效发展核电提供技术和产业支撑。

中国核电经过30多年的发展，相比国际核电先进水平还存在一定差距。现在站在这么高的肩膀上，不仅要吸收消化第三代先进核电技术，还要实现核电自主化发展，打造真正代表国家能力的公司，推动我国核电强国的建设进程，这个难度可想而知。

人才是科学发展的第一资源。要做好这件事，首先得有人才，必须有一大批技术非常过硬的人才，尤其是创新型科技人才。一方面，我们要把人才吸引过来，另一方面还要培养他们，要让他们尽快地成长起来。

一直以来，国家核电党组高度重视人才培养工作，提出了"技术是公司的根，创新是公司的魂，人才是公司的本""人才投资是最有效的投资"等人才管理理念，把出成果和出人才作为公司的战略目标，力争让国家核电每个人都有成长的机会。

2009年，国家核电成立自己的企业大学——国核大学。公司董事长王炳华担任名誉校长，并重点强调指出："教育培训工作是公司最重要的基础性工作。"区别于传统的培训中心，国核大学并不仅仅将眼光停留在培训活动上，而是致力于通过建立与职业发展相结合的个性化学习规划，完善与绩效管理相结合的激励约束机制，通过多样化的学习与绩效提升方案，提升个人和组织的核心能力和工作绩效，更好地支撑公司战略发展，推动学习型企业建设。

整体规划逐步完善

李桂云：国核大学提出的建设"一个平台"，完善"三大体系"，推进"五力项目"的想法是从国核大学成立之初就产生了吗？

钟雄辉：规划的确是从一开始就制定了。"一个平台"是指面向全体员工、融合知识管理的 E-Learning 平台；"三大体系"是指课程体系、教师体系和运营体系；"五力项目"是指五大能力提升项目，即针对中高级经营管理及后备管理人员的领导力培训项目，针对公司"813工程"科技创新人员的科技力培训项目，针对工程建设骨干人员的工程力培训项目，针对生产运行人员的运行力培训项目和针对新员工的新生力培训项目。

从起步到现在，国核大学都是摸着石头过河，一项一项完善。比如"五力项目"，最开始做的只有领导力项目，而领导力第一个项目是卓越领导力。后来陆续又增加了未来领导力、新任领导力、高效领导力等。培训对象涵盖总部部门负责人、所属单位领导班子、新任领导干部、公司后备干部,实现了公司经营管理人才培养的无缝衔接。

李桂云:这些都是依据什么提出来的?

钟雄辉:这些都是根据国家核电的发展需求去设置和规划的。比如E-Learning平台是鉴于当时的经济条件以及公司提出的全员学习理念的需求所想到的最好的解决方法。而三大体系是建设企业大学最重要、最核心,也是最难的一部分,因为它们需要靠时间慢慢地培育。

至于"五力项目",也是和国家核电业务发展结合开展的。一般的企业大学只做领导力项目,而科技力、运行力、工程力,一般的企业大学都是不做的,这和国家核电业务的特殊性有关。

李桂云:国核大学提到的"五力项目"中,科技力、运行力、工程力确实很具有行业特色。

钟雄辉:是的。比如为什么要做工程力?现在国家核电跟美国西屋公司组成一个联队来建设两个核电站,我们是EPC总承包。建完之后,国家核电的工程公司就是全球AP1000首批核电机组的建造者,拥有AP1000核电站工程建造宝贵的经验。

2012年上半年,国务院原则通过了《核安全与放射性污染防治"十二五"规划及2020年远景目标》。从规划中可以看出,更安全的第三代核电技术将成为未来发展的主流。而在前不久上报的中长期发展规划中,首次提出全面建设核电强国的目标,并明确提出了AP1000及其再创新为主的技术路线。我国核电行业进入了重要的战略机遇期,这首先就对三代核电工程人才培养提出了要求。

正是因为国家核电拥有世界首批AP1000核电机组工程建设的经验,在将来国内第三代核电系列项目建设中,国家核电先发优势明显。那么我们的人才在哪里呢?现在我们是跟西屋联队一起工作,可后面的项目,我们都得自己去开展,这就对我们的工程管理人员提出了很高的要求。

所以工程力的提出就是为了培养和储备这方面的人才,不仅要满足后续项目建设需要,还要具备为业主培养工程管理人员的能力。

人才管理一体化

李桂云:在我的印象中,央企、国企在制度建设、组织建设等方面要比其他企业更有优势,是不是从管理的角度来说,这种培训更容易从上往下贯彻?

钟雄辉：培训不是孤岛，一旦成为孤岛很多事情就没法做。在我们的规划中，人才培养和人力资源管理属于一个体系。如果人才培养衔接不上人才规划和人才发展，那就是"培而不用，用而不培"。我们不仅关注培训本身，也关注员工的绩效和发展，并与之紧密结合。

在国核大学的基因中，还有一点很重要：那就是高层特别重视。企业高层对企业大学的重视是我们做好事情非常关键的一个因素。一直以来，公司党组高度重视教育培训工作和国核大学的建设。特别是公司董事长王炳华不仅带头授课，还大力支持员工培训，在遇到员工因为学习培训请假时都表示培训优先、大力支持；此外，他每年都参加教育培训工作会，对我们的工作提出指导意见。

李桂云：国核大学在短短的时间内建立了很多课程，这些课程建设也是紧贴业务建设的？

钟雄辉：课程开发是企业建设学习型组织的必由之路，也是形成企业知识管理系统的基础工程。作为一家技术创新型企业，在公司发展过程中将伴随着大量的知识创新，这些知识创新分别以显性和隐性的形式存在于员工个人成绩和资料中。国家核电需要通过知识管理实现隐性知识显性化，显性知识系统化，系统知识共享化，利用集体智慧聚集和沉淀下来的知识促进公司的创新能力持续提升。

课程开发可以有效将知识沉淀下来，有效传递公司经验、战略思想与企业文化；可以固化内部知识体系的价值成果；可以有效提高培训的针对性和实效性。我们开发课程主要是三条线：核电工程、核电技术、企业管理。

现在，国核大学建立了一个机制，充分调动业务部门员工的积极性，让他们成为内容专家，国核大学主要发挥课程开发的专业优势，开发课程。

当然，我们的课程开发是一个不断完善的过程，一开始是一门很简单的课程，随着公司的发展，经验的不断积累，课程也就不断提升，不断充实，这是一个没有止境的事情，要做好肯定很难。

工作理念：策划、程序、修正、卓越

李桂云：就如同规划"一个平台""三大体系""五力项目"一样，先规划再逐步完善？

钟雄辉：是的，这也是国家核电的一个理念，叫做"策划、程序、修正、卓越"。国核大学一直按照公司这个工作理念，一次做对，持续提升。

我们做任何事情首先是策划，比如我们做一个培训项目，可能会花半年的时间去策划，让三个人同时去策划，再竞标，最后大家评选出最好的一个作为方案，这个方案再吸纳另外两个方案的优点，再进行反复修改。

第二步叫程序，我们有很多的流程，大家都知道按照什么样的流程去做什么样的事情，这是我们流程化、标准化的运营体系，包括费用标准、讲师标准，都会按照程序走。

第三步是修正，我们每个项目都有评估，评估的意见会反馈到相关方面进行完善，下次再做这类事时就一定会在这方面有所改进。所以我们最后是为了实现卓越。

李桂云：好的策划应该是什么样子？

钟雄辉：这个很难用一两句话说明白，不同的项目会有不同的要求，其实要求很简单，要实用，要能预计到会有什么样的效果，是不是符合公司的预期。这叫结果导向，以终为始，从项目开始就要关注结果。

就像公司推广行动学习一样，一开始并没有达到预期，后来大学调整了方向，将行动学习简化再简化，第一步每个人先思考，第二步每个人发言，第三步讨论达成一个共识，然后设计性地规定步骤，会后进行落实与监督，并开发成简单的手册，步骤、方法、工具都在上面，发给大家做培训，进行演练。经过一段时间，对这种群策群力、行动学习的文化达成共识。由此可见，企业培训一定不光是要传授知识点，还要让员工达成一种文化上的共识，这样才会有行为上的改变。

培训理念：执于能力、创造价值

李桂云：您提到了文化的建立，能具体谈谈咱们的企业文化吗？

钟雄辉：国家核电的企业文化是"三和"文化，即"以核为先，以合为贵，以和为本"。国核大学成立以来，始终以传播文化为己任。

在培训方面，国核大学始终坚持"执于能力、创造价值"的培训理念：强调教育培训必须以能力提升为核心，必须务实、有效、管用。我们培训的目的就是要提升员工的能力，岗位适应力，从而改善他们的绩效。我们评判的依据不是让他学到多少东西，而是他有多少东西能用在工作上，产生了什么样的效果，所以我们首先关注能力的提升。通过能力的提升让学员为公司创造价值，同时也让公司和学员看到国核大学的价值。

同时，创新人才的形成离不开创新文化的培育，立足技术创新型企业的特点,大学积极提倡"乐于分享、敢于质疑"的创新文化。在科技力训练营等重点培训项目中,倡导敢为人先、宽容失败、团结协作的创新精神,营造平等对话、严谨求实、开放包容的创新氛围,推进创新文化建设。

创造价值赢得尊重

李桂云:您希望大家在提到国核大学的时候会想到什么样的词?

钟雄辉:刚才也提到了"执于能力、创造价值"。国核大学在推动学员提升能力、创造价值的同时,也是在为公司创造价值。至于别人怎么看,我没特别关注过。但我希望国核大学能够在平凡的工作岗位上干出点不平凡的业绩,不管让我干什么,我都能做出不一样的业绩来,这才是一个人能力的体现,也是一个人价值的体现。

我最自豪的就是经常听到学员对我说:"参加那个培训班真的收获很大,"或者某个领导说:"把某学员送去参加国核大学的培训后,现在的确不一样了。"前不久,公司有一个女博士后,怕耽误培训,从国外出差半个月刚下飞机,连家都没回,拖着行李就直接去了培训班。这些是对我们的肯定,也是我们成长和前行的动力。

李桂云:这两年国核大学和ASTD(美国培训与发展协会)进行一些交流,能谈谈对ASTD的看法吗?

钟雄辉:国核大学从去年开始一共参加了两次ASTD大会,但之前就对ASTD进行了相关研究。有时我会想,中国将来也可以建立一个类似ASTD的组织和机构,来推动我国教育培训行业的发展。最近听说《中国远程教育》杂志正在开展相关工作,我觉得这是一件非常有意义的事情,我们将奉献绵薄之力。

《中国远程教育》(资讯)杂志记者　李密珍/整理

中航大学　思想引领央企变革

2011年是"十二五"开局之年,中国将开始经济与社会的重大转型,这必然要求中国企业在经营理念、商业模式、管理思路等方面实现突破与创新,同时国家将重点培育那些具有国际竞争力的世界一流企业,特别促进关系国家安全和国民经济命脉的重要产业和关键领域的发展。中国航空工业集团公司(以下简称中航工业)即属于这样的企业。作为世界500强企业,今天的中航工业已经成为一个以航空为本,能够在众多领域为用户提供从研发到运营、从制造到金融全价值链服务能力的现代央企。从国庆60周年阅兵仪式上的15种机型151架战机到新能源、新材料、智能技术、低碳技术等前沿产业,再到广为大众熟悉的飞亚达手表,都出自中航工业。

结合国家战略,中航工业提出重点要做到三个转变,即由传统国企向现代跨国公司转变,实现企业体制机制的新跨越;由跟踪创新向自主创新转变,实现航空科技发展的新跨越;由传统产品和服务向全价值链的产业化、体系化发展转变,实现军民融合的新跨越。

转变发展方式的根本在于人的思想观念与思维模式的转变,为此2008年中航工业创办了自己的企业大学,即中航大学。中航大学教务长吕顺发强调,作为一家现代央企的企业大学,其培训工作不仅要做好知识与技能的普及与提升,更要着力于集团战略的传导、优秀思想的传播与企业文化的传承。

企业管理最高层次——思想管理

李桂云:请简要介绍一下中航大学成立的背景。

吕顺发:中国航空工业集团公司是由中央管理的国有特大型企业,下设10余个产业板块,近200家成员单位,有20多家上市公司,员工约40万人,中航工业连续三年进入世界500强行列,2011年排名第310位。

中航工业集团具有规模大、分布地域广、人员数量多、人力资源体系庞杂，同时战略单元众多、核心技术复杂、产品种类多样等特点，决定了集团公司层面的培训工作不仅要做好知识与技能的普及与提升，更要着力于集团战略的传导、优秀思想的传播与企业文化的传承。根据这种要求，在集团公司党组和林左鸣总经理的鼎力支持下，2008年中航工业创办了自己的企业大学，即中航大学。

2008年，中国航空工业完成了一次历史性的战略重组与专业整合，整个企业的体制机制向着更适合市场经济发展要求的现代企业治理结构迈进了一大步。中航大学定位于集团公司高层次人才培训的主渠道与主阵地，是中航工业人力资本投资中心、理念文化传承中心与创新思维推进中心。成立近三年来，中航大学的培训规模、培训种类、培训范围不断扩大，2010年培训量达到2243人次，2011年计划达到4000人次。

中航大学教务长吕顺发

李桂云：应该如何理解中航大学作为文化传承中心与创新思维推进中心的定位？

吕顺发：数量上的增长代表了中航大学辐射面的不断拓展，但并不是中航大学所追求的发展目标与价值体现形式。中航工业党组书记、总经理、中航大学校长林左鸣先生倡导企业管理的最高层次是思想管理，要通过学习，使每一名员工都深入理解组织的存在意义和企业的发展战略，从而激发强烈的责任感与创造力，驱动企业实现持续快速发展。所以，集团公司党组对中航大学的使命要求也非常特别，中航大学的校训是"明道、立心、慎思、笃行"，治学理念是"以思想为源、以文化为根、以人才为本、以创新为要"。校训与治学理念从一个侧面反映出，中航大学的教育培训不仅是灌输知识、提升技能，更重要的是催生优秀的思想、融聚企业的文化。

李桂云：林左鸣校长还提出，在当前企业发展环境下，培训越来越成为生产力生成的重要形式。

吕顺发：是的，我们认为，这一理念的提出是对企业教育培训工作认识的深化与升华，切合了时代发展的思想脉动，顺应了企业培训的总体趋势，也把握住了现代企业教育培训的根本规律。工即是学，学即是工，培训正在成为一种更加系统化的工作方式，企业通过组织学习与个体学习的有机结合，不断适应市场、环境和形势的变化，实现思想的塑造与行动的统一。坚持将培训作为生产力生成的重要形式，就要求我们更加系统化地思考教育培训工作，将其与解放生产力、发展生产力，最大限度地激发员工的主动性与创造性，实现员工自由而全面的发展与个人成长的根本诉求紧密结合在一起，通过构建与战略相关联的培训体系，以思想观念的转变为驱动，以知识技能的提升为保证，使生产力系统各要素之间的关系与结构发生调整，带来整体性的变化与系统性的创新，从而实现生产力的非线性跃升和跨越式发展。

加强自身能力建设

李桂云：中航大学下设四所学院，除经管学院与工程学院外，还设有人文学院和马克思主义学院，这在一般的企业教育培训架构中是很少出现的，这是基于怎样的考虑？

吕顺发：我们这两所学院并非只是办些国学讲座，搞些马列知识学习这样简单，两所学院都有自己的长期系统培训项目，针对骨干人才进行为期两个月的集中脱产培训，期间还会安排实践考察，并以严格的论文和答辩方式进行毕业考核。

设立马克思主义学院是中航工业在企业构建中国特色教育培训体系探索实践中的一项创举。加快培养造就政治素质好、熟悉生产经营的复合型党群工作者队伍，把企业党的政治优势转化为竞争优势和发展优势。人文学院重在塑造青年骨干"阳光心态、魅力人格、责任人生"。根据青年人的学习需求与特点，学院设置了更加灵活多样的教学方式。

我们希望通过这样的培训，帮助各类人才用全新的视角来看待企业发展与个人成长，在培育多维度的辩证思维模式的过程中实现思想的创新与理论的创新。

李桂云：作为中央管理的国有特大型企业，中航工业旗下有近200家成员单位，20多家上市公司，员工约40万人，是否考虑过采用E-Learning方式开展培训工作？

吕顺发：目前还没有，从去年开始我们也在思考这个问题。对于中航大学来说，我们认为从技术本身不会有什么大问题，包括课程内容都没太大难度，尤其是通用课程。

首先，我们企业大学的定位是聚焦于高层管理人员，他们的学习背景都非常好，都是 MBA、EMBA，对于这部分人而言互动式、研讨式，实践考察、现场学习等活动更适宜。这些人群，通过 E-Learning 学习一些公共的课程，意义已经不大了。第二，集团公司的核心课程，尤其一些战略性的课程还存在保密性的问题。此外还有管理上的难度，网络学习的学习管理和集团公司的学习政策和机制必须要联系起来。

李桂云：为支持集团战略转型，支撑培训规模的持续增长和培训业务的不断拓展，中航大学将在哪些方面加大自身能力的建设？

吕顺发：一是资源整合能力。首先是高端智力资源的整合，中航大学是集团公司内外部高端智力资源的汇聚地和扩散场，各级领导、行业专家、著名学者、高等院校与咨询机构以及具有丰富实践经验的学员齐聚一堂，形成巨大的智慧之源。其次是行业外教学资源的整合，以教学体系为主线，与重点院校和高水平机构形成长效合作机制，充分发挥他们的专业优势。第三是行业内培训资源的整合，通过设立特色鲜明的教学实践基地和成员单位实践教学点，加速培训资源网络建设，促进优秀经验的分享交流。

二是体系建设能力。中航大学致力于多层次体系的搭建，首先是搭建大学整体培训体系框架，为各类人才、各个成长阶段描述学习地图，从而对集团公司高层次人才队伍建设形成支撑；其次是各学院的教学体系，针对各类人才的培养需求与成长特点，设置具有特色的不同项目，并实现各个学院教学体系之间的互补；第三是各个项目的课程体系建设，每一项目以课程体系为核心，在内容设计、师资遴选、教学组织、综合评估等方面构成统一的整体，确保学员能够获得良好的培训体验。

三是教学研发能力。具有高水平的教学研发能力是企业大学区别于传统培训中心的一大特点。研究能力是对企业发展战略的解析与综合，是对高素质人才和企业战略工作组群成长需求的分析和判断，是对现代成人教育与企业培训规律的系统把握；开发能力主要指运用多样化、科学化的教育培训方法，把企业发展战略内化为具体的教学内容和培训体系，从而使学员发生思想观念的转化与行为方式的改变。

四是科学管理能力。中航大学要实现持续快速发展就必须构建科学规范的管理制度和流程。中航大学结合集团公司整体工作部署，深入开展战略地图与综合平衡计分卡的开发工作，并与中航大学具体实践相结合，不断加强对培训项目制管理的研究与探索，从而形成自身的管理模式与管理特色。

五是培训专业化能力。教育培训是一项专业性较强的工作，它既需要有教育学、心理学、社会类、人类学等基础知识，又需要掌握需求分析、教学设计、组织实施及总结评估等专业技能，更重要的是对企业的思想管理和战略管理有较为全面的理解和认识。

促进管理综合协同

李桂云：从中航大学的实践出发，您对国内大型企业集团企业大学的发展有何建议？

吕顺发：建议谈不上，因为每家企业都有自身的一些特色，我想更多的是对企业大学如何发挥自身价值与意义的一种感悟吧。

第一点要明确企业大学是一种战略的选择，是要在跨职能、跨业务的综合平台上实现思想管理，以涵盖全局的辐射面传导战略意图，促进管理的综合协同。

首先企业大学是熔炉，要能够加速思想整合、促进文化凝聚。管理成功的标志是要形成优秀的企业文化，形成企业自身的DNA。中航大学以课程教学、实践活动、校园文化等多种形式，时刻告诫学员要始终牢记对国家与民族的责任，始终坚持对集团公司战略的践行，始终追寻打造国际化大集团的目标，始终锤炼艰苦奋斗的作风和敢于创新、勇于奉献的精神。

二是道场，要能够育化将帅之才、助推创新发展。作为中航工业这样一个大型企业集团，企业多、人员多、业务种类多、技术门类多，集团公司层面的培训不可能面面俱到，只能聚焦高层次人才进行系统培训，以点带面促进全行业人才的整体素质提升。因此，集团公司从宏观层面，以决定、规划和培训体系建设等形式统筹全行业的培训工作，同时以中航大学为抓手，做好重点人才和重点内容的系统培训，目前，中航大学的分层分类培训体系已涵盖高级经理管理人才与高级工程技术人才各支队伍。

三是平台，要能够融聚最佳实践，促进反思分享。最佳实践是企业最生动的知识库，在企业中被验证过可以获得高绩效结果的技术、方法、策略、方式和流程，都可以拿到中航大学的平台加以多层次、多角度地分享知识与经验，我们的工程学院开设了先进制造技术短训班，通过推广标杆企业的技术进步带动行业技术水平的整体提升。此外，中航大学各所学院的各个项目都将实践分享和研讨交流作为重要的教学设计环节，促进从概念性的见解到深思熟虑的反思，从而培养学员敏锐的见地。

四是纽带，要能够辐射思想力量，联结行业内外，展示企业特色，塑造品牌形象。为建设具有国际竞争力的企业集团，中航工业提出了"没有竞争对手，只有合作伙伴"的理念，将眼光放在未来，寻求共赢发展之道，而这需要培育一大批具有共同目标与价值取向、相互信任的合作伙伴，使集团的战略思想得到普遍认同。中航大学结合自身优势，根据企业开拓市场的要求，为我们的客户与合作伙伴提供培训服务。在为行业外乃至国外客户提供培训服务的过程中，中航大学可以从多个侧面生动地呈现出中航工业的整体风貌，从而达到对中航工业品牌的认同。我们认为以培训服务于企业营销是一种有益的探索，更是将营销的理念与方法引向深入，将思想营销作为企业营销的高级策略。

教育培训缺乏系统性的技术支持

李桂云：在长期从事培训工作过程中，您有哪些困惑？

吕顺发：经过一段时间的探索与实践，我们也深深地体会到企业教育培训所面临的诸多困难。也许一个培训项目好做，一门课程好讲，但是你的培训如何有效支撑组织发展战略却是一个难题，这是现在越来越多的人都在思考的问题，如果这个问题没有得到很好的回答，培训的价值就难以得到进一步的彰显，企业教育培训事业也难以得到长足的进步。我们也初步梳理了一些问题供自己在实践中不断地反思。比如：

项目设计与项目评估的最终依据是什么？是否存在为人所共同接受的客观性标准？

组织的战略如何梳理？通过什么样的技术将组织战略具象化地融入教学课程之中？

胜任力模型真的就那么有效吗？通过它能否真正描述出人才队伍的特质并作为构建培训体系的基础？

通过学习来改变员工的思想是可能的吗？它的途径是什么？教材与案例如何体现有效性？

培训的内容与形式如何统一？

这些问题汇聚于一点，就是目前的教育培训缺乏系统性的技术支持，或者说相关领域的技术并不成熟完备。这里的技术并不是指网络学习这种技术，而是综合现代管理、组织学习以及成人学习等各个领域的一系列理论与方法，这既需要院校和理论界做出创新，也需要企业结合自身的实际不断地进行探索与实践。

《中国远程教育》（资讯）杂志执行副主编　李桂云/整理

供销合作社 传统机构嫁接现代培训理念

提到供销合作社这个名字，立刻让人想起计划经济时代，人们凭票买糖、盐的场景。当颇费周折，凭着附近宾馆为参照系找到中华全国供销合作总社培训中心时，不仅怀疑跟这么传统的一个机构谈远程教育是否远了点？

当培训中心主任杨谦拿出自己的专著《心智修炼》时，笔者颇有些惊讶。让笔者没想到的是中华全国供销合作总社是中国第一个注册的、专门推广第五项修炼的机构。那是1994年，杨谦回忆当时提到第五项修炼，很多人跟听天书一般。1996年到工商局注册学习型组织推广中心，工商局工作人员指出学习型组织根本不通，不就是组织大家一起学习吗？他自作主张把名字调整为组织型学习推广中心，让中心人哭笑不得。而1995年培训中心组织高层管理人员进行拓展训练时，许多老干部还感到异常恐怖、非常不理解。因为当时毕竟还属新生事物，而现在拓展训练已经成为众多企事业单位高管的必修课。

十多年前的先走一步，促成了今日培训中心对现代化的培训理念积极引进。既不是事业单位的培训中心，也不是企业的培训中心，对于这么个"怪胎"，创新既来自外在压力，更源于内在动力。作为营销专家的杨谦主任强调做培训一定要有市场观念、市场意识。

供销合作社——"怪胎"？

李桂云：供销合作社的名字对于现代人来讲有些陌生，请首先介绍一下这一组织吧。

杨谦：供销合作社是国务院赋予的专门从事农村商品流通职能的经济组织，它不能算是政府部门，但是它又在国务院直接管理之下，它不是协会，也不是公司，还不是社团。在计划经济时期供销合作社的实力是非常强的，到了市场经济时期，整个流通体制彻底改变以后，供销合作社的体制也在发生变化。在国际上供销合作社是一种独立的制度安排，是同私人公司相并行的一种经济制度。在国际上有国际合作社联盟，我们是国际合作社联盟的副主席国，是亚太合作社联盟的主席国。中国500强企业——中国农业生产肥料公司、上市的苏果超市等都是属于供销合作社下属的机构。

供销合作社主要职能：一是供应农业生产资料，包括农产品的收购、加工、销售。第二是向农村供应日用消费品。三是承担着新农村商品流通网络建设的工程，简称"新网工程"，近十年来，对三农逐渐重视，不仅补贴农民生产，还要让农产品能顺利流通起来，每年国务院有近十亿来建设

中华全国供销合作总社培训中心主任
杨谦

农村商品流通。中华全国供销合作总社是全国供销合作社的一个管理机构。

李桂云：供销合作社应该有一个遍布全国的网络，目前这样的网络还存在吗？

杨谦：原来老的供销社实体基本上垮掉了，供销合作社实际上面临一个重建的问题。包括帮助农民组建专业合作社来重建整个的中国农村商品流通的体系。2007年7月1日中国颁布了《农民专业合作社法》。应该说在中国算是以法律的形式确定了合作社这样一种企业制度。农村和城市的弱者都可以组织合作社，这在全世界都比较普遍，中国近几年逐渐对供销合作社开始重视了，已经成为为中国三农服务的非常重要的经济系统。

李桂云：结合新形势的新需求，中华全国供销合作总社培训中心在职能方面有怎样的改变？

杨谦：供销合作社目前面临着重建的问题，作为培训中心，我们既不是企业的培训中心，也不是国家行政部门的培训中心。我们的培训一部分是完成供销总社事业发展中心委托的任务，一部分必须通过市场的手段来完成。这一点和一般企业的培训中心是完全不同的。

我们的教育、培训主要面向两类人群，一是面向农民，我们叫社员；还有一个是面向供销合作社的职工。现在中国的合作社有30多万个，供销

合作社的社员大概几千万户。培训中心主要承担培训、研究、国际交流的职能，前不久亚太各国的合作社就到中国进行循环经济的国际交流，我们承担了此项工作。

我们对培训中心的定位是智库、摇篮、平台。每年都要对培训需求、效果进行调查，形成报告后上交有关决策机构。对于决策部门是一个信息参考，也成为我们下次培训方案的设计的依据。同时培训也要服务于供销合作总社工作的安排，比如今年重点就是企业的重组，重组会有很多的问题，这不仅是资本问题，将很多业务整合起来，你怎么去设计？这就是我们供销合作总社在企业工作中的一个重要工作。供销合作社系统大约有6万家企业，怎么通过资本运营的方式，进一步优化企业的结构？我们正在制订这方面的培训计划。

目前来看培训中心发展前景较好。首先有国家重视三农的背景，近五六年来，国务院每年拿出几十个亿补贴农村商品流通。商务部专门有个"万村千乡工程"，在农村商品流通有一个"农超对接"的政策，这给我们培训中心的发展提供了重要空间。

"种子"培训灵活多样

李桂云：您也讲到供销合作社的整个体系目前处于重建过程中，面对下端几千万户的培训人群，你们如何组织相关的培训工作？抓手在哪里？

杨谦：我们的培训需求面广，数量庞杂，受训对象参差不齐。这就是我们为什么要搞远程教育，E-learning 的一个动因。目前阶段作为总社培训中心，我们主要承担的是培训的组织者、示范者、指导者的角色，做一些种子类的培训。如高端培训，所谓高端是指地市级以上的供销社主任的培训，系统内大中型企业的高管人员的培训。第二，我们会承担一些示范性的培训，这种示范培训班会把各地方的从事教育培训的人员集中起来，他们再回去培训别人。第三，我们通过教材的建设来为整个系统提供培训模板。再有我们会组织专家进行全国性的巡讲。

李桂云：这样的人群决定在培训方式方法上有何特别之处？

杨谦：我们在培训上，重视三个方面：首先，内容专业性强，形式要求特别多样。我们的培训对象上至高层管理人员，可能拥有教授头衔，但他对专业技术不熟，有些培训对象专业技能强，但文化水平可能较低，培训形式单一，根本满足不了他们的需求。其次，在培训方案制订上，我们针对不同对象设计不同方案，将培训流程化，目前已经发展、组建了一些培训模块，利用不同的模块去设计教学体系。第三，注重学用的结合，因为我们没有行政力量来强迫人家学习，如果内容再不实用，就没人愿意来。

对培训师的要求，我们叫培训、咨询相结合，我们的培训师要经常到自己系统的企业，还要到外系统去调研，充实经营管理的知识，来给学员提供咨询。

在培训过程中我们特别强调互动。很多成人不爱提问，国有色彩的员工更突出。十年前为了启发他们问问题，要求他们先写条子，也不用举手，后来给培训师配主持人，由主持人在现场活跃气氛，慢慢通过这样一种方式加强学员与培训师间的互动。现在我们通过小组讨论、游戏、拓展训练、角色扮演、培训反省等进一步增强互动性。

远程学习让一部分人"富"起来

李桂云：正如您所谈到的，中华全国供销合作总社与下面的供销社及相关企业之间并没有太多的行政约束，对这些机构开展培训，你们之间联系主要的纽带是什么？

杨谦：我们确实没有上下级直接指挥的这种关系，这有弊也有利。一种方式我们会依托供销合作总社的科技教育部，他们是专门负责统筹全系统的科研，教育的部门。一些需要系统推广的培训计划，要通过科技教育部门去发文完成。第二我们跟下面的省市有一个固定的联系机制。在取得绝大多数地方的支持时，我们才会推出一些培训的计划项目，执行的主要靠地方。第三我们会根据总社的一些工作，对于一些示范性的，急需的培训项目，会跟地方提出来。

对于那些传播不通畅，基层又很需要的培训内容，我们希望通过远程教育的方式进行弥补，但目前我们很难建设一个强大的远程教育系统，也很难制定一个制度来促进远程教育的学习，未来在这方面我们希望通过会员制的运作方式，让一部分确实愿意学习的人进入系统之中，先"富"起来。然后逐步地去推广远程教育。

李桂云：据了解，你们已经购置了远程教育平台，在平台上目前主要以自建课程为主，主要是面向高管层面的专业课程。有没有想过整合外面的一些资源？包括吸纳高校及培训机构的资源？

杨谦：我们现在还在探讨，怎么把一些社会的资源整合来为整个系统服务，也尝试与一些高校合作，坦率地说结合的不是太好。我们这种经济组织和外部的沟通很困难，这不仅是我们一个系统的问题，培训是一种消费行业，大家不重视消费的功能，更重视的是品牌，特别是像我们带有国有色彩的系统尤为严重。私营企业、民营公司、外企可能好一些。

非市场机构的市场观念

李桂云：我比较赞成您提到的培训中心尽管不是一个市场机构，但是必须有这种市场的观念。那你们讲的市场观念具体包括哪些内容？

杨谦：我在这个单位已经工作20多年了，自己的体会就是我们不是一个市场机构但必须有市场的观念，才能够生存。我们的发展理念：以创新求得发展；以服务扩大影响；以实力奠定地位；以满意创造效益。讲到效益，我们的财政补贴，占到开支的40%，完全要靠财政，我们基本上就不用吃饭了。因此要主动创造市场，让客户满意。

市场观念有如下几个方面，一是要捕捉市场需求，特别是我们系统内所反映出来的培训的这种需求，要有建立这方面的反馈机制。

第二要尽量按照现代培训体系的设计去给传统行业的人做培训，正因为我们传统、保守，从培训课程设计到教学方式等，要尽量体现现代感，我们尽量通过案例式教学，包括针对领导干部的拓展训练，都是希望他们接受新鲜事物的影响与刺激。

另外，我们强调培训利益共享。我们要依靠系统人力资源部门帮助调查需求，组织生源，有的甚至还要提供培训服务。在没有严格的上下级关系情况下，需要利益共享来建设这一虚拟的群体。

李桂云：您目前感到培训中最大的难题是什么？

杨谦：我觉得最主要的障碍是收费，这与我们面对的群体有关。我们现在采取某种变通的方式，比如针对专业合和社理事长的培训，我们都是公益性的，农民本身不交钱。惠农、支农往往是地方政府的政绩中非常关注的一项，由政府买单，我们出培训教材、派专家团队巡讲。今年我们提出这一方案后，从省一级政府响应的有十多家。另外，我们通过这一点去组建农民专业合作社的数据库，这就是以培训为基础的咨询信息服务，后期依靠咨询型的培训去收费。今年已经完成了六个省培训,明年我们准备在全国铺开。所以说做培训,并不是纯粹地上课,我们想把培训做成一种社会活动。因为你不做社会活动,影响出不来,通过培训结合社会资源来获得重视与支持,调动各个方面来为我所用。

空间是要做出来的

李桂云: 在一个正在重建的体系内开展人才培养工作,确实千头万绪,需要经历一个不断摸索的过程。作为一名营销专家,同时又是从事多年培训管理工作的行业专家,您对在这样的体系内开展培训工作最深的体会是什么?

杨谦: 做培训,受训的对象实际上就是客户,我们很关注人家需要不需要,所以我们更多的挖掘他自身的学习的需求,没有这种需求,我们很多的培训是很难办的起来的。因此我们比较关注培训人员市场的敏感度。

中华全国供销合作总社培训中心

第二我们这样的培训机构,必须是多元化资源的一种整合。不能只就行业谈行业,培训工作者不仅要跳出来,还要进得去,一些高校的培训可以做到跳出来,但很难进得去。所以这不仅考验培训的领导者,对每一个培训的讲师,设计人员都是一种要求。

第三明显感到培养名师的重要性。这也是我们现在碰到的一个比较大的障碍,我们既要考虑覆盖面,又要考虑专业性、针对性,还有成本问题。培训其实是一件挺奢侈的事情,需要企业从战略角度意识到此项工作的重要性。

与供销总社一样,我们培训中心也是怪胎,它既不是企业培训中心,也不是政府培训中心,还不是市场培训中心。但是这种怪胎的特点在于,这三个方面的弊端它可能都有,但是这三个方面的优势它可能都会结合,就看我们怎样把这三个方面优势结合起来，形成一个适应性比较强的培训中心。某种程度上讲可能空间小，但另一层面空间就很大，而且我相信空间是要做出来的。

《中国远程教育》（资讯）杂志执行副主编　李桂云/整理

中粮集团　忠良书院预示中粮未来

成立于 1952 年的中粮集团,曾经历了 20 世纪 80 年代我国外贸体制上的重大变革。现在,转型是中粮最大的特点。近年来,连续十几年入选《财富》世界 500 强的中粮集团,面临着从一家多元化的公司向主业突出、拥有知名品牌和自主知识产权、适应全球化竞争的大公司、大集团转型的新挑战。未来,在宁高宁董事长的带领下,能否将面临挑战的中粮打造成提供从田间到餐桌的食品的一个大公司、一个服务型的城市综合体?能否沉淀为"有整体性的、有竞争力的、有骄傲感的、有影响力的卓越伟大的公司"?战略转型中,领导力是核心。正如中粮培训部总经理吴铮所强调的,从某种程度上讲,为推动集团战略转型而启动的忠良书院预示着中粮的未来。

"贵族"的苏醒

李桂云:您曾讲过,中粮像是一个刚刚醒过来的贵族,这样的比喻从何处而来?

吴铮:这是在一次培训班上,一位高管学员对中粮的比喻,我觉得挺贴切的。首先中粮的出身还是比较高贵,是一个沉稳、守信、有品位的公司。曾有人开玩笑说,中粮人只可能被别人骗过,我们从没骗过别人,可能就是因为有一种"贵族"的血脉存在其中。

中粮培训部总经理吴铮

在计划经济时代,中粮作为国家进出口贸易的一个机构,承担着国家的职责和任务,在那个阶段,它发挥着很重要的作用。但是到了 20 世纪 80 年代末 90 年代初,市场经济逐步扩展、深入,中粮也走了很多的弯路,可以说是在混沌中间摸索前进的,说沉睡也好，或者说是还没找到良性发展的感觉。2000年以后，尤其是宁高宁董事长来了后，大家逐步梳理，不再是机会导向，而变成战略导向了，是以一种很系统的、很全面的视角来看业务，这时我们可以说是苏醒了，真正懂得了做商业的模式和逻辑了。

李桂云：团队学习与这个"贵族"之间是怎样的关系？

吴铮：团队学习是2005年宁高宁董事长来了之后启动的，中粮毕竟是老的国有企业，员工的市场化意识还不够强。宁高宁董事长来到中粮后，提出从商业模式、战略定位，组织架构、人员素质、思想和业务上进行全方位的转型。但重要的一点是不能他一个人变，他得带着整个系统、整个团队，一起发生转变。可以这样说，2005年我们是用培训来启动战略转型的。他当时提出，把培训作为一种工作方式，从而形成了中粮集团自己的学习方法、工作方法、决策方法、团队建设方法。

这个培训不是狭义的培训，狭义的培训只是传道、授业、解惑的概念，中粮培训则更强调群策群力，强调团队学习，也有机构将这叫行为学习。

李桂云：请谈谈您对团队学习的理解？

吴铮：成年人的思维方式是固化和直接的，喜欢按照自己的理解，从问题的起点直接到终点，而忽略了中间过程，这种方法很难凝聚团队的智慧和力量。什么是团队学习？具体来说，是按照统一的逻辑结构，发挥团队的力量，激发大家的思想，对既定的主题进行讨论、研究之后，得到一个大家共同认可的结论，或者说解决问题的一个对策，这个对策经过高层认可后，再来付诸实践。团队学习就是这样一个过程。

培训的目的已经不仅仅是培养人，而是帮助企业解决一些在战略层面、组织层面和业务层面的重大问题，这种培训也就变成解决问题的会议了。我们培训的第一目的不是培养人，而是推动企业战略的发展，当然在这个过程中，人也得到了培养。

团队学习强调老师不是专家，专家在大家中间，老师的职能就是引导，把大家的想法、思想挖掘出来，并将其总结、归纳。他能抛出问题，提出工具，有了问题，有了工具之后，团队通过结构化的方法进行研讨，最后得出结论。

团队学习——一把手工程

李桂云：在团队学习中，您认为需要把握的核心要素是什么？

吴铮：团队学习研究的对象是什么？是老板希望厘清思路、发动群众去做的事情。因此在这个过程中，领导是非常重要的关键点，他要全程参与这个过程，同时大家得出结论，或者结论不一致的时候，领导要能及时做出决策。

一把手一定得心中有数，他要想明白，达到什么目的，要有一个大概的逻辑框架和思路，这些要在一把手的脑子里，而不能只是在 HR 的脑子里；一把手要参与这个设计，他来设计先做什么，达到什么结果，怎么研讨，他也要讲课，需要参与其中。研讨题不是 HR 定的，是老板定的，这个必须得明确。研讨题目的好坏与否就关系着这个项目的成功与否，这是非常核心的一项。

李桂云：2008 年忠良书院成立，标志着中粮集团企业大学的成立。当时集团对企业大学有怎样的期待？

吴铮：从 2005 到 2007 年，我们一直在做团队学习。到了 2007 年之后，宁高宁董事长逐步提出，希望把中粮建成一所大学，类似于 GE 的领导力中心，通过一个实实在在的载体，能够把团队学习的文化沉淀下来，忠良书院由此产生。

书院的装修设计很有特色。从硬件上，我们所有教室的名称，都是用中粮自己的产品或者单位名称命名的，比如有福临门餐厅、凯莱宫等等。在书院所有可粘贴、可悬挂的地方，都是照片，有一部分是离开中粮的老领导照片，还有一部分是这些年对中粮有特殊贡献人员的照片。我们希望通过一些软性的东西，让中粮人能够对公司文化有更深层次的理解，真正对公司产生一种依恋与归属感。

忠良书院的定位主要包括三个方面：第一，我们要把书院建成培养中粮经理人的摇篮，经理人在这样的环境中不断成长历练，创造更多价值。第二，中粮管理思想的发源地，通过培训，能够总结、凝聚和引领一些现代管理中比较领先的思想，成为先进思想的发源地。忠良书院要营造一个很好的讨论问题的氛围，在这里，高管们可以很阳光、很坦诚地谈论发展中的问题。集团领导把一些思想播撒到高管学员心中，学员又把先进思想带到他的团队中去。通过培训的方式来扩大中粮文化的影响力。第三，这是中粮人接受文化洗礼的地方，是一种文化的熏陶，通过整个书院环境的营造，让中粮倡导的阳光、透明、公正、公开、与人为善等精神能够进一步内化，或者固化成为一些可触摸得到的东西。

转型期抓决策层是关键

李桂云：中粮有30多个业务单元，9大业务板块，业务需求层出不穷，针对不同业务，你们在课程建设上的主要思路是什么？

吴铮：中粮的课程分为两类：一类是中粮的基础课，主要内容是中粮的工具和方法，这是所有中粮经理人都必须熟悉和掌握的，比如：《团队学习》《6S管理体系》《系统思考与五步组合论》等等，这些课程都是由培训部牵头，由各专业部门负责开发推广的。

第二类是核心课程，到底什么是核心课程？我们跟商学院的课程究竟不同在哪儿？这两个问题困扰我们很长时间。针对CEO这个层面的400多个重要经理人的培养，我们的课程到底与MBA和EMBA有什么差异？商学院的特色是按照企业管理价值链的不同环节，比如采购、工厂、市场、财务、人力资源等这样的逻辑架构的。而中粮的核心课程的特色在于"针对性"，即逻辑框架，或者叫做课程大纲的针对性和课程内容的针对性。

首先，中粮在课程逻辑框架上提出了五步组合论，这是中粮的一个管理理论和方法。我们认为作为一个团队的一把手，都要做五件事情。第一步是选择CEO，第二步组建团队，第三步制定战略，第四步打造核心竞争力，最后一步叫价值评估。这五个部分就是一个从经理人角度出发的，做企业的五个步骤，它们之间具有非常强的逻辑联系，是一个系统思考的逻辑框架。

其次，我们通过大量的访谈调研寻找在五步组合论各环节中，中粮目前面临的重要挑战或经常会遇到的场景，比如在选CEO环节，我们经常遇到"空降兵"的问题；在打造核心竞争力环节，我们经常遇到"如何推出一个成功的新产品"的问题等等，我们针对这些问题来梳理集团内部和外部不同的经验和做法，形成案例式的课程。在授课过程中，我们不是在教课程，教理论，而是针对某一个独立的问题或场景，让大家充分研讨，提出解决问题的思路和对策。

李桂云：请举个例子，具体阐述一下您提到的"空降兵"课程是如何形成的？

吴铮：这个课程名字叫"中粮空降兵"。中粮是一个多元化的企业，在发展过程中，要进入更多新的业务领域，那么，我们需要更多的一把手，同时我们的一把手也可能跨单元调配，比如原来做包装的去做了地产，做面粉的去做土畜了，包括我们的宁董事长也是空降兵。在实际工作中我们会遇到两个关键问题，第一是什么样的人适合空降？当然这样的人是拥有超越优秀经理的特质。第二是空降之后到底应该怎么做最好？现实中不同的人有不同的做法，我们希望通过案例分析，提炼出能够指导大家，或让大家参考的重要步骤，让空降的人不遗漏任何关键环节，提升空降的成功率。所以我们当时做了一个有关中粮空降兵的课程，我们从集团内部选了7个做得较好的一把手空降兵，与外部教授一起对他们进行访谈，并进行了内部的问卷调查，最后形成了这门课程，尝试回答了上述两个关键问题。授课的时候，我们首先抛出问题和场景，在大家充分讨论对策的基础上，再引导提出实际案例中的做法，最后讨论、综合各方意见，得出结论性的东西，比如空降七步法等等，同时这些内容也可以供其他班级的学员借鉴。

李桂云：好多企业大学都是原来的培训中心改版过来的，您如何看待两者的差别？

吴铮：现在很多企业都在做企业大学，一些机构原来叫培训中心，我理解的培训中心更多是硬件的概念，它是个载体。我觉得企业大学既然叫大学，它就应该是一个学习、思考和解决问题的地方。要建立企业大学，第一个层次是要培养人，提升人的能力素质，但更高的层次则是超越了培养人，而是做成一个大家研讨、决策的地方，做成组织发展的直接推进器。

两者的差别就是出发点不同，我们的出发点就是解决问题，因此课程设计就是当前集团所面临的问题，我们的出发点不是说要培养人才，而是要解决问题，在解决问题的过程中，其实人就得到了培养和提升。

李桂云：可不可以理解，你们相当于走了一个人才培养的捷径？

吴铮：也不能说是捷径，可能只是看问题视角的差异。我们觉得对于一个利润单元负责人来说，他的重点不在于培养了多少人，而更看重你能不能创造业绩，能不能解决业务发展中面临的问题。如果培训跟他的这种思路是一致的话，会得到更多的支持，在此过程中，人也能够得到更大的培养和锻炼，只不过我们不是以人的提升作为目的的。

企业大学要能解决问题

李桂云：目前中粮共有十万员工，针对高层领导者，你们主要采取这种团队学习的方式。对于一些中低层的员工是否可以尝试 E-Learning 的学习方式？除了战略宣讲，也会成为集团机构之间知识分享的重要载体。

吴铮：2004、2005年时我们曾经用过E-Learning的学习方式，后来中断了。主要是我们还没有找到E-Learning应用的一个好的切入点。对于应用中的问题，我分析认为：第一，一定是学习能力比较强的人容易通过E-Learning学习，这是一个前提。第二，我们多数人还没有看到通过E-Learning带来的好处。另外，他们什么时间学习？是在家里学，还是在单位学？

现在也有很多E-Learning公司跟我们在谈，但是这几个问题我们一直没想好，他们也没有给一个系统的答案。

李桂云：您也考察了许多企业大学，您对这些企业大学发展水平有怎样的一种判断？有何建议和意见？

吴铮：应该说国外企业大学做得比较细，比如摩托罗拉、惠普，我都曾参观过，并和相关负责人进行过交流。他们的优势多在于中层及基层的人才培养。因企业大学成立时间较长，他们在课程上有比较多的积累。

中粮尽管已经有50多年的历史，但真正走向实业化也就十来年的时间，我们很难短时间内形成一个比较规范的课程体系，同时因为中粮是个多元化企业，我们很难在中层、基层做一些专业类的培训，因此培训更多着眼于作为企业转型的手段，更多抓决策层，就是比较高端这个部分的人，他们基本上都是EMBA、MBA毕业，对于他们的培养，最直接的目的不是素质的提升，而是与企业的转型结合在一起。

我觉得企业大学定位非常重要，企业大学一定是在企业组织发展中的一个非常重要的部分，到底要解决哪一个层面的问题？还是所有层面的问题都要解决？还是解决某一层面的问题？比如中粮就是要解决决策层如何推动战略转型的问题。不同的企业要根据不同的战略意图，对企业大学有不同的定位，根据不同的定位，再来进行课程设置、系统建设，包括管理运营。所以我认为企业大学定位还应该进一步去明晰，而不是简单认为企业大学只是一个形式和载体，关键是要能够解决问题。

《中国远程教育》（资讯）杂志执行副主编　李桂云/整理

中国邮政网络大学　力争成为企业科学发展的智库

2009中国国际远程教育大会上，与会者深有感触的是，E-Learning领域已不只是几十所试点高校网院、几百家厂商在唱"独角戏"，网络教育、远程培训已经渗透到各个行业，不仅度过了孕育期，而且正在通往成熟的路上。中国邮政集团就是其中的代表之一。

远教大会E-Learning发展高峰论坛上，人们应该记住那位忍受腰椎间盘突出痛苦，始终面带笑容的主持人田克美教授。自称为"老E"的他，是中国邮政集团培训中心副主任、石家庄邮电职业技术学院副院长。从事远程教育研

中国邮政航空

究与实践十余年，其身上凝聚的"老E"精神，在某种程度上代表了中国国有大型企业在新时期探索E-Learning实践的精神风貌。

中国邮政集团公司有各类从业人员80余万人，职工遍布全国城乡。集团公司一直非常重视职工的教育培训工作，并把远程教育培训作为提升职工队伍尤其是广大基层一线职工队伍业务素质的重要手段。中国邮政远程教育培训网于2005年7月正式上线运行，其建设和使用得到了中国邮政集团公司领导的高度重视，通过各级邮政企业的大力支持和广大基层员工的广泛参与，开展了一系列大规模、分层次、多形式的远程教育培训。

远程培训以覆盖面广、规模大、效率高、实施便捷的优势，在提升员工队伍整体素质和职业能力方面发挥着重要的作用，逐步成为支撑企业大规模培训的重要手段。截止到2009年底，中国邮政远程教育培训网注册员工达36.3万人，远程培训项目已经累计开展600多个，年单日最高访问量突破10.39万人次。

面对激烈的市场竞争形势，集团公司意识到远程教育培训工作还远远不能适应中国邮政长远发展的需要。2008年，从"转变增长方式、打造核

心竞争力、可持续发展、建立学习型企业、人才队伍建设和素质提升"的战略高度出发，集团公司提出筹备建设邮政网络大学。

2009年1月15日，中国邮政网络大学建设学术研讨会上，集团公司领导首次描绘了网络大学未来的发展前景，"网络大学将来要实现三次突破，一要使网络系统覆盖到全国市、县及营业网点；二要构建开放性的知识系统，使每一个邮政职工都可按照个人的需要进行自己的职业生涯设计；三要建成面向整个社会的、面向用户的、开放性的服务系统。"

接受采访时，田克美教授表示，真正的企业大学，对大学来讲是"最企业化的大学"，对企业来讲是"最大学化的企业"。但企业大学的本质是"企业主导，面向需求"，应该对内拥有为母体企业提供全方位服务的能力，对外具有为母体企业产业链上的企业以及全社会提供战略外延服务的能力，中国邮政网络大学的建设目标就是这样的企业大学。

解读企业大学内涵

李桂云：请分析一下企业大学产生的基础是什么？谈谈您对现代企业大学概念的理解，现代企业大学与原来培训中心的概念有何差别？

中国邮政集团培训中心副主任、石家庄邮电职业技术学院副院长田克美

田克美：随着整个社会经济改革发展，企业越来越觉得传统的一些管理方法、营销技术等，已经不能在当今这个竞争社会生存下去，当今企业如何良性地可持续地不断地改革发展，需要解决的核心问题，实际上就是要做到以人为本，即要依靠人、依靠文化、依靠以人为核心的竞争能力的打造。

种种迹象表明，学习已不再是一个人的事，也不只是培训部门、人力资源部门的事，而是一个完整的企业乃至全社会共同关注的系统工程。单凭一个培训部门，或者单凭某位领导的重视，还远远不够。这需要有一个职能机构，需要有一个基地、一批人去设计、去研究、去实践。必须有一个庞大的组织体系来承担起这项职能，企业大学就担当了这一任务。

传统企业的培训也是文化的范畴，但贡献还比较单一。与原来的培训中心相比,企业大学不论在定位、要求还是内涵上都有很大变化。企业大学需要从战略角度发展,以人为本,发展企业文化,提高核心竞争力;要站在知识、技能、科研、创新、文化、管理体系、社会产业链整合的高度思考问题。网络大学应该努力成为企业高层科技咨询和综合智力服务的重要基地,成为企业科学发展的智库。

网络大学绝不仅仅是在现有远程培训网的基础上的规模或数量的增加,而是在理念、内涵、功能、体系构架、管理模式、技术手段等多个方面的飞跃性的发展,更高级、更广泛、更复杂。

李桂云:据了解,中国邮政计划用 5—10 年时间把中国邮政网络大学建成真正意义上的企业网络大学,现在离目标有多远?

田克美:中国邮政网络大学的建设,是基于我们原来的远程教育培训中心的基础发展起来的。中心发展五年,应该说取得了很重要的成就,领导、企业员工都比较认可,但中心的影响主要是培训方式、培训管理的变化,离构建企业大学还相差很远。正因为如此,中国邮政集团公司领导提出,我们要把这样一个劳动密集型的百年大型企业转变成人才密集的强势企业,按照可持续发展的要求,不断提升企业核心竞争力和推动企业变革,提供强有力的人力资源支撑和智力支撑。为此提出了 10 年建设企业大学的规划。

企业网络大学的建设是一个长期的过程,很宏伟也很复杂,也正因为如此,或许让企业失去耐心,所以我认为企业大学的建设还需"急功近利"!我们计划:1 年见效、3 年成形、5 年成规模。

李桂云:您觉得,相比其他机构,国有大型企业的企业大学或网络大学,其优势和劣势都体现在哪里?

田克美:国有大型企业,由于客观条件影响,往往面临着很强的市场竞争,促使其必须建立自己的核心竞争力,这是一个外在的动力。再者,国有大型企业员工数量庞大,培训的需求比较强烈,教育培训的规模效益容易体现。此外,国有大型企业在管理体制上统一性较强,特别是当企业高层领导充分意识到企业大学、网络大学建设的重要性,并且能与企业发展和员工的个人发展结合在一起时,执行力会比较强。这是优势。

谈到劣势,我觉得主要是在智力和基地建设以及网络建设方面。特别是,一个很大的企业往往并没有一支专业的教育培训团队,办企业大学时,教学团队欠缺是最大掣肘。即使在著名高校,熟悉企业战略、了解企业实际需求、真正能引领行业发展的师资仍甚少,这是企业大学非常困难的方面。

国内企业大学整体水平尚需提高

李桂云：据了解，中国邮政在筹建网络大学的过程中，曾专门组织一些人员到相关机构去考察。您本人也去了很多地方吧？您对国内外企业大学发展现状有怎样的认识与理解？

田克美：我们企业领导多次要求，中国邮政网络大学的构建要具有全球眼光，吸取国内外的先进的经验。因此我们组织了很多次的考察和调研，我也去了一些行业和大型企业的培训中心，也包括国外的企业大学，总体感觉国内企业大学的尝试明显落后于国外。国外特别是一些全球排名比较靠前的大型企业大学，由于其知识储备、管理储备，包括观念和智力的积淀比较深厚，接近或者代表了现代企业大学的水平。

国内的企业网络大学建设越来越受到重视，但完全达到现代企业大学理论模型要求的我还没有见到。但也不乏闪光点。

比如有的企业大学岗位体系做得很好，已经基本做到岗位全覆盖。岗位全覆盖意味着从基础研究开始，从岗位的模型、岗位的标准、岗位职责、岗位的延伸，以及在这个岗位应该具备的素质、能力、结构，都做得比较完整。在此基础之上，这个岗位应该具备哪些知识体系，已经实现了标准化，在标准化的前提下，培训就变成了标准化的培训。我一直认为，现代企业大学一定要以个人为中心建立岗位体系，这也是我们中国邮政从理念到平台设计所着力打造的。

有一些机构是资源能力很好。资源建设与管理是企业大学建设的核心，能否在开放性的网络上集成大量的知识资源，这很重要。知识资源包括存储的性质、格式、来源，以及提供信息的渠道、管理，这是一套复杂的工程。特别是集成时，很多资源不在自己直接管理权限范围内，甚至很多是社会资源，因此，如何建立一个知识管理体系，建立起知识收集、共享的渠道，这些都很关键。

另外，从技术角度讲，一些企业大学整个技术架构、运行维护、安全管理的水平都很不错，网上课件的技术制作水平很高。

李桂云：在2009年中国国际远程教育大会上，您提到E-learning行业发展到今天，应该关注应用导向、发挥优势、市场细分、产品意识等几个方面，能否具体解读一下此观点？

田克美："应用导向"指学习的最终目的是为了应用到实际工作中去，

也就是 E-Learning 价值链由"学习"到"转化"的过程，也是前面提到的"急功近利"的表现。发挥优势就是要知己知彼，知道自己最大的优势在哪里，机会和威胁来自何方，如何放大自己的优势效应。市场细分是指洞悉 E-Learning 市场，清楚服务对象是谁，哪些群体最需要你的产品和服务。产品意识就是要打造自己的品牌，形成独特的服务模式，以产品质量和优质服务取胜。

网络教育发展到今天，在企业中的应用究竟如何？其实面临很多困惑。我认为最大的关键在于远程培训是不是设身处地为企业的困难和发展着想。有很多做科研和做技术的人，主观上是这样想，但做起来往往仍然是旧校教育的翻版，这是普遍存在的问题，因为他们并不真正了解企业之痛痒。所以我提出要以应用为导向。

随着企业大学逐步地建设，将来会发展到引领和科研的阶段。从目前这个阶段来看，企业网上大学仍然要以解决应用和发展问题为主，只有解决了企业发展中的核心问题，领导才会支持，员工才会拥护，企业大学才能可持续发展。

市场细分，必须要解决针对什么人说什么话的问题。实际是对被培训对象的岗位要求的细分，需要什么就提供什么，在此基础上总结规律，形成规范性的操作流程。特别是对基层，要针对什么人干什么活儿，教会他什么本事。在某种意义上讲，这就是企业培训跟旧校教育最大的不同。

另外，从产品意识自然引出了竞争意识、质量意识、服务意识、应用效果、投入产出等。真正的产品意识树立起来，就是要达到双赢、共赢，好的产品会使利益链条里面的所有关系都是和谐的，所有服务都是平滑的。

领导支持是企业网络大学成功之道

李桂云：中国邮政远程教育已走过了五个年头。筹办网络大学后，可以说，你们已经在这方面走在全国大型企业的前列。您觉得成功的主要原因是什么？哪些方面还需要提高？

田克美：我觉得我们走过这几年，总能有一种劲头，有一种事业心，一种奋斗精神，这与企业高层领导对教育培训工作的重视是密不可分的。

在国有大型企业改革过程中，相当一部分企业不太重视教育。比如有很多学校，很好的培训中心，被变成了服务机构甚至直接解散，有些连地方都卖给别人了。解散的时候容易，要聚一批专业的团队就太难了。在这样的趋势潮流下，中国邮政集团公司领导不仅一如既往而且更加重视教育，无论是人才培养还是团队建设，无论是政策支持还是制度建设，无论是体系建设还是资金投入，都对我们给予了极大支持，这激发了我们更强的使命感和责任感，这是我们成功的最重要的原因。

中国邮政一直以来都非常重视培训工作。在国企改革之前，教育培训就如火如荼，在邮政企业里已经形成了培训的传统和文化。尤其是远程教育这种现代化手段得到应用后，各级领导都称赞这对邮政是件大好事，都很积极地配合此项工作。但是形势好的同时也暴露出我们的不足，最明显的是市场开发意识还不够积极。我们现在可以说"躺"在那里就有几万、几十万的学员，因此我们的超前意识、严谨意识和质量意识反而比较欠缺。市场细分、产品意识还不够；开发的一些培训项目和课程，在某种程度上仍然达不到企业员工的要求，学习效果有待进一步提高。

李桂云：因为企业网络大学建设确实是一个新生的事物，需要不断的改革、创新。这种改革和创新，在原有的国有企业架构下，很多企业都会产生一些摩擦和碰撞，你们是怎样去化解的？

田克美：中国邮政远程教育的发展中，这方面的摩擦和矛盾不是很突出。如果说有一些矛盾，主要集中在基层的工学矛盾。本来网络大学是解决工学矛盾最好的方法，但是由于有些基层偏远地区因为网络环境建设投入不足等因素，给学员学习带来了困难。当需要走上多少里路，需要请几天假去参加一次考试时，工学矛盾还是会存在的。

企业网络大学要与企业需求紧密相联

李桂云：中国邮政开展远程教育这么多年，您觉得有哪些经验可以借鉴给其他企业大学或者行业？

田克美：我觉得最重要的一条经验，就是要紧紧把握自己的工作，工作中每一个出发点都要与企业需求紧密相联，同企业最关心的问题、最急于解决的问题结合在一起。传统教育机构往往忽略这一点。

第二条经验，一定要把自己的利益看得淡一点，全心全意服务于企业的利益，自始至终把为母体做好支撑工作作为最高利益。克服困难，服务好主体，服务好企业发展，奠定培训和服务品牌，奠定这种声誉和地位，比既得利益重要得多。

我们学院党委明确提出，每一位职工都要不讲条件、不计代价、不怕苦累，以服务好母体发展作为工作基调，要能吃苦吃亏。在这种意义上实际跟做人一样，吃亏是福。只有企业认可你、重视你、支持你，你才会发展得更快，你的创新能力、科研能力、教学能力和学术水平才会真正提高。

李桂云：您刚才提到与企业需求联系在一起，我想很多机构也意识到这样的问题，但是在具体运作中可能把不好脉，还有如何处理集中与远程培训的关系，在这方面您有哪些经验？

田克美：我们学校完完整整是企业的一部分，因此对企业的了解，具有得天独厚的先天优势。其次，传统的集中培训为网络大学建设提供了很好的基础。我们最初研究远程培训时候，大家私下认为，做远程培训，集中学习市场的培训可能会丢掉，结果恰恰不是。因为集中培训有集中培训的人群和特点，集中培训往往是针对较高层次、互动式、头脑风暴式的研讨，而远程培训更针对基层，多是标准化、规范化、统一性培训。我们恰恰充分利用了集中培训这个纽带，大量的各级领导和骨干都到学校来，面对面交流，让我们充分了解了整个企业的基本情况以及实际需求。

要了解企业需求，方式和方法多种多样。我们也做了很多问卷以及实际调研工作，每年都会结合一些专题，组织相关人员到企业调查。集团公司召开的大规模会议，也是充分了解企业需求的好机会。

在师资方面，我们聘请了相当多的企业内部领导、专家作为培训中心的老师。另外，受集团公司的委托，我们对全国的内训师进行培训、培养和选拔，这也是选择优秀教师的好平台。我们要建立起一个全网统一的培训管理平台，企业内训师与院校派的老师都在这一平台上，他们可以相互交流、借鉴，这也是了解需求的好机会。

还有一点：我们一直坚持的，就是不断把老师派到企业中去挂职，现在三四百人的专职教师队伍，每年大概有几百人次到企业调研挂职过。有相当一部分人，一年要去企业很多次，他们往往是到基层挂职做管理者，或者到集团总部做核心管理人员，这些人回来后，带回的是真正的企业需求和实践能力。另外我还要特别说明一点，他们回来之后，思想作风工作作风都发生了明显变化，真正意识到了"质量就是生命、顾客就是上帝"这一企业核心价值观。

企业网络大学在学历教育中有作为

李桂云：您提到中国邮政网络大学希望能在职工的学历教育方面有所

作为，具体是怎样的一种设想？对于高校与企业之间的对接您有何建议？

田克美：企业大学的构建，如果没有继续教育部分，我觉得是不完整的。这个继续教育应该是多层次的，从专科、本科，到研究生层次的教育都应该能提供。企业大学既是企业、行业的，也是国家的。全民素质提高，打造学习型社会，构建终身教育体系，这都是国家战略，而企业大学怎样体现国家战略？我们认为这种方式能将国家的战略落地，它符合国家战略，更符合个人的发展。这是非常重要的一点。

企业办网络大学的优势在于"了解和熟悉自己"，能够从企业实际出发，从员工队伍实际情况出发，构建自己的功能体系和组织体系，但存在资源与专业体系等方面的不足；大学办网络教育具有科研、教师资源优势、丰富、密集的信息资源优势，但对企业需求缺乏针对性。因此两者可以展开很好的合作。

目前国内有几十所高校在开展网络教育，办得红红火火，但给人的感觉更多还是把课堂上的教育方式和教学内容搬到在职人员身上。而企业继续教育往往需要的是压缩基础理论的比例，加大对企业实践的针对性。对比德国的职业教育体系，我觉得不仅是传统高校的网院，连全日制普通高校的一半以上都应该深入开展面向岗位、面向行业、面向实践的应用性研究。这样不仅能够解决就业难题，也会更加促进社会经济和企业发展。

E-Learning 服务机构要领悟企业思想

李桂云：在远程培训领域多年，您一定跟一些 E-Learning 厂商有过接触，对他们目前的状况您有什么判断？有哪些建议？

田克美：厂商主要是两种类型，一种是平台服务商，一种是课件制作商。对于平台厂商来讲，我认为，创新和新技术依然是他们生存的基础。现在厂商很多，平台也很多，但真正具有自己核心价值的也许并不多。他们普遍的不足之一是，对一个企业的管理思想在平台上实现及对管理者的领悟不够，多是整齐划一的内容，特色太少。当然，个性化服务和通用化服务两者如何权衡确实有难处。

我觉得好的平台应该从几个方面来判断：

一、平台对资源的占用程度。这个平台需要依赖的资源越少，竞争能力就越强。一些厂商找到我，我常常问，请你告诉我，你跟别人的区别在哪？我在网上直播课程的时候，如果要保证直播的畅通，你占用我的资源最低能到多少？

二、平台的人性化。越以人为本，越符合人的行为习惯的平台，一定是越受欢迎的。

三、性能方面。平台在我们系统上运行的时候，所表现出来的速度及稳定性，当然还有可维护性。

对于课件制作的厂商，我们首先要考虑的一点还是资源占用情况，其次就是课件开发的新颖性、互动性，动画、三维手段的利用等方面。我们自己也有一个技术团队在做课件，我感到目前科技含量稍高一点的课件的开发效率都比较低，生产周期太长。另外也缺少这方面的设计人才，要求不仅能深刻理解业务需求，同时也要懂艺术会设计，还要掌握多媒体技术，这样的人才太缺少了。

《中国远程教育》（资讯）杂志执行副主编　李桂云/整理

第二章　文化是魂，业务为根

星巴克（中国）大学　文化是魂，伙伴为根

走进位于北京大望路的温特莱中心，一抬头就能看到B座入口处满墙的星巴克咖啡文化标志，巨大的画幅、专业的制作流程、精准的专业数字这种别样文化隐于无形，更透于细微，记者驻留片刻不经意间便发现吧台右侧的小告示，上面温馨地写道："若自带杯具可抵减2元。"

采访星巴克（中国）大学校长樊力越的过程更是一个享受星巴克文化与故事的过程。樊校长说，这种文化造就了不同凡响的星巴克体验，而"星巴克体验"的核心和灵魂来自于"伙伴"（在星巴克公司，所有的员工都被称为伙伴），星巴克已将这种"人文关怀"的文化理念通过伙伴服务传播到了全球约18000多家分店。

"星巴克（中国）大学不仅要致力于成为一个激发咖啡热情、精通零售管理、孕育人文精神并连接彼此的世界级企业大学，还要致力于帮助每一位伙伴发挥最大潜能，实现职业理想抱负，与公司共同成长，成就卓越。"樊力越校长如此阐述星巴克（中国）大学的愿景。

有原创才能出世界级的企业大学

李桂云：您曾在北大当过老师，又在惠普中国的教育培训部门工作过11年，后来又率先加入万达，可以说您对"教育"和"培训"是再熟悉不过的了，那么您是怎样看待中国企业大学的现状与未来呢？

樊力越：企业大学发源于西方发达国家，也是目前企业学习与发展的最高形式。企业大学在中国发展是从2000年前后随着外资企业的进入开始的。国内的企业大学目前大多还处于探索阶段。正如一个人的学习总是先从模仿开始，国内企业大学无

星巴克（中国）大学校长樊力越

论是学习的方法、内容，还是企业大学的功能，大都是以国际上成熟、成功企业大学的模型为参照，在模仿的基础上再进行创新。但是，中国毕竟跟西方国家在社会经济文化条件、行业特点、企业规模、员工特征等很多方面存在差异，因此，我们做企业大学也应该有很多不同。让人高兴的是现在很多国内的企业也在关注这些问题，也在探索，而且已经有了很多很好的创新。

我想，随着中国的产业升级、市场和企业越来越成熟，重视员工终身学习、打造学习型组织、把组织的学习能力作为一项核心竞争力会成为越来越多企业的共识。所以，我觉得将来我们也一定会出现一些像GE克劳顿大学或惠普大学这样的享誉业界的标杆性企业大学。不过，在发展过程中，一定要有中国自主原创的东西，只有在创新的基础上才能诠释和代表世界级企业大学。

李桂云： 您认为中国企业大学要成为世界级的企业大学，一定要有一些自己原创的东西，原创的突破点可能会在哪儿？

樊力越： 首先，做企业大学规划的时候就要非常深入地把握企业的核心文化、战略目标、发展阶段、行业特点和员工特征，对企业大学进行合理定位。当然，随着市场和企业的变化，这个定位也可以阶段性地进行调整。其次，学习内容和教学方式的开发也可以是突破点。在内容层面，中国历史和现实中都不乏经典的案例和管理智慧；在教学方式上，也要结合中国人的学习特征来创新。举个例子，在我以前的实践中，我们开发过"能量集市""解决之道"等多种研讨类课程的教学方式，和"世界咖啡""开放空间"等技术有相似之处，但更符合中国人的学习规律，现在也在其他企业有一些传播。最后，就是成果如何落地。中国的企业大学，如何构建自己企业的专业认证体系；如何把企业大学的成果落到实处，这些成果包括但不局限于企业问题诊断、人才培养、文化传承、企业知识管理、提升雇主品牌、加强企业与价值链上下游黏度等，这是摆在每个企业大学经营管理人员面前的课题。

总结一下，创新点我认为可以从定位（做什么）、方法（怎么做）、成果（怎么样）三个方面着眼。

企业大学要与企业自身相匹配

李桂云： 您从惠普到万达，再到星巴克，对中西企业的企业大学建设与运作都很了解、精通，它们之间要如何取长补短？这些经历与积累能为您现在建设星巴克（中国）大学带来哪些帮助？

樊力越：每个企业、企业大学的定位、运作方式都会不一样，但其中一些思路和逻辑是相通的。我想行业中的共识就是任何企业都要基于它当前的企业战略，以及它所处的发展阶段、所处的行业来建企业大学。企业是处于快速增长期还是成熟期，对企业大学的要求是不一样的。

我们不能抛开企业谈企业大学，例如星巴克（中国）大学就是在对中国市场长期投入并快速发展的企业战略背景下成立的。现在星巴克在中国高速发展，为此我们招募了大量的新人，这些新人不管以前从事什么行业，有过哪些经验，进入星巴克后对星巴克来说都是一个新人。因为每家企业的产品、服务的标准，做事的流程、方法，肯定都不一样；短时间内这么多新人的加入对企业文化会有稀释效应，也可能产生一些碰撞、冲突，从而影响到我们对外的客户体验。另外，业务的快速发展也必然需要更多的合格经理人进入管理岗位，所以除了社会招聘以外，也需要加快内部人才梯队建设。最后，在星巴克，司龄较长的员工比例较高，他们也都有进一步发展的期望，因此，创建企业大学也是为了给每一位伙伴提供持续的提升空间，帮助他们不断成就职业梦想。

在星巴克，以"伙伴"为核心是其文化的DNA。正如阿里巴巴等企业所提倡的"员工第一、客户第二、股东第三"，星巴克也同样认为只有公司对待伙伴超越期望，伙伴才能真正感受企业文化并发自内心地去为客户创造独特的、超越期望的消费体验，最终带来股东满意。

如果从我以前的经历看现阶段的工作，我觉得会在短期和中长期目标的平衡上关注更多一些。就是在执行短期项目的同时，会更多地聚焦在中长期发展，像目前我们搭建的学习管理平台就属于体系建设，对未来星巴克中国大学的健康运营有重要的作用。我们还会成立跨部门专家和公司高层组成的大学治理委员会、专业委员会等机构。治理委员会对大学的经营管理进行督导，专业委员会对大学教学内容的专业性进行支持。这样从组织结构上保证大学的良性发展。毕竟，就教学功能这个定位来讲，企业大学的成功之道，除了教学策划的专业性，另一个重要的方面就是教学内容的行业代表性和权威性。

李桂云：除了体系化成熟度不同外，惠普、万达、星巴克这三家企业大学还有哪些不同之处？

樊力越：内外部环境的差异会导致企业大学的差异性也很大。我觉得主要看它与企业自身的匹配程度如何比较合理。不过，好的企业大学通常会有一些共性的地方，比如企业的最高领导人都把员工的学习与成长作为企业的一项核心竞争力,这也是企业大学的核心成功要素;其次,这些企业往往都是各自行业中的领先企业,有丰富的行业知识积累;最后,企业大学能够支撑企业发展战略,并且在企业大学的创建和运行期间都得到了企业自上而下的大力支持。

传递人文关怀　固化专业权威

李桂云:星巴克是一个在全球都充满传奇色彩的企业,要续传这个"神话",承担人才培养、储备工作的星巴克(中国)大学会有哪些压力与挑战?

樊力越:星巴克(中国)大学是2012年4月宣布成立,11月底正式开学,是在学习与发展部门基础上发展的企业大学。星巴克(中国)大学是公司人才发展的卓越中心,它承担着支持伙伴发展技能,帮助提升现阶段工作效率和成功实现职业上升的重责,同时它也是传承咖啡文化,提升零售管理水平,传递和交流内部知识的平台。

星巴克有着独特的咖啡文化,来星巴克消费的顾客能从门店伙伴的言行举止,从门店的各种细节中体会到"人文关怀",而且这种人文精神的能量传递不仅由伙伴传递给顾客,也同样能由伙伴传递给伙伴的家人,由顾客传递给顾客,人人相传。

因此,对星巴克(中国)大学来讲,除了学习培训、干部培养,它的定位还包含了文化传承。前面也讲了,星巴克每年有很多新人进来,如何让新伙伴也能很好地接受和展示这种"人文关怀"文化,产生品牌作用,是我们面临的一大压力。

同时,星巴克在咖啡专业领域里还有推动咖啡知识的传播和推广的责任。随着大家对生活品质要求的提高,咖啡越来越被更多人接受。但是大家对咖啡的理解其实很多都只停留在一种体验上,谈不上很深入的了解。星巴克在咖啡知识和咖啡文化方面有深厚的积累,我们具有最系统全面的咖啡师培训及认证机制。

为了固化加强这种专业权威,我们在内部也有相关认证培训,即伙伴可以经过相应时间的学习操作不断提升,成为咖啡大师,甚至成为最高级别的咖啡公使。在星巴克的门店里可能顾客看到的大部分店员都是系着绿色的围裙,如果你看到一个穿黑围裙的,他就是咖啡大师,如果你看到一个穿咖啡色围裙的,那就是咖啡公使了。不同颜色代表着不同专业等级,也意味着该伙伴对咖啡文化的了解程度不同。

伙伴教授言传身教传承企业灵魂

李桂云：星巴克的灵魂是提供无可比拟的顾客体验，这些"胜敌"体验都有哪些？在"灵魂"的塑造上，星巴克（中国）大学要如何作为？

樊力越：星巴克体验，我的感受是通过预知顾客需要，并提供超出顾客期望的真诚服务，让顾客在星巴克有一种宾至如归的感觉。星巴克门店的岗位序列包括星级咖啡师、一线员工、主管、副经理、经理等，针对每一层我们都有相应的学习模块，完成每个学习模块要经过技能测试，然后才能得到认证。在学习过程中我们有一对一的教练式培训，有行动式学习，有教室课程，有自修模块，基本每个岗位都有专门的混合式学习项目。我们的内部讲师，我们称之为"伙伴教授"。伙伴教授是从公司内部众多兼职培训讲师、学习教练、咖啡大师中评选出来的杰出代表和榜样，他们在平时的工作中展现了培养和发展伙伴学习的热情，诠释了星巴克文化的精髓，标志着专业技能领域和领导力的最佳实践。他们不仅有成长于行业前沿的星级咖啡师，也有来自于支持中心的业务骨干，更有公司高层管理团队的伙伴，他们代表了咖啡文化和经营管理的最高水平。完整的培训体系和优秀的内部讲师队伍对保证文化的传承和服务标准的统一至关重要。

此外，星巴克还有一种被简称为"5B卡"（5 Behaviors）的鼓励卡，即五种行为的认同鼓励卡，这五种行为分别是热情好客、诚心诚意、精通专业、体贴关怀、全心投入。如果伙伴接受到了来自他人符合星巴克文化的行为帮助时，他就会将感谢写在这张只有名片大小的卡片上，并选择任何时候送给对方。等这种卡积累到一定数量时，可以换取一枚徽章，最后这些卡与徽章也会成为一种考核参照。通过这种及时的相互鼓励，我们推动了正向行为的发展，积蓄了正能量的作用，也将企业文化具象化。

在星巴克，你会发现每一个伙伴随口就能讲出好几个发生在伙伴身上的故事，"讲故事"已经成为一种独特的传统，不管是在培训、会议，还是其他场合，都会听到很多非常感人的真实故事。伙伴通过分享"我的星巴克故事"相互激励共同进步。"故事"其实是最好的文化载体，一个故事远比讲一堆大道理更能打动人心。因此，"讲故事"的传统也是星巴克文化传承的一个重要方法。

李桂云：星巴克（中国）大学提出"要致力于成为一个激发咖啡热情、

精通零售管理、孕育人文精神并连接彼此的世界级企业大学",这一目标如何落地?

樊力越:我们有一个分为三个阶段的六年规划,目前处于搭建体系的第一阶段,包括建设组织与团队,整合国内外教学资源基于业务评审和细化课程,构建学习平台,开发星巴克(中国)大学"我的第一课堂"等。第二阶段为促进业务发展阶段,主要为每位伙伴建立与其职业发展相匹配的学习路径,我们计划在2015年财年之前针对所有级别伙伴特别定制并开展200多种培训课程,为星巴克和中国输送最优秀的咖啡及零售领域的领导人才;内部讲师培养方面,我们将着力打造一支能代表行业知识和专业能力的"伙伴教授"队伍。此外,星巴克中国大学还将积极与专业的学术机构、行业协会等合作,以推广行业知识的传播。第三阶段为引领创新的成熟阶段,该阶段将完成人才培养与企业其他管理模块的对接,比如学习管理系统、知识管理系统、优才管理系统、绩效考核系统的对接;打造一个领先的学习型组织。

心系"伙伴" 打造个性化学习体验

李桂云:您一直都将员工称为"伙伴",这种定位恰如星巴克的咖啡文化一样与众不同,不知除了称呼还体现在哪些方面?

樊力越:在星巴克,伙伴并不只仅仅是一个名称的变化,它也体现在如下几个方面:首先,星巴克推行全员持股,包括一些兼职伙伴超过一定服务时间后也会持股,因为员工是股权人,所以他的确是公司的伙伴;其次,星巴克为伙伴提供了非常健全的医疗保障体系,包括伙伴本人和其家人都可以得到很完善的医疗保障;第三,在业务经营的考核体系中,伙伴指标占到的权重最大。也就是说,伙伴的招募、培养、晋升是考核一个经理的很重要的方面;最后,星巴克非常重视在伙伴职业发展方面的投入,成立星巴克(中国)大学也是一项具体的举措。

李桂云:您提到为伙伴打造的个性化学习体验,能具体分享一下吗?

樊力越:个性化的学习体验我们强调两个方面。首先,伙伴的学习路径是与个人职业发展路径相匹配的。不同专业、不同级别的岗位都有对应的必修课和选修课。其次,提供多样化的学习平台,伙伴可以根据自己的兴趣和工作节奏合理选择学习内容和学习方式。

基于能力模型构建培养体系　推广咖啡文化增强品牌价值

李桂云：您曾说"培养人才体系，第一代是从能力出发，第二代是从任务出发，第三代是以问题为导向"，星巴克（中国）大学的人才培养体系是什么？

樊力越：目前我们的培训体系是基于星巴克全球的领导力能力模型和专业能力模型来搭建的，这部分是基础；同时，我们也会根据不同业务/职能部门的当前关键任务（或挑战）定制专项培训。

李桂云：前面提到"星巴克（中国）大学还有望与专业的学术机构、政府机构合作，以加强其品牌价值主张"，不知具体在哪些方面合作？

樊力越：我们现在与一些专业院校有一些定向的合作，比如通过校园咖啡讲座让在校学生接触和了解咖啡知识和文化；另外，我们也在探索和国内的一些知名院校在零售管理领域课程开发、企业社会责任项目方面的合作。未来，我们希望星巴克（中国）大学不断加强咖啡知识和文化的传播与推广，推出面向客户或咖啡爱好者的咖啡知识及技能的培训及认证。

《中国远程教育》（资讯）杂志记者　李密珍/整理

IBM 中国渠道大学　与众不同的成长之道

企业大学负责人中有营销经历的并不多见，李岚算个例外，2007年出任 IBM 中国渠道大学校长之前，她一直从事营销工作。除了做校长，她现在还有一个身份——"教练"，为大中型企业管理者答疑解惑对她来讲非常具有吸引力。也许正是如此多元背景的影响，李岚对企业大学的理解以及对 IBM 中国渠道大学的运营之道颇为独到。

与合作伙伴实现"智慧的成长"

李桂云：2007年，IBM 中国渠道大学成立，这显然是一个定位于外向型的企业大学，那么它的使命是什么？

IBM 中国渠道大学校长李岚

李岚：IBM 中国渠道大学可能跟您采访的很多企业大学有一点儿不一样，目前国内的企业大学大多数是面向自己的员工，很多生产型企业还面向生产建设工人。对外的企业大学非常少，大多是由内部延伸出来的，比如我们的合作伙伴东软，他们也开始对外培训一些社会上的软件人才；而像吉利大学，他们已经从企业大学变成一个社会大学，一个培养专业人才的大学。

但是，IBM 中国渠道大学从成立的那一天起，面向的就是 IBM 的渠道合作伙伴。IBM 在中国目前已经有注册的渠道合作伙伴上万家，比较活跃的大概有三四千家，所谓活跃就是跟 IBM 的业务往来比较多的。他们都是 IBM 非常重要的业务合作伙伴，他们的业务能力对 IBM 最终的业务结果会产生很大的影响，因为 IBM 大约90%的业绩是通过渠道完成的。有些业务虽然是 IBM 自己谈的，因为企业资质的原因，可能在最后交货的时候还要通过渠道商，所以渠道商对

IBM 也很重要，他们在 IBM 整个业务面的扩展方面扮演了非常重要的角色。在渠道大学成立之前，一些业务部门也会定期不定期地为合作伙伴进行培训，原因很简单，他们不懂你的东西，自然没法卖你的东西。后来渠道大学把这些资源整合在一起，成为一个统一的平台，不光是产品和技术，还包括一些技能，比如管理能力、领导力、如何开拓市场、如何做营销，如何做销售等，我们将整个平台资源提供给我们的渠道合作伙伴，希望他们能够跟 IBM 一起成长。

谈到使命，当初我们的口号很简单，叫做"与众不同的成长之道"，实际上说的是 IBM 渠道合作伙伴跟 IBM 一起成长。所以，IBM 中国渠道大学是一个完完全全的、只对 IBM 渠道合作伙伴的大学，IBM 员工都不能来这里学习，虽然他们很想来。其实 IBM 现在对自己的员工越来越少采取面授培训的方式，更多是用 E-Learning 方式，员工网上自己学习，但是坦率来讲，大家在学习习惯上还是偏向面授课堂，尤其是软技能的一些课程。

李桂云：2009 年 IBM 推出了"智慧的地球"的概念，在此基础上，2010 年 IBM 中国渠道大学提出"智慧的成长"这一口号，与合作伙伴一起实现"智慧的成长"。什么是智慧的成长？

李岚：什么是"智慧的成长"？其实没有一个确定的定义。"智慧的成长"是一个口号，也是我们对自己的要求，我们主要是思考如何体现智慧的成长，尽可能在一些学习项目的设计上体现它。

比如去年我们给合作伙伴高管设计的一个项目叫做蓝色领导力，放了很多学习的因素在里面，在为期三个月的培训里，只有六天面授，每个月两天，有点儿像短期的 MBA，过程中有 E-Learning，然后我们放了行动学习的内容，每个组必须领一个真实的、现在他们面临的业务问题，作为行动学习的项目，在这个过程中我们配有团队教练引导他们怎么去解决这个业务问题。

另外，我们前年年底还做了一个软件架构师的培训，这个项目为期两年，共分四个阶段，每一个阶段学员要拿到不同的认证。这里面有很多学习内容，面授课、在岗实践、老师辅导、答辩，一级一级往上走，而当他们拿到 IBM 架构师的认证后，他们在市场上的含金量将会高很多。

李桂云：针对不同渠道商的需求，IBM 中国渠道大学在组织架构上做出了怎样的安排？

李岚：IBM 中国渠道大学设置了管理学院、行业解决方案学院、产品技术学院、远程教育学院，不断开发典型课程和特色项目来满足渠道合作伙伴对人才培养的需求。

产品技术学院是针对新产品的培训。行业解决方案学院是针对服务的培训,多年前IBM就已经开始从一个卖产品的公司转变到卖服务,比如县级城市医疗社保解决方案之类。管理学院比较特殊,其实我们合作伙伴的公司也在成长,企业第一步要生存,第二步要发展,我相信中国更多的企业,尤其在IT企业里面,生存关差不多过了,但是下一步要往哪里走,他们很迷茫,面临很多发展的问题,包括人才储备、人才发展、领导力的问题,以及如何面对变革的问题。因此,我们的管理学院应运而生。远程教育学院更多是从成本考量,同时也是为了教学方便,尤其是技术方面的课程,全天24小时开放,各个城市的销售人员随时可以上去学习。

渠道大学是投资项目

李桂云:那么您对大学经营是如何考虑的?IBM中国渠道大学是一个成本中心,还是利润中心?

李岚:我们的管理学院相当于惠普的商学院,是收费的,另外三个学院收费项目不多。其实我们本身的定位还是一个投资项目,我们要投资给渠道合作伙伴,把他们培养起来,这样他们才能跟我们一起做生意。

李桂云:现在渠道大学能够做到收支平衡吗?

李岚:首先我们本身并没打算挣钱,所以对我来讲从来没有收支平衡这么一个要求,既然是公司给钱做这件事,我只要去做事就好了。后来发觉在做事的过程中还能收一些钱,但渠道大学不是一个盈利部门,收了钱也没有地方交,所以我就把这些钱转成多出来的预算,做更多的事情。比如开更多的课,研发更多的项目,搭建E-Learning平台。

我现在做的事情无论是量还是深度,比2007年做的事情翻了几番,但是我的预算几乎不变,所以从某种意义上来讲我们做到了自己养自己。

李桂云:IBM中国渠道大学的培训师来自哪里?

李岚:我们的培训师差不多有100人,90%都是IBM的员工,大多是售前工程师,其余大约10%是外聘的老师。

李桂云:对于这些兼职讲师,你们是如何协调和管理的?

李岚:好多人都问我这个问题,但我从没觉得这是一个问题。因为IBM本来就是一个矩阵式的组织架构,给我们做培训师的售前工程师,他们的职责中就有一条是配合我们这样的部门做相关的工作,这是他的工作之一，所以我们只要提前安排好就行了。我们会在每个季度的第三个月去排下一个季度的课。事实上公司给我的人只有十几个，但帮我做事儿的人大概有上百个。

李桂云：IBM 中国渠道大学是如何具体为渠道商提供服务的？

李岚：一般课程安排出来后，他们会自由报名。有时我们会通过一些手段提醒，但没有什么东西是强求的。当然，出于业务上的考虑，渠道商会强迫员工来参加某些培训，尤其是产品技术的培训，有些是有认证的，这是渠道商与 IBM 合作的资质之一。

李桂云：据您了解，有没有其他的渠道大学与 IBM 中国渠道大学相似？他们提供给渠道商的服务与 IBM 相比有什么特点？

李岚：根据我现在的了解，有两个勉强可以称做渠道大学，一个是思科，他们是完全技术性的培训，不像我们是综合的，有管理类的课程，也有技术类的课程。另外台湾的华硕也刚成立一个渠道学院，主要以产品培训为主，没有做其他的课程。

需求引导创新

李桂云：2007 年渠道大学成立的时候，您在做什么？

李岚：渠道大学是我建立的。此前我在 IBM 做营销，后来转到渠道部做渠道管理，再到渠道大学。渠道大学这样一个方式在中国是第一家。

李桂云：怎么衡量渠道大学的效果，对此，您有没有思考？

李岚：关于这个问题，我自己也思考过很久，怎么去衡量一个渠道大学的效果，数字当然很重要，像开了多少课，多少学员参加等，对于我们这样的公司，老板也看 Number，但是我们会更多地去看学员的反馈。坦率来讲，这些年所有的反馈都非常好，评价相当高，虽然我的工作老板很少过问，但是老板也会看，我们会转述这些评价给他，然后大家都会觉得渠道大学是一个非常成功，也是非常棒的一个合作伙伴。我们是一个完整的学习平台，尤其管理学院成立以后，渠道公司的老总都来上课，上了觉得不错，再让下边的经理来上，我刚才说过管理学院是收费的，而且收费不低，跟市场价格相当，但学员还是源源不断，说明课程还是有用的。

另外，我们通常半年到一年会做相关的统计，今年有多少渠道商上了渠道大学的课，多少没上，上过的渠道商业务成长率怎么样，没上过的业务成长率又是怎样的，我们已经对比了好几年，肯定是上过的比没上过的高。我没有办法用绝对值来证明培训效果，只能用这种办法，我觉得这比用数字说开了多少课，有多少学员有说服力。

李桂云： 做了五年的 IBM 中国渠道大学校长，从您的角色出发，您觉得渠道大学运作成功离不开哪些因素？包括外部、内部的因素。就目前来说还面临哪些挑战？

李岚： 我先谈外部的，我觉得渠道大学能够生出来长到今天，是跟土壤有关的，合作伙伴的需求非常大，而且越来越深了，很多合作伙伴跟我提到人才持续成长和发展的问题，这是他们的困惑。蓝色领导力项目就是为了解决这些问题而生的，在三个月的时间里，不仅仅是上几节课，而且还要让他们真正去解决业务的问题、业务的挑战。我们说 21 世纪是人才的竞争，整个大环境如此，对任何一家企业，不管是大公司还是小公司，人才的发展都非常重要。怎样才能够找到好的人才，培养出好的人才，然后能够留住这些人才，让他们随着企业的发展而发展，这是我们每一个企业都面临的问题。我们的合作伙伴同样面临这样的问题，这种需求对我们来讲就是一个很大很重要的土壤。

当然，IBM 是一个很好的公司，有很高的专业水准，有很多东西可以拿出来分享，这是最大的内部因素。

另外，我觉得渠道大学的成功还得益于 IBM 的架构和企业文化。五年前刚建立渠道大学的时候只有我一个人，现在我的团队是 12 个人。我一个人的时候也是这么做事，只不过量比今天小，当时的主要工作是整合内部资源，与各个部门沟通，把所有的培训项目整合起来，使之不要那么杂乱无章。虽然是一个人做，不过也还好，没觉得是一件很困难的事情。

我觉得在 IBM，大家的合作意识是有的，但是 IBM 的团队结构非常复杂，沟通起来也很复杂，所以到今天来讲还是我们的挑战之一。

另一个挑战是创新。当我的老板让我接这个工作的时候，我问他，你到底想要什么？他说你把这些培训班整合在一起，让我们的合作伙伴能够有一个整合的课程表，这就是他想要的东西。我在第一个季度就达成了老板让我做的事，尽管当时我的前一个工作还没交接出去，有四个月的时间我是两个工作一起做的。

后来就再也没有人跟我说过渠道大学应该干成什么样？我未来要做什么？这个组织要怎么发展？内容要怎么组织？课程设计要怎么做？从我一个人到两个人、三个人，在发展的过程中，我们一直在思考，因为我们是第一家，不管从中国还是从整个 IBM 集团，我们都是第一家，不像我以前的工作有说明、有定位。整个发展过程中都贯穿着创新的挑战,这也是最有意思的地方,是这个组织持续发展的一个动力。这几年我们一边跑着,一边想着怎么跑得更快,怎么跑得更好,因为没有什么模板可以让我们去参考。

李桂云:在创新和找路的过程中,您参考的依据是什么?是需求吗?

李岚:需求是最主要的,我觉得需求占70%,然后20%～30%是看市场的声音和市场的动向,还有10%要结合IBM的一些项目。总的来讲,我自己这几年在外面也学习了很多东西,比如去年我就花了非常多的时间、精力和金钱去学习教练。

教练式的管理者

李桂云:您提到教练,上次我有幸听到您讲课,讲得非常好,我就很疑惑一个问题,您在渠道大学做校长扮演的是管理者的角色,而教练更强调的是专业性,这两者您怎么去平衡?两者是如何相得益彰的?

李岚:首先我的个性优势是能把事情分得很清楚,我可以很快从管理者的角色转换到教练的位置。

其次,管理者和教练两者不是对立的。随着整个社会的改变,管理者必须变成教练,因为现在的知识不是封闭的,你的员工可能比你掌握更多的知识和专业技能,因为他们年轻,学习速度快,我现在就很清楚这种感觉,很多"80后"我觉得他们的学习速度和学习能力远远超过我们,因为他们的学习习惯不一样了。

就像E-Learning的推广,到今天为止人们还是愿意面对面地听老师讲,所以今天它的推广还是有困难和挑战的,但未来这将不是问题。因为下一代的孩子,尤其"90后"的学习方式大部分是在网上,像我儿子读国际学校,他做作业要查阅很多资料,都是在网上,提交作业也是通过网络。所以对他们来讲,他们相当习惯这种方式。因此,我认为有些困难和挑战的解决方法是时间。

我举这个例子是想说,当我们的员工比我们强的时候,他们是专家,我们不是,我们怎么去管理和引导他们?你不能吩咐他去做具体的事情,因为你不是专家,所以未来的管理者一定是教练式的管理者。所以,我认为管理者和教练不是分开的,而是结合的,我现在可能还需要一段时间历练,在我本职的工作上让这两个角色去做一个更有效的结合。

李桂云：您觉得教练式的管理者应该是什么样的？

李岚：一个教练式的管理者应该什么样，我也没有一个特别清楚的定义，但是教练最基本的素质是两个：聆听和提问。我相信如果能够把这两件事情做好，从一个管理者的角度多听听你的员工真正的想法是什么，多给一些能够引发、启发他思考的问题，就是对员工很重要的帮助，同时对你自己也是一个很重要的帮助。因为你提问题的时候，你的员工在思考，他的答案其实也在帮助你思考。

建构渠道生态系统

李桂云：IBM 中国渠道大学的另一个重要功能，是创建良好的渠道生态系统，这一理论来自于哪里？渠道生态系统指的是什么？请您详述 IBM 对渠道生态系统的设想。

李岚：传统的渠道只是指上下游，厂商在上面，各种合作伙伴在下面，彼此是一种线性关系。而现在，渠道大学让所有的合作伙伴也串联起来，让他们相互交流、共享资源。例如，某软件开发商在某些领域掌握了技术资源，但是他们缺乏客户资源和资金来源。此时，渠道大学要做的就是帮这些只在某方面掌握资源的企业寻找合作伙伴，弥补其缺少的链条环节，使各项资源得到有效利用，我们会帮企业找代理商，给企业牵线搭桥，将分别掌握技术、资金、客户的企业串联起来，形成一个动态的渠道生态系统。

李桂云：在渠道生态系统里，IBM 中国渠道大学扮演的角色是什么？

李岚：我觉得更多的是培育。在渠道生态系统里，渠道大学扮演的角色是针对不同需求的客户，为其解决资源难题，同时培养并提高他们的能力。通过渠道大学的层层认证，也可以让渠道商之间搭建一个互相学习的平台。

警惕企业大学建设蜜月期

李桂云：最近一两年在中国企业大学的建设热潮空前高涨，您对此有何看法？

李岚：我从去年开始参加一些企业大学的会议和论坛，我认为，目前人们所说的企业大学真的就只是一个发展过程，成熟的企业大学一定不是这个样子，我觉得现在大家还没想明白为什么要建企业大学，只是有点儿跟风，可能这样讲不太好，但我确实有这样的感觉。实际上很多所谓的企业大学做的事情跟以前传统的培训部门没有太大的区别，为什么会出现这种现象？我认为有几个原因：

第一，大部分企业培训部门突然有一天觉得人才培养是一件非常重要的事情，然后看到别人都成立了企业大学，所以自己也挂了一块企业大学的牌子，但实际上做的事情跟培训部没有两样。

第二，成立企业大学能够得到更多的资金，做更多的事情。我认为这种情况在未来是非常危险的，原因很简单，你是一个成本中心，搞得那么大张旗鼓不过就是花了很多钱而已，而培训本身的成果评估非常难，一年两年公司可以做，三年四年五年之后呢，假设市场状况非常不好的时候，这种可有可无的部门后果可想而知。

我认为目前外企的企业大学发展得还好一些，一些国企和民企的企业大学真的还处于蜜月期。所谓蜜月期是指什么？一谈到企业大学，领导感觉很重要，执行者也觉得很好，觉得有个企业大学就显得特有档次，很重视人才，虽然没想明白企业大学是怎么回事。所以，他们讨论的话题更多的是内容如何搭建，讲师应该怎么管理，课程怎么设计等。我觉得这些对我们来讲甚至不是问题，真正的问题是成立企业大学这件事能够给你的企业带来什么样的价值？这件事情想不清楚，所有东西都是假的，所谓内容和培训师的苦恼都是"少年不识愁滋味，为赋新词强说愁"。我觉得有一天所有的企业大学能够回归到"能为企业带来什么"这个主题的时候，企业大学才能做得下去。

IBM是一个非常成熟的企业，我们从成立的那一天开始就没有经历过那样的蜜月期。渠道大学就三个重点，第一我们要从业务中来，第二在业务中关注渠道商的需求，第三为公司的业务服务。否则，现在竞争这么激烈，公司为什么养一群闲人，天天就讲讲课，编编教材，我们毕竟不是一个学校。所以一定要想清楚你的未来在哪里？你为什么存在？你存在的意义是什么？这些东西说不清楚，就是有堆积成山的教材也没有用。

《中国远程教育》（资讯）杂志记者　吕瑶/整理

爱立信中国学院　文化蕴育"电信界黄埔"

2008年国内电信业发放了全业务和3G运营牌照。这意味着，2009至2012年将是中国电信业在新的政策环境和竞争格局中，寻找可持续发展的关键时期，也是行业中企业管理者谋划企业稳定成长或战略转型的重要阶段。行业发展，人才是关键。作为以促进产业发展为己任的"专业学习机构"，爱立信中国学院将面临重大机遇。

爱立信公司一向重视知识的力量。从1876年爱立信公司成立起，这家百年老店一直试图用知识的力量和创新的科学技术影响着通信产业的发展和演变。正是基于这一理念，爱立信中国学院于1997年在北京成立。13年来爱立信中国学院为近千名中国电信精英提供了信息管理领域的硕士、博士学位教育，并为五万名行业从业者提供了电信管理技术相关培训。今天的爱立信中国学院已经成为一个集研发、管理、服务和培训实施于一身的专业培训机构。

本次采访我们不重在解析其外部培训的影响力以及独特之处，而把聚焦点放在其内部培训，以便深入挖掘爱立信中国学院支撑电信转型的不竭动力。采访中记者发现，被培训界广为关注的领导力、员工成长能力模型、E-Learning2.0等概念，在这样一个信奉"文化"胜于"战略"的企业中，早已深入人心，而且似乎一切都来得那么自然。

受访者爱立信中国学院院长徐漆镁，教育心理学博士，在爱立信中国学院工作十余年，访谈中她时刻传递出对学院以及对培训工作的热爱。她说在爱立信像她这样工作十年以上的员工有很多，尽管工作非常紧张，但却乐在其中。

根植全球经验的本土学府

李桂云：爱立信中国学院提出要成为中国电信界有口皆碑的、持续促进产业发展的专业学习机构。这一愿景建立在怎样的发展基础之上？

徐漆镁：我们把爱立信中国学院定位为专注通信行业的学习专家，根植全球经验的本土学府。与一般企业大学不同的是，我们除了专注于企业内部培训，关注本土员工的能力发展，还要有计划、有针对性地为我们的合作伙伴——运营商以及相关部门提供终身学习的机会，营造一个适合培养中国未来电信产业领导人的国际学习环境。

爱立信中国学院院长徐漆锳

13年来爱立信中国学院为近千名中国电信精英提供了信息管理领域的硕士、博士学位教育，并为5万名行业从业者提供了电信管理技术相关培训。爱立信中国学院还为电信业不同工作岗位、不同专业的技术人员提供了58万学员日的培训。近5.5万学员拿到了学院颁发的培训结业证书，并把所学到的知识技能转变为工作技能，成为我国信息产业界的技术骨干力量。

爱立信中国作为中国通信业发展的见证者和积极参与者，我们拥有对本地通信及培训市场的深入理解；我们有全球高品质的教育合作伙伴；我们有完善的学习产品设计流程，并且具有卓越的培训产品系列及研发能力，包括学习环境及培训方式等都能保证培训的效果和效率。我们有这样的能力与责任通过营造终身学习的环境和提供高质量的学习平台及培训课程，来推动中国电信业的发展和公司的业务成长。

李桂云：作为专业学习机构，爱立信中国学院在培训体系的架构上，包括课程的设计、培训师资方面与其他一些大型跨国公司的企业大学相比有何特别之处？

徐漆锳：课程体系、课程设计，包括师资都非常重要，我觉得培训工作最重要之处还是培训需求。

培训需求一定与特定的人、他在一个特定的工作环境下所需要特定的能力，或者是特定的价值观相联系的。这个连接得越好，培训也就做得越高效、越自然。大家不会觉得有一些课程是强加下来必须要上的，而且更多人会觉得你是在帮助他来解决问题，所以学习的生命力是怎样满足需要。你抓准了需要，然后能很好地、很高效地满足这些需要，这点非常重要。

从爱立信的培训体系来讲，因为爱立信在能力管理方面一直处在前列，与一般企业不同的是，爱立信的能力管理是根植于整个文化之中的。我们整个的课程体系的架构，实际上是跟他的能力模型匹配的。

在任何的一个大的跨越之中，比如从一种技术工作到另一种新技术工作，这时你的能力的准备度是怎么样的？我们会针对能力准备度做一个完整的课程计划，会有各种课程的包，这些课程计划将囊括不同的学习方式，这其中就有 E-Learning，任务式培训、导师指导、现场实践等，各种学习方式之间可以互换，自由调配。

这里面有两点是需要提及的，第一要有一个与能力模型相匹配的规划，并且把所需要的课程落实到课件中。第二我们已经不再单纯地强调某种学习方式，而是强调怎样把各种学习方式融合起来。

然而我认为最关键的还是需求，手段也是为需求服务的，什么样的手段能最好地满足你的需求，那就是最好的手段。

手段服务于需求

李桂云： 正如您所谈到的，结合业务发展需要和员工的职业发展需求来决定培训的发展目标尤为重要。面对行业的快速发展，企业有那么多员工，如何能清晰地了解他们的需求？

徐漆锳： 这要从两个大的层面上来说，这种需求分别来自于上面和下面。从上面来讲，最重要的是公司发展的整体战略，实际上我们要对战略的东西特别敏感。我们现在的服务部门已经扩展到了 8000 人，研发部门也有 3000 多人，你必须要知道今年公司发展大的方向在哪儿？瓶颈在什么地方？课程设计一定是超前的，而不能是滞后的。这就要从"自上而下"和"自下而上"两个层面着手。为了使培训能符合公司的战略目标，培训管理人员必须从战略前期就开始参与，并且掌握尽可能多的战略相关信息。而要全面深入地理解公司战略以及由此给各级各类人员带来的挑战，我们还必须凭借自己在企业内部的人脉网络及影响力，通过大量正式和非正式的交流，形成一个公司战略和实施现状的全局图。从下面来说更多的是一个需求量。员工每年都会和经理有一次有关自身职业和能力发展的对话机会，并落实到员工当年的培训需求和计划上。

爱立信员工的忠诚度很高，在这里工作十几年的管理者、员工非常普遍，尤其是高层经理就更稳定了。所以从这个角度来讲，培训对于各层面的需求要有相对持续的跟进。

李桂云： 对于爱立信的员工来讲，是否有一些规定，比如每年要参加什么样的培训，学习哪些方面的内容？是否因行业竞争压力较大，决定了企业学习氛围会更浓,员工继续学习的动力就更强?

徐漆锳:在爱立信并没有硬性规定员工每年要参加怎样的培训,必须学习什么方面的内容。我们主要是营造学习的环境和提供高质量的学习平台和培训课程。这个平台不仅仅是有 E-Learning 的课程,在这个平台上有很多各种各样的学习机会。

其实我觉得任何一个机构员工学习的需求都比较强烈,谁都愿意多学点东西。关键是学习的驱动性,你提供的学习内容是为老板服务还是为员工服务,当然双方匹配是最好的。如果只是为老板服务的,员工一看跟我没什么关系,能躲也就躲起来了。

领导力文化成就 E-Learning2.0

李桂云:几年前在提到 E-Learning 时,您就对此充满信心,从 E-Learning 在爱立信中国学院的应用情况来看,与您最初的预期是否一致?

徐漆锳:爱立信近一两年来在 E-Learning 方面,迈出了很大一步,已经实现了从 E-Learning1.0 到 E-Learning2.0 的跨越。我们原来的学习更多的是 1.0 的概念,出现一个新产品、一项新技术,或者新理念,我们需要把这些内容整合提升并系统化,变成一个课件然后让每个人都来学习这些课件。实际上你会发现知识的拥有者是在公司,公司把这些人的知识提炼出来,上升到这个高度。学习者之间,以及学习者与老师之间沟通都较少。所以这是 1.0 的概念。

那么现在从需求来讲,大家越来越需要这种知识的快速整合,公司客户化越来越强,实际上针对不同的客户,一定有不同的产品组合,不同的产品设计。今天针对一个客户,由两名工程师做出了一个方案,到另外一个客户时,可能有 40% 都是相似的,但这项工作由别的工程师来做,还得一切重新开始。到第三个客户时,可能有 20% 内容与第一个客户相类似,60% 与第二个客户相关,如果没有很好的分享,其他工程师需要花费同样的时间去做第三个客户。但如果前者把相关内容整理出来,彼此之间是可以相互学习和再创造的。

当今社会变化如此之快,你很难用大规模生产状态下提炼出的"教"的方式进行相关培训。往往是"教"的方式成熟时,客户的需求又发生了变化。其实每一名工程师和设计师、每一位销售人员,他们实际上都是知识的贡献者,每一个人也都是知识的拥有者。爱立信的知识在哪里?不仅仅在爱立信中国学院,而是在每一个人身上。每个人都可能是老师,每个人也都可能是学生。除了知识的传递,在彼此交流、碰撞过程中又是一个知识再创造的过程。

李桂云: 从E-Learning1.0到E-Learning2.0,作为爱立信的培训工作管理者,你们在其中主要发挥着怎样的作用呢?

徐漆锁: 这跟爱立信的文化有很大关系,爱立信本身就是一个崇尚领导力文化的地方,每一个人在自己的职责范围内都有一点空间可以发挥,每个人都可能成为某个领域的领导者,如果没有一些文化的内容去支撑,很难维系,我们也可以要求一个人每年要传几个知识点,到网上与别人分享。上传和分享几个知识点对他们来说很容易做到,但如果这种知识分享的动力不来自其自身,最后就会发现平台上的垃圾内容越来越多,这个知识体系将很难维护下去。所以我觉得真正推动这件事情是靠一种文化,文化才是真正的推动力量。

李桂云: 您提到知识分享、学习社区、非正式学习等概念,目前国内一些企业大学也在应用,但据了解,多停留在非业务交流阶段,如何将其引导到专业学习的范畴?

徐漆锁: 从20世纪90年代初开始,爱立信就有了知识分享的草根文化,这个知识体系并不是今天2.0了才出现的。在90年代时一些技术狂热分子就提出我们应该加强分享,就提到体系建设,当时什么都可以分享,到了90年代末时,就已经初具规模。围绕着不同主题,爱立信任何一个人都觉得自己可以成为版主,在没有任何带领下到现在已经有200多个社区,而且领域很细,范围分布很广泛,慢慢的一些非技术性的东西,跟工作没有关系的内容才被屏蔽掉。现在一些功能又趋向多样化。

其实我觉得传播这种概念你必须从一个实际的项目开始做,这个项目里面可能真的很需要这种系统。领导者也很愿意尝试一下这个系统,在此基础之上做起来。在有范例的基础之上再向别的部门去推,然后慢慢范围会逐渐扩大,然后才可能成为文化。所以这个就是自下而上的,如果真是下面完全没有任何基础,是很难做的。

李桂云: 对于E-Learning如何才能在企业内有效应用,您有哪些认识与感触?

徐漆锁: 其实我说的E-Learning的概念,还不是一个传统的E-Learning,E-Learning课件如果仅仅是把它放到网上,那些特别好学的人恨不得把各个软件都看一遍,那是好学驱动。但如果要让这些课件真正能在企业发挥作用,一定要与员工的应用情境相结合,把不同学习方式混合在一起,我觉得这是最能带动课件学习的一种有效途径。

爱立信在全球采购了 3000 多门网上课程，还有我们自制的课程，最初都放在网上时，其使用情况跟大家现在所普遍面临的情况差不多。我们越来越意识到要发挥 E-Learning 作用，实际上重要的是如何结合员工的整体素质提升，并将其细化到课件中去，网上学习方式与其他学习方式很好地进行整合，让这种学习方式很好地、自然而然地嵌入到员工的学习、工作体系之中去，这样才能发挥其效果。

李桂云：作为世界上最大的移动系统供应商，爱立信对于移动学习也有相应研究，目前随着中国电信业发放了全业务和 3G 运营牌照，移动学习的呼声也越来越强劲。您本人对于移动学习的前景如何看待？

徐漆镁：其实爱立信在爱尔兰总部很早时就对移动学习有一些研究。我们在这方面应该说是比较领先的。作为爱立信学习内容管理体系（LCMS）的一部分，我们已开发出了模板以确保开发的课件适用于多种不同的移动设备。爱立信的移动学习架构能够将培训推向具体的移动设备用户，然后在多样的受众和群体间追踪和管理培训内容。

对于移动学习的未来发展状况，我觉得还是一个潜在的需求问题。我不认为老总级的人物会用移动学习来学习，他没有那么多的时间。我也不认为工程师可以用，因为他每天都面对电脑，为何不用固网呢？将来用到移动学习最有可能的群体是销售人员。他们喜欢移动，很少能固定下来。

所以移动学习首先是看对象，到底适用于哪类人群？然后技术怎样能跟不同的手机相匹配？应该开发什么类型的课程？课件设计有怎样的特点？这里面本身有一些规律还需要不断摸索。

《中国远程教育》（资讯）杂志执行副主编　李桂云/整理

第三章 企业变革推动器

人保财险　把企业建设成一所大学

当今世界，商业环境和产业模式正在发生深刻变化，持续变革成为企业的常态，而中国传统智慧讲究"以不变应万变"，当今企业的不变策略就是学习。学习型组织理论之父、世界管理大师彼得·圣吉（Peter Senge）认为："企业唯一持久的优势是比自己的竞争对手学习得更快、更好的能力。"中国人民财产保险股份有限公司（以下简称人保财险）教育培训部总经理熊向清也认为："一个企业只有学习速度大于或至少等于环境变化速度，才能得以生存和发展。"

因此，人保财险教育培训部自2008年10月正式启动公司学习型组织创建工作以来，一直致力于将学习型组织的理念、理论、方法与工具引入企业大学，进行思考和不断实践，并创造性地提出构建学习型组织的三大资本理论，通过学习型组织的"三项工程"来经营企业的三大资本，推动组织变革、管理升级。推崇中国传统文化、喜欢系统思考的熊向清总经理还认为，经营企业的最高境界是"天人合一"，而企业大学的最高境界则是企业本身就是一所大学，他认为学习型组织建设是企业大学走向最高境界的推手，也是打造高适应、高成长、高绩效的基业长青型企业的真谛所在。

企业大学的最高境界：企业即大学

李桂云：虽然目前人保财险还没有挂牌成立企业大学，不过人保财险教育培训部已具备了企业大学的各种功能吧？请谈谈您对企业大学的认识。

熊向清：这些年我们一直在尝试将学习型组织的理念、理论、方法、工具引入企业大学进行思考和实践，并取得了一些成果，还形成过一个研究报告。

我们理解的企业大学，实质上就是一个完善的教育培训体系，它有一套完善的教育培训制度和机制。当有一个完备的系统时，我们就不会像一

中国人民财产保险股份有限公司教育培训部总经理熊向清

般人那样理解企业大学，认为它必然与巨大的空间、良好的设施等相关。我们理解的企业大学，它的最高境界即企业本身就是一所大学。

李桂云：您的这个想法很独特，也很有高度。

熊向清：具体地讲，企业具有培养人的充分功能，员工在这里工作、在这里学习、在这里生活，在这里成就自己的人生，实现自己的梦想，发展自己、提升自己，完成人格的全面发展。可是要推动企业大学向这个境界发展，需要一套理论、一套方法和工具。到目前为止，我们能发现的这套理论、方法、工具就是学习型组织理论以及它的方法和工具。因此，人保财险从2008年开始全面推进学习型组织创建，而并不是急于搞企业大学或急于挂牌。

中国企业面临三大矛盾

李桂云：为什么您认为学习型组织这套理论、方法与工具才契合推动企业大学向这个最高境界发展？

熊向清：说到原因就不得不谈中国企业现在面临的三大矛盾。中国企业面临的三大突出矛盾，也可以理解成我们教育培训的矛盾。第一个矛盾就是巨大的能力需求与中国企业组织学习行为含量严重偏低之间的矛盾。我们要从中国制造向中国创造转型，要从全球价值链低端逐步走向价值链的高端，这对我们的知识和技术含量的提升提出了很高的要求。用习近平总书记的话说，"我们的干部队伍当中存在一种能力恐慌"，不光是干部队伍，我们各个行业的各企业也面临同样的问题。

第二个矛盾是巨大的精神需求与中国企业组织人文关怀产品供给的严重偏少之间的矛盾。现在，我们有几个企业家、管理者心怀理想？所谓的人文关怀产品，其最高境界就是精神产品，其他的一般人文产品包括尊重、公平、包容、信任等。管理者的每一个行为都在提供一个产品，这些人文产品多了就会形成人文环境，激励员工奋发向上，影响员工的世界观、人生观、价值观，使整个组织形成共同的愿景。比如人保财险就提出了"十二个多一点"，即多一点善念、分享、包容、开放、尊重、欣赏、信任、舒畅、公平、信仰、关爱、阳光。

第三大矛盾就是巨大的合作需求与中国企业组织分享机制发育的严重滞后之间的矛盾。现在民营企业的寿命为什么只有2~3年？甚至一般集团企业的平均寿命也只有7~8年？企业为什么做不长，做不大，做不强？任正非的华为为什么就能做大？华为的股份制是任正非凭着自己人生的经验思考设计出来的，他为什么对人信任？从他所受的教育、他所写的《我的父亲母亲》，你就可以看出，作为中国人，那些传统美德在他们家里比较典型。这种分享，还不仅仅体现在财富意义上，任正非还不断发表重要文章，做培训、演讲，分享智慧、分享精神。这就是华为的精神，华为的关怀。

李桂云： 确实，像任正非提出的间于"黑""白"之间的灰度管理哲学，也体现出中国传统文化中的精髓。

熊向清： 是的。他传递的是一种文化，也是一种生活方式。并且在这个过程中他能不断地凝聚人心，凝聚更多的社会主体，吸引更多的社会资本，甚至包括国际上的社会主体与社会资本。但是中国的一般企业家都做不到这一点，所以分享文化、分享精神对我们中华民族、对我们的企业家来讲，太重要了。现在的企业家、管理者有什么利益都往自己身上揽，有什么荣誉都往自己脸上贴，有什么帽子都往自己头上戴，极端自私的精神世界表现得淋漓尽致，到了该改变的时候了！不改变就很难走长远，不改变就很难出基业长青型企业。

学习型组织建设的三项工程经营三大资本

李桂云： 那么学习型组织是如何解决这三大矛盾的？

熊向清： 伦敦商学院教授、人力资源全球性权威专家琳达·格拉顿认为，一个组织的可持续发展需要三大资本：知识资本、精神资本（情感资本）和社会资本。在知识经济时代，如何经营好企业的三大资本，确保其保值增值，源源不断地创造客户价值？如何最大程度地发挥员工的潜在效能？通过对管理理论的深入研究和对企业实践的不断探索，我们认为，学习型组织是这三大资本的经营之道，是释放组织能量的最佳选择，并创造性地提出了构建学习型组织的三大资本理论。

基于这三大资本理论，我们构建学习型组织有三大工程。第一，搭建学习平台，这个平台要很容易产生各种学习行为，而且要求组织的知识体系必须与时俱进，我们把这个工程叫做人脑工程，实质是经营知识资本。

第二项工程是构建人本环境，即打造精神体系，实际上它经营的是组织的精神资本（情感资本），做的是人心工程。第三是人和工程。学习型组织特别强调提升组织整体智商，通过打造整体智商，提升组织的整体竞争实力，造就组织整体搭配、相互协调、高度契合的一体化能力，达到协同一体化的效果。一体化能力越强，组织的能力就越强。所以这个工程是培育协同文化，打造行为体系，它经营的是组织的社会资本。协同又源于分享，有分享才有沟通，才有信任、合作与协同，最后才有共赢，有了共赢则进一步推动信任，形成良性循环。中国传统文化当中特别强调"分天下"的思想，重视分享，有"财散人聚"的说法，也就是说，你若善于分享你的财富，你的人气，你的凝聚力就会更强、更大；可当你把所有的财富都往自己身上拢的时候，人就走散了。财富分享还只是一方面，还有荣誉分享、政治权利的分享、精神利益的分享，等等。

基于学习型组织的理论、方法、工具去理解和设计企业大学，企业大学的功能定位至少有四个方面。首先，它是知识与经验的物流中心。通过各种培训、多种学习行为的发生，还有知识经验的共享等，它不仅是外部最前沿、最新、最好的知识经验传播的物流中心；还是挖掘分享组织内部显性与隐性智慧的集中场，最佳实践、最佳观点、最佳模式、最佳创意都在这里汇集与扩散。其次，它是核心价值的传播中心，企业组织的核心价值，最高层面的精神体系都要通过所有的培训活动有意识地去传播。再次，它是组织情感的凝聚中心，每一次培训都存在管理者与学员之间的情感交流，因此培训除了传播核心价值外，还能更好地建立情感与信任，形成良性互动。最后，它还是组织文化的辐射中心。一流的企业大学都非常重视对外培训，对产业链的上下游群体，对社会培训。这实际上是在传播企业文化，展示企业形象。

当我们这样去理解企业大学，导入学习型组织的理论、方法、工具时，我们对企业大学的定位与经营，对企业组织的三大资本经营就显得大不一样了。

从培训走向学习

李桂云：是因为学习型组织理论与中国很多传统文化相通，才使其在中国更容易生根发芽吗？

熊向清：这样理解也对，系统思考是东方思维的优势。西方人比较注重分析性思考，东方人比较擅长综合思考，其实分析和综合都很重要，未来的学习型组织在很大程度上是凝结了东西方智慧的。相比较来说,东方思维比较注重联系、综合、全局。

其实培训与学习是两个层面的概念,传统的中国文化中强调的均是学习。培训只是学习的一部分,可人类的学习行为却有很多种,我们现在的交流就是学习,只要你有学习的意愿、有学习的意识,我们的每一句谈话,甚至每一个眼神、每一个观察都可能是学习。所以,学习型组织倡导学习工作化、工作学习化,并且还强调团队学习,因为现在组织解决复杂问题靠团队的整体智商、整体实力的提升。第三,还强调以解决问题为导向的学习,注重创新,注重在工作中通过学习解决问题,提升工作绩效,实现生命意义。第四,还强调以心灵转变为起点的学习,真正的学习是以心灵的转变为开始的,真正善于学习的人,他的心智模式是弹性的、可调适的,他不会固守过去的经验。

我们认为培训走向学习是一个趋势,所以近年来人保财险特别重视"从培训走向学习"。我们在不断扩大培训供应量的同时,积极采取措施,营造良好环境,鼓励多元化学习行为的发生,促进学习形态多样化,行为结构合理化。例如开展"读书分享活动""头脑风暴""学习沙龙""演讲比赛"等,同时倡导"10×1"学习行为组合、开设"共享课堂"、推广网络培训、开展各类技能大赛,制定以学习护照为重点的学习积分制度,鼓励员工通过社会培训、资格考试、课程开发、课题研究等方式获得学习积分,安排专项资金支持员工参加社会培训,努力满足员工对知识和技能的个性化需求,等等。

建设学习型组织的七大核心举措

李桂云:人保财险在经营企业三大资本,构建学习型组织三大工程时,具体有哪些方法与工具?

熊向清:我们公司在经营这三大资本,建设这三大工程的各个环节都有具体的方法和举措,并将其归纳为"36法"。这里我就重点讲一下其中的七大核心举措吧。

第一要务是学习与培训的活动量。公司从管理者、专业技术人才和销售队伍三个主题培训入手,逐年强化培训供应量,培训活动量连续7年每年呈40%以上的速度增长。从2006至2012年,总部共举办各类培训班2360期。

第一引擎是管理者带头讲课。近年来，公司大力倡导各级管理者带头讲课、带头学习、带头思考、带头研究问题，带领团队一起创新思维，找到解决问题的办法，以管理者的思想辐射影响广大员工。2009年总部聘任66名部门级领导和分公司领导为特聘培训师，2010—2012年，总部各部门主要负责人和各省级分公司领导带头讲课占比均超过80%，其中总部各部门负责人授课约1543课时，各省级分公司领导授课1874课时。

第一载体是团队学习实验室。该项目作为人保财险推广学习型组织的重要载体，对于传播学习理念、传授方法工具、改善心智模式、构建共同愿景、寻找问题"根本解"具有积极作用。2008年至今，公司总部及各省级分公司共举办"团队学习实验室"600多期，参训人数超过6万人，人员覆盖总、省、地、县、团队五个层级，在管理者中的推广率达到80%。

第一平台是企业大学。近年来，我们一直致力于推动把公司本身建设为一所大学。目前公司已制定了20多个教育培训规章制度，建设了700门特色课程资源，拥有培训师队伍3000多人，构建了网络培训平台，打造了"最佳实践典型案例中心"与"师资课件共享中心"，推广全方位立体式的体验式教学。

第一机制是"三合一"综合开发机制。"三合一"综合开发即围绕公司重点、热点、难点问题，实现课题研究、课程开发和师资培养三大功能，将学习型组织的理论、方法和工具引入其中，把"解决问题式"的学习模式融入经营管理，打造学习工作化、工作学习化机制。2009年以来，公司总部推出44个公司级"三合一"课题成果，用于全系统管理者轮训课程；各省形成400多个课题成果，全面推动公司的战略落地和改革转型。

第一工程是"员工幸福感工程"建设。做管理实质是做环境，因为管理者所需要的行为是由环境决定的；而做环境实质是做互动，即管理者与员工的互动；做互动就是做员工体验，员工体验决定员工的情绪、情感和价值观念，最终决定员工的行为表现以致绩效。因此，管理的最高境界是管自己。为了营造这种环境，公司在全系统推广"员工幸福感工程"，着力建设"职工之家"，组织丰富多彩的文体活动，如坚持生日关爱、免费体检、"员工声音"倾听等，努力提供各类精神文化与人本关怀产品，精心构建以人为本的管理环境，推动文化变革与管理升级。

第一修炼是心灵的修炼。前面讲过心灵的转变是学习的起点，它包括思想境界、心态心境、思想方法、思维方式、心智模式，以致行为表现的改善和提升。公司通过"团队学习实验室"嵌入"心灵转换"的文化基因，尝试"心灵转换"的体验，同时还广泛开展共同愿景大讨论活动、核心价值观大讨论活动、"创先争优"活动等。

学习型组织：组织变革的推手

李桂云：人保财险这套理论、方法与工具确实很好，也很成体系，实践中，学习型组织理念落地对企业的改革推动力度有多大？

熊向清：虽然我们创建学习型组织这么多年，其实还处于初步阶段，但我们一直在持之以恒地推动。当我们去推这些理论的时候，人们自然会受到触动，引发思考。当这些理念、方法、工具潜入人们的意识后，他们就会自觉不自觉地多多少少去使用。如果这种创建活动持续地进行下去，组织的改变就是必然的。因为员工的改变是看得到的：从精神面貌到心理状态、思维方式，甚至观念状态。

公司这几年的发展势头良好。自2008年10月学习型组织创建之路正式启动以来，企业的管理水平已实现全面升级，并有效地促进了企业改革转型，经营业绩连续创造新的历史高点，使企业呈现出发展平稳健康、质量明显改善、效益连年递增、氛围和谐奋进的良好局面。凭借长期卓有成效的品牌塑造和突出的经营业绩，我们公司相继成为北京2008年奥运会、2010年上海世博会、广州亚运会唯一的保险合作伙伴。2008年，公司保费收入突破1000亿元，成为国内第一家年度保费突破千亿元大关的财产保险公司，进入全球财产保险业务前十强。2012年，公司保费收入超过1900亿元，亚洲排名稳居第一，在全球单一品牌财险公司中位列第二，被评为"最受信赖保险公司"，并荣获"第一财经金融价值榜—年度保险公司""2012最具责任感企业"等奖项，同时入选恒生神州50指数和2012年度港股100强中的"综合实力100强"，公司王银成总裁还被福布斯评为中国最佳CEO。

我们总裁在很多场合，包括去年接受多家媒体采访时，都肯定了公司这几年所取得成绩的最主要的原因就是学习型组织的创建。通过学习型组织的建设，学习型组织方法与工具的普及，使我们更新了观念，改善了心智模式，我们变得不那么守旧，不那么僵化，不那么抱怨外部环境，不那么归因于外，使我们整个组织的精神面貌变得更加积极，推动了我们精神世界的改变。所以说学习型组织改变了我们思维模式、运行模式、服务模式、销售模式、竞争模式，它像一个推手，推动着组织变革，推动了管理提升。

李桂云： 您觉得其他企业若要创建学习型组织，需要注意哪些问题？

熊向清： 首先要对这套理论透彻地了解，不是蜻蜓点水式的。其次，要真正大面积的普及。最后，要持之以恒地去推，就是真学、真懂、真用。另外，在制度的设计层面，在行为层面要体现学习型组织的理念和方法。尤其要克服中国企业组织的官本位弊端。什么是官本位？官本位就是权力导向，然后是关系导向。中国的组织很容易形成权力导向，在错误的导向下，组织能量的释放与运行必将是低效的甚至是负效的。企业唯有建立客户价值导向的制度与机制、文化与思维，才能推动和保障学习型组织的落地。

《中国远程教育》（资讯）杂志记者　李密珍/整理

中国银联培训中心　新技术应用控的排头兵

中国银联成立于2002年，经过十年来的快速发展，银联受理网络已延伸到境外140多个国家和地区，成为全球最大的借记卡受理网络和ATM网络，而银联和银行卡产业的培训基地——中国银联培训中心的成立却只有短短的三年半。在培训领域中国银联培训中心应该算是一名新兵，但在培训创新与新技术应用上称其为排头兵却一点不为过。这个由12人组成的未来"世界杯之队"在新技术应用控——中国银联培训中心付伟主任的带动与激发下，充满了使命感与创新激情。

他们提出了"经营六部曲"，将培训当产品一样地经营；他们大踏步走进培训2.0时代，用2.0思维管理与运作；他们把很常见的"扬帆—启航—引航—领航"培训项目品牌具体化，把很前沿的APP、微信等新技术在培训应用实践中普及化。"通过这些活泼新颖的方式，不仅激发了学员的参与热情，而且在培训中植入了组织文化"。付伟对培训方式的变革方向以及培训未来的出路有着独特的看法，"我会致力于推动'四化'跟'四品'的结合"，"要让学习成为一样让人上瘾的事"。在"UP思达杯PPT达人赛"总决赛开场前两小时的间隙，他抽空对本刊记者描述了中国银联培训中心的宏愿。

世界级企业需要世界级学习团队支撑

李桂云：您能简要谈谈中国银联培训中心的定位、职能与使命吗？

付伟：这里面我要重点说一说使命，中国银联培训中心的使命是"未来要做成一个学习型组织"。虽然我们目前还不是企业大学，但是不急，我觉得名头、牌子并不是关键，我最怕的是牌子挂得很大，事情做得不多。

李桂云：要做学习型组织，对咱们的团队人员有哪些挑战？

付伟：确实，对于我来说，进入中国银联培训中心第一件主要的事就是打造团队，而不是做业务。我们现在有12个人，我希望我们这支队伍是一个能够踢世界杯的团队。或许现在我们只是可以进上海市的比赛，过一

中国银联培训中心主任付伟

段时间说不定就可以踢 B 级甲等或者中超，慢慢地将来就是亚冠、世界杯。所以我对我的团队成员说，首先自己要成为世界级的团队中的一员，这样你才会觉得待在这儿是有奔头的，即便将来你们从这里离开也会很抢手。

李桂云：能具体谈谈您组建这支未来"世界杯之队"的过程与感想吗？

付伟：中国银联培训中心成立只有半年我就加入了，接手时这个队伍有两大特点：第一，大多数是应届毕业生；第二，大部分没有相关经验，没有做过培训，而且也没有心理学背景，没有教育背景。面临这个环境，我主要做了三件事。我认为这个时候我们需要确立团队的文化或者说核心价值观，经过讨论，我们开始实施三步曲。第一步是专业，使每位员工变得专业，我们采取了一系列方法，比如鼓励他们在专业杂志上发表文章。由专业期刊去评判他们的文笔、思路和实践到底有没有价值。第二步是协同。要做世界级的团队，每个人都必须有绝活，但又必须是配合在一起干，你再厉害，在团队里不会协同合作也不行。第三步是愉悦，也就是快乐工作。在国有企业很容易陷入郁闷，只有从内心认同工作的过程是快乐的才是有意义的。所以，我们力求打造一支专业、协同、愉悦的团队。另外我们有相应的积分激励制度，会进行定期考核、转岗，以"破"求"立"，尽管这个"立"的过程漫长而痛苦。

用 2.0 思维管理与运作

李桂云：可是做培训又不像做业务，您怎么评价员工的绩效情况？

付伟：我们现在的考核方式还是蛮有意思的。我的核心理念是 2.0 思维管理与运作，也就是说我不占话语权，而是发动所有人员对包括自己在内的人做绩效排序。排序前每个人进行五分钟的季度目标陈述。这是一个很正规的演讲，也是对他们的锻炼，更重要的是通过这五分钟能形成一种团队的氛围。讲完后，所有人还会给他反馈，对他来说既是鼓励也是压力。

李桂云：在这种集体场合怎么方便讲同事不好的地方？

付伟：是这样，我们员工首先要自己总结自己，并且在工作总结后，还需要讲三件事：过去一个季度里做得最有成就感、最得意的一件事，做得最不足的一件事以及给过别人什么帮助。我们鼓励员工给别人提建议，相互帮助，而且还设立了一些奖励。所以慢慢地，大家可以很坦诚地去面对别人的建议。

李桂云：您也是用2.0思维运作培训项目？2.0思维具体是什么？

付伟：所谓2.0思维就是强调2.0概念，从管理上来说，是指通过激励措施、量化的绩效方式，让学员迅速"进入角色"，通过自我管理、项目承担、平等竞争等形式，提升学习的主动性和互动性，降低外部管理成本。从运作项目上来说，就是充分利用新兴媒体，在越来越任务导向化、碎片化、移动化的学习需求给学习模式带来新变革的冲击下，银联培训中心敏锐地把握着2.0时代新技术在培训过程中的应用，以银联网络学院为内容载体，以官方微博为品牌营销渠道，以官方微信为互动交流平台，搭建起三位一体的网络学习平台。

2012年8月，银联培训中心推出了银联网络学院，截至2012年年底上线课程350门，其中自主开发课程约60门，员工登录次数超过18000人次。而且我们还创造性地运用微博与微信工具，与广大员工建立起立体的沟通渠道，倾听学员心声，推送学习信息、开展互动交流、向各界传播品牌。目前银联培训中心的官方微博已有过万粉丝，关注官方微信的员工已超千人，专家、学员、老师三者之间能形成全面的互动，通过微博、微信发起学习和讨论令学习无处不在，将银联培训中心的学习力和影响力展现得淋漓尽致——微博、微信现已成为银联中心最日常的工作沟通工具和展示平台。

"双圈"理论激活人体内在机制

李桂云：从咱们官方微博、微信的热度、活跃度确实可以看出银联培训中心在新技术的应用上是非常前卫的，其中您个人的导向作用是不是很大？

付伟：微博上有人反馈说我是应用控、实践派。确实，我更崇尚在干中学，在尝试的过程中不断整理反馈、修正。2012年我提出了一个核心的经营理念，即围绕公司战略转型要求，提出了"从培训管理到培训经营"的理念，并探索出具有银联特色的"经营六部曲"——经营品牌、经营内容、经营体验、经营讲师队伍、经营培训团队、经营外部资源。其中"经营体验"就着力于新技术的应用,比如使用APP、微信来增强学员体验,又比如利用新技术,将培训技术从课程超市向互动氛围引导,营造学习动力圈和学习氛围圈来辅助教学,用"动力圈"和"氛围圈"引导学员参与培训。

李桂云:能具体讲讲这个"双圈"理论吗?策划开展沙龙、银联讲坛以及"UP思达杯PPT达人赛"等活动都是围绕这个理念?

付伟:在我看来,学习动力和学习氛围是一个大循环里的组成部分,每个人其实都有内在的学习需求和动机,因为每个人都想升职,都想提升自己的能力,想改变自己,所以学习的需求都存在,但为什么大多数成年人却并没有学?是因为没有进入动力圈。人是一个群居的动物,当身边大多数人有某个行为的时候,人会马上趋同。比如在课堂上如果只有一个人拿手机在看,可能你会觉得不合时宜;但如果一半的人在看手机,你看手机时就一点心理负担都没有了。我之所以提倡学习游戏化,某种程度上来说,也是这个道理。因为我觉得这是一个最快速的学习方式。比如培训新员工,他们上蹿下跳的本来就很活跃,可是在给中级主管甚至高级主管做培训时,怎么去破冰?我主要应用的一招就是引入竞争,发筹码,以此激励。

而学习圈就是用一些机制和方法让课堂变得有活力、有动力。现在银联培训中心有这个自信,不管什么培训,都可以让它做到有一点点如痴如醉的感觉,形成局部亢奋。其实很简单,就是激起人体内在的参与竞争的欲望,而且越高层竞争性越强,越有使命感。尤其培训最后若是请老板来验收,会竞争得更厉害。因为人人都想在老板面前表现突出。但这也是一把双刃剑,通过游戏的方式能激发本能的东西,使培训亢奋,但是一回到工作环境中就很难将知识固化下来。这跟吃药一样,偶尔吃一次兴奋剂,没用,短期能兴奋一下,长期还有副作用;但是如果能长期做保健,定期回炉,就会慢慢形成固化。氛围影响就像星星之火一样,虽然要花很长时间形成,但这种培训是可以改变企业文化的。

"四化":培训、学习方式变革的方向

李桂云:这样会不会使课堂乱了?

付伟:只在某一个固定环节中我们是这样的,包括我们的QQ群、微信群也是有群规的,而且我们的管理人员,也就是班主任也在现场引导。我们现在的培训提倡"四化":碎片化、社区化、游戏化和移动化。这四个

概念之间的任意两两或三三互联，都可能创造出一些学习领域的应用。

就拿游戏化来说，它有好几种形式。一种是培训过程中的游戏化，即在过程中组织一些游戏，另一种是我们把整个培训游戏化。就像"PPT达人赛"，历时六个月，初赛、复赛、决赛整个培训游戏化设计，从头到尾让大家感觉是一个游戏，可事实上这个过程是基于一个任务的学习。通过这种活动还能将能力展示给别人，现在很多领导的PPT都是我们选手给做的，而且很多领导也增强了识别好PPT的能力，反过来又推动大家提升PPT制作水平。因为我们公司有一个特殊性，我们的产品和服务大多数时候是通过培训的形式，通过业务交流的形式来推广，我们的产品都是一些无形的服务。

第三种是培训过程中微博、微信社交媒体的游戏化设计。我们前几天做了一个业务培训，在后台将十个测试题设置好，然后让大家回答，谁第一个测试完并都答对会拿到一段话，凭此领取一个礼品。平时培训中大家是很讨厌做测试的，但用这种方式大家觉得很开心，就像玩一样。通过这种方式，第一让大家放下了自己心理的障碍，愿意接受测试，可以去发现自己有哪些不足；第二，把测试过程游戏化，大家觉得很轻松很有意思，又调动了情绪。所以我们的培训，总体效果很好，不仅老师讲课很重要，我们整个游戏化的组织过程也是比较有趣的。学习本来就是一件开心的事，以前我们把它搞得太痛苦，当然氛围的形成也很重要。

李桂云：能具体谈谈银联培训中心所提倡的"四化"吗？

付伟：说起"四化"，我曾专门撰写文章分析过。培训的发展方向有很多，比如体系化、专业化、混合式等等，我本人比较看好的未来趋势有四化：碎片化、移动化、游戏化和社区化。碎片化是关于内容，移动化是关于渠道，游戏化是关于体验，社区化是关于关系。从知识供给的角度来说，碎片化的学习内容需要建立在体系化的思维框架下，这往往比系统的知识输出还需要技巧。从学习效果来说，碎片化比体系化强，因为成人时间精力有限，利用碎片化时间学习更有可能。对于移动化，现在还是概念叫得响，产品中真正有效果的实践还是太少。很多年前互联网兴起时，有人说"在线教育"会革了"传统教育"的命，这些年过去了好像也不见得。如果仅仅把电脑上的学习内容搬到手机里，用移动APP替换掉浏览器，也还是很难成为一场新的革命。游戏化也是一个热门话题，前面也提到，银联培训中心在实践中有过很多尝试，比如我们的中层管理人员培训班——启航十期整个项目就引入了游戏化的竞争机制，利用筹码等方式激励竞争。最后一个是"社区化"，重点是基于Web2.0技术，以社交网络为载体的社会化学习。银联培训中心是比较早开始在培训全过程中应用微博、工学坊等内外部社交网络平台的。最近我们更多的精力是在探索微信在学习中的应用，在最近的几个培训项目上都有尝试，都非常有趣。现在使用微信也方便，我们的学员95%都在用，当我们培训完用微信做测试时，他们带着玩的心态，情绪很高。我认为，微信作为一个革命性的产品，一定会促进学习方式的变革。

至于"四化"延伸出的更多更重要的东西以及"四化"怎么去做，实际上是我未来做银联系统和建整个学习项目的核心方向。我会致力于推动"四化"跟"四品"的结合。

让学习成为一件让人上瘾的事

李桂云："四品"又是指什么？

付伟："四品"是我在谈企业培训的出路时提出的一个说法。目前的大多数培训，在公司领导和员工的心目中只能算是"保健品"，那企业培训工作的出路在哪里？在我看来，就是要把保健品变身为另外三种物品，那就是食品、药品和"毒品"。正因为培训被当成了"保健品"所以难免被人诟病，说得好听点，就是指培训没有什么针对性和实效性。而药品是治病的，如果培训能真正为企业解决问题，那就能成为企业内部的刚需。培训的另一个出路就是食品。食品又分为主食与零食，目前大多数业务类的培训就相当于零食，觉得哪方面的知识欠缺了，就找个课来上一上。但我觉得，企业内部的培训人员要实现真正有尊严，得把自己提供的服务变成员工的主食，要把片段式的培训变成经常性的学习，把工作的需求变成培训的需求，把培训成果变成工作成果。像银联培训中心通过把培训知识放到微信平台，组织培训学员加入特定的QQ群、微信群进行互动学习，这样，培训不就成了大家每天都想吃的主食了？食品虽必须，但往往索然无味；药品虽有用，可吃起来也受罪；能否把培训变成一旦用起来就如痴如醉，不离不弃的"类毒品"？使学习成为习惯，甚至对其上瘾。如果我们能够提供一款体验优良的APP应用，既是学习又是娱乐，既是知识管理平台又有社交网络功能，既有人机互动又有真人提供问答服务，那么培训就有可能成为随时随地的一项服务，学习就成了一件让人上瘾的事。

我最大的梦想，就是将培训做成上瘾的东西，这也是为什么我现在极力推进我们的APP、微信、微博的缘故。我是希望大家能够随时随地想起来去用一用，随时随地进行学习。现在我们周六周日的学习量比周一至周五的还大，这个在很多企业是绝对不可想象的。所以要让学员真的喜欢，要让学习有点像喝星巴克，喝的不是味道而是在乎那种感觉。

新技术APP、微信的应用

李桂云： 您这么看好APP？

付伟： 是的。APP是一个碎片化学习的工具，它成本低、实现快，有引导又有互动，还有任务导向，它是真正的学习。只有学习内容是碎片化的、移动化的，这种学习才能坚持住，才能像毒品一样让学员上瘾。

好的APP产品是符合我们自己的需求、符合用户体验的。首先它是可控的，也就是说一定是定制的。其次提供APP产品服务的人自身一定要具有互联网思维。我不怎么看好传统做E-Learning的去做APP，因为他们做出来的APP产品没有互联网感觉。

就好比培训时使用微信的好处在哪里？与传统培训相比有什么区别？传统培训中大多数学员公开跟所有人说话的机会少，能够上台真正把自己的想法表达出来的人是少数。有了微信之后，每个人都可以把自己的观点向所有的人表达，这个时候大家的积极性就更强了。我们在培训中尝试的效果很好，好到学员在讨论的时候憋都憋不住。而且微信会有一个群集效应，它能产生聚合作用，特别是能共享资源，实现平时不容易实现的跨界交流。

李桂云： 你们这么重视APP，那现在移动学习平台的建设情况怎样？

付伟： 我们目前有一个平台，但是更多的是学习功能，它只是单纯的PC端，没有延伸到手机端。但是我对未来手机端的定位是学习加社交两个功能，而且社交功能要最终大于学习功能。现在学习功能已经完全实现了，关键是社交功能，它包括几层，生生、师生、师师之间的交流，特别是要形成一个圈子。我们未来的想法是，这个平台的使用者不光是我们三千名员工，也不光是我们子公司一两万人，而是希望未来能把所有的客户群体、银行的人都吸引进来，这就形成了一个很强大的圈子，大家在业务方面有任何问题基本上都可以互相解答。银联的核心是建成一个开放的平台，这样它会形成一种场。

李桂云： 您对企业培训或企业大学还有哪些其他看法？

付伟： 企业未来的核心竞争力是人，尤其随着"中国制造"向"中国创造"的转变,人在未来的作用会越来越大,对人才的培养也会放在一个战略性的高度。未来人才培养可能有多种形式,企业大学肯定是其中的一种,对企业大学的从业人员来说,我自己觉得是要战战兢兢、如履薄冰,因为目前要证明我们的价值还需要一个过程。

我一直认为虽然环境有可能不一样,但人性很多最内在的东西是相通的。所以我们的培训要符合人的需求,要有最好的客户体验,让他很习惯、很方便地去使用我们的产品和服务。因为我一直把培训当成一个产品,所以它就有交付、设计、营销、传播等问题,但不管怎么说,它是由形式和内容组成的培训整体,形式和内容之间有时候是相互作用的。好的形式能弥补一部分内容的不足,当然形式和内容俱佳是最好,但如果形式和内容都没有,那肯定是一个废品。

对企业大学创建人员来说,我认为他既要是一个全才又要是一个专家,当然这个非常难,但我认为团队可能弥补一个人的一部分缺陷,通过一个真正有创造力充满激情和活力、愿意投身在教育事业里的一群人,有可能对我们教育的未来做出一些推动和改变。这是一个非常漫长的路,大家都只是刚起步,我们也并没有看到明确的方向和清晰的未来,但是我觉得值得去一点点地往前摸索。

《中国远程教育》(资讯)杂志记者　李密珍/整理

泰康人寿　企业文化开启员工成长密码

泰康人寿是一家全国性、股份制的人寿保险公司，截至 2011 年 12 月 31 日，泰康人寿总资产超过 3500 亿元，净资产超过 125 亿元，已在全国设立了北京、上海、湖北、山东、广东等 35 家分公司，273 家中心支公司，拥有 4400 多家各级服务机构，多年来累计服务过的个人和机构客户超过 6800 万，累计理赔金额近 88 亿元。泰康人寿曾连续两年荣列"中国企业 500 强"。

泰康人寿大厦

"保险行业是一个特别需要培训，和需要特别培训的行业"，让员工从社会人变成保险人，再变成优秀的泰康人，培训工作举足轻重。作为培训业务一直走在金融保险领域前列的负责人，泰康人寿培训中心总经理吴忠纲却一直很低调，面对一些大型会议对他的演讲邀请、经验分享等，他总是以做得还不够好为由婉言谢绝。接受记者采访时，他刚刚拿到泰康企业大学建设方案的批复文件，于是兴致勃勃地拿着规划草图给我们描述泰康企业大学的未来规划。对泰康人寿将投资五亿资金建设的这一企业大学实体，吴忠纲说，如何专注地做好培训工作，是他最为关注的。

吴忠纲既是培训中心的领导者，也是传播企业文化的一线培训师，谈到企业文化培训时，他显得很兴奋。他认为："企业培训最大的使命就是要贯彻和落实企业文化，企业文化只有先成为管理者的行为实践，再转变成员工行为，客户才能感知到，企业文化才能产生生产力，创造出价值。"

培训的最大使命

李桂云：您认为培训与企业文化之间有怎样的联系？

泰康人寿培训中心总经理吴忠纲

吴忠纲："践行企业文化，传播企业文化"，我认为这是培训的最大使命。但如果企业文化没有转化为所有员工的行为，企业文化只能是贴在墙上的标语和口号。而这个转化的过程不是5或15年能够完成的，可能需要几十年不断的强化。首先要让企业文化成为各级管理者的行为实践，再变成员工的行为，然后通过员工的行为让客户感知，最终才能创造生产力。

李桂云：具体而言，企业文化该如何渗透到公司的培训之中呢？

吴忠纲：我刚刚已经说明了企业文化的传播路径是什么，所以我们把企业文化培训课程进行了细化，针对不同层次的干部和员工设计了不同版本的课程。以新员工的企业文化培训为例，要把企业使命、愿景和价值观全部变成一个个生动的故事，而不仅仅是空洞的口号。

举个例子，泰康人寿是从1992年开始筹建，直到1996年才成立。为什么要用那么长的时间来筹建泰康人寿，就是一个很典型的故事。那是因为公司董事长陈东升1990年到日本考察时，见证了日本人寿保险业的伟大，而当时中国还没有自己真正意义上的人寿保险。在这4年的筹建过程中经历了很多不为人知的困难，没有经历过的人是感受不到其中的艰辛的。在培训的时候，我们把这个过程里一个个鲜活的故事展现给新员工，新员工就会知道为什么泰康一定要做人寿保险，让自己知道加入公司多么有意义。虽然说这些故事的情节不一定跌宕起伏，但是肯定扣人心弦，提炼出来的都是泰康的文化基因。

李桂云：为什么对新员工要采用讲故事的方式？

吴忠纲：主要因为新员工对企业是陌生而好奇的，道理和旅游类似。假如你到一个景区去游览，如果没有导游的解说，你根本不知道这个石头或者山峰代表什么意思。通过导游讲述的一个个典故与传说，这时，石头或山峰就会变得生动起来。同样的道理，采用讲故事的方式，可以让新员工有身临其境的感觉，让他们体会得更真切，加深对企业文化的理解。

李桂云：这些故事是怎样传达给员工的？

吴忠纲：就是把故事还原融入到企业文化课程之中。对于新入职的普通员工，我们开发了类似于以上讲的"泰康为什么始终专注人寿保险"这样的课程内容，通过讲故事的方式将泰康的使命和愿景以及追求专业的文化基因传递给员工。对于中层管理干部，我们就不再讲故事，而会准备很多案例，比如高盛的文化是什么？惠普的文化是什么？我们让这些中层干部去了解一些成功的企业是如何贯彻企业文化的，企业文化对管理干部有什么要求，然后我们再结合泰康实际进行一些补充和说明。而对于高层干部，我想再也没有比董事长的言传身教能更好地体现企业文化了。联想最早的文化基因一定是柳传志先生注入的，阿里巴巴的文化也肯定是马云先生注入的，以创始人为代表的股东的价值观将通过企业最高管理者直接渗透给企业所有的高层管理者，影响他们的思想和行为。

文化培训润物细无声

李桂云：您提到的中层管理干部培训是学习各成功企业的文化，对这些文化和泰康的企业文化之间的关系如何把握？

吴忠纲：我们学习借鉴成功企业的先进文化，以及学习他们落实执行企业文化的案例，是为了让中层干部们拓展视野，启发思考。但我们一定要有真正属于泰康自己的东西。比如我们要把泰康建设成为最具亲和力、最受市场青睐、全球领先的保险金融服务集团，这是泰康的愿景。我们就要针对于"亲和力、市场青睐、全球领先"这三个要素具体讲解，说明白"为什么？是什么？怎么实现？"只有这样才会让我们的中层干部们认同、理解和行动。没有全国2000多中层干部对企业文化的认同和行动，那企业文化真就成为了落不了地的空中楼阁。

李桂云：泰康的企业文化被细化为愿景与使命、价值观、经营理念和核心发展战略四个方面。相关要素这些年有没有改变过？

吴忠纲：时代在不断进步，企业在不断发展，有些文化要素也要与时俱进，但是核心的要素基本上没有变。1996年公司的愿景是"把泰康建设成为最具亲和力、最受市场青睐的专业化大型保险公司"，到了2011年泰康15岁的时候，我们的愿景精进成为"专业化、规范化、国际化经营，吸引、发展、激励和留存杰出人才，把泰康建设成为最具亲和力，最受市场青睐、全球领先的保险金融集团"。路径更清晰，目标更远大，但核心要素依然存在。

李桂云：您觉得这样的企业文化对企业推动的效果有多大？

吴忠纲：比如说，泰康15年来公司的高层干部相对稳定，所以泰康的战略也一直稳定，所以今天我们才会有许多奇迹发生。比如15年来我们没有一笔呆坏账，我们的偿付能力始终充足，15年来在国内的保险公司里我们的投诉率、发案率一直很低。这是因为大家跟随公司怀抱理想一路走过来，感情、忠诚度非常高，大家对泰康已经赋予了一定的情感，不规范、不稳健的行为极少发生。这些都推动了公司15年的稳步发展。

李桂云：现在你们的培训课程当中，企业文化的培训内容占多大比例？

吴忠纲：如果是直接的企业文化课大约占25%左右，但我们绝大多数课程都会渗透企业文化的相关元素。比如说我们在做全案例的课程的时候：员工看完案例后，要在ABCDE这五个选项做选择。员工可以选A或者B，但是我们会告诉他C才是最符合泰康文化要求的。我们会把企业文化的要素导向融入到很多的课程设计里面，不单是专门的企业文化课才有。

李桂云：您本身是培训讲师，又是培训管理者，从您的经验感受来看要将企业文化向员工渗透，或者向管理层渗透有没有一些简便可行的方式方法？

吴忠纲：对于企业文化的落地和实施，关键在于全体员工的行为实践，所以培训只是一个部分，规章制度、员工工作守则、绩效考核导向等都是和行为有关的。其实在工作中只要是与员工行为、干部行为有关的经营管理的一切内容，都要践行企业文化的要求和导向，不能只靠培训。

培训只是在培训现场告诉员工为什么那么做，怎么做。但在实际工作当中，我们是很难知道员工究竟怎么做的，员工接受培训回去往往还是看他们的领导是怎么要求的，领导又是怎么做的。所以企业文化的落实是全体管理干部和员工共同行为的结果。

李桂云：说到奖惩机制，您觉得泰康有哪些方面做得很突出？

吴忠纲：比如说员工的荣誉体系，公司每5或10年都会发勋章，勋章的等级分为钻石、金质、银质、铜质。钻石勋章是奖励给为公司贡献最大的干部或员工，每年大概只有一到两个名额，每五年全国颁发一次，提倡员工跟公司一起成长。另外，公司有自己的养老社区，我们有自己的养老年金，鼓励员工和泰康一起发展，员工退休都有保障，像这些都和企业文化有关联，公司在荣誉体系上做了很多事情。

搭建泰康领导力模型

李桂云：您曾经谈到过领导力模型，领导力模型与企业文化之间有怎样的关系？这个模型是你们自己设计的吗？

吴忠纲：领导力模型就是企业文化的一部分，要践行企业文化，建立企业的领导力模型是一个很重要的工作。我们根据泰康企业文化的要求，提出了泰康领导力模型，根据领导力模型，将它演绎为领导力行为，然后根据领导力行为设定相应的培训课程。

领导力模型的建设，经过几年的摸索和研究，我们决定自己做，宁愿慢也要自己做，因为我们需要的是符合泰康自身个性的领导力模型。因为领导模型是有成熟理论基础的，这已经是管理学界组织行为学所认定的。领导力模型涵盖几大模块，我们根据泰康的文化和战略要求去选择自己的模块。领导力模型的建设和不断完善未来会成为我们很重要的核心工作，将来很多的课程，做很多的案例，都会围绕泰康领导力模型来做。比如某位领导即将被提拔，我们要先测试他现在的领导素质和领导能力，告诉他现在自己的领导能力是处于怎样的状态，距离他即将胜任新的岗位还有哪些方面的能力差距，测评完了再做相对个性化的培训。

李桂云：您为什么那么看重领导力模型、学习地图等培训工具？

吴忠纲：我们开展培训，有时候也会找不到方向。苦闷的时候，不知道做什么培训是对的，不知道给员工做的培训是否有用。当判断不出员工岗位应该学什么时，我们开发了学习地图，当判断不出干部岗位胜任能力要素是什么时，我们只有通过领导力模型来分析和判断。

领导力模型、学习地图等都是基础性工具，相当于一座大厦地基的测量，测量不准、地基不牢，无论大厦表面上多繁华，也难以经得住历史的检验。培训最糟糕的事情就是花了很多冤枉钱，仅做了表面文章，而没有提升员工的实际能力，所以我们一定要有效应用这些基础性的工具。

课程开发必须追求完美

李桂云：作为培训管理者，您刚才提到了领导力模型这样的工具，除了工具您觉得哪些环节是培训管理者需要关注的？

吴忠纲：工具是用来诊断培训需求源头的。第二个环节就是课程开发和教学设计，我们现在有专门的教学研发团队，团队成员的主要职责就是做课程设计，做教学案例，所有的案例都来自于泰康。我们一门精品课的平均研发时间需要半年，做不成精品就不能拿出来做培训教学。

我们曾经有一个重要项目急于启动，教学研发团队已经做了很多准备工作，然后来跟我汇报，我当时正在郊区做培训。晚上10点我们开始谈，一直谈到将近凌晨。最后我们决定课程设计的逻辑推倒重来，重新来过，他们承受了很大的压力。但我觉得，教学实际效果高于一切，不是精品，就不要浪费钱来做。所以我告诉他们，必须把课程推倒重来，重新设计。

李桂云：什么样的课程是您满意的？您是不是太完美主义了？

吴忠纲：是！没有完美主义就不会有苹果这样的产品，我宁愿花长一点时间也要做出精品课程。我们上次组织的课程评估，有38个学员打分，如果平均分低于9.5分（满分10分）就是要重新反思重新设计的，达不到9.8分不叫精品课。

以制作一部好的电影为例，编剧、导演、演员、剧务你说哪个角色最重要？我认为是编剧，只有剧本好才是电影叫座叫好的前提。而且我们教学设计开发人员不能仅从编剧角度出发，当审核课程的时候，就要把自己想象成一名苛刻的观众，观众满意才是检验电影质量的唯一标准。

李桂云：您能说一说这些精品课程与其他普通课程的区别在哪里吗？

吴忠纲：我们现在做的基本都是纯泰康案例课程，这些案例全部是来自于泰康员工的实际行为，是我们采集回来的典型性事件，这些事件一定是与公司的业务紧密联系在一起的，实际发生的，容易引起共鸣，通过对ABCDE选项的选择，学员就会清楚知道，自己哪些方面会做错，哪些地方做得很好，培训回去之后我们会对学员在培训过程中的表现进行梳理，标识出他曾经做错的地方，我们把这些地方叫做"雷区"，哪个方面做得好则要继续发扬巩固。有时候我们开展这种培训，案例从头做到尾要做几天的时间，大家做到畅快淋漓，我认为这就是精品课，来自于实际又指导实际。

培训目标无非两件事情：改进态度和改变行为。其实改进态度的课我认为是不需要面授的，领导的辅导面谈或者通过网络大学课程、读励志书的方式就可以实现。但是行为的改变必须要通过面授的方式来实现。而多数员工往往不知道自己在哪里犯了错，案例式教学的核心是通过对一些实际场景的再现与模拟，让员工具备发现问题的能力，从而改变自身的行为。

一心一意做培训

李桂云：听说泰康正在建设企业大学的大楼，进展如何？

吴忠纲：公司将投资五个亿用于企业大学园区的规划，2012年年底动工，计划两年时间于2014年建成，这个项目上个月刚刚批下来，这对我们泰康培训事业的发展具有里程碑意义。建成后泰康将拥有属于自己的企业大学，大学以"方"和"圆"作为设计元素，将建设泰康文化展览馆、泰康收藏馆、电子阅览室、现代教室、学员公寓、运动休闲设施等，一应俱全，还建有中央花园和水景、沉降式露天剧场等。我们还将以每年教师节评定的优秀讲师的名字种植"泰康讲师林"，把每年评定的优秀员工的名字写到"星光大道"上，让他们与泰康共同见证公司的成长壮大。

李桂云：到时候泰康企业大学和现在的培训中心就完全不一样了吧！

吴忠纲：我们有专业的地产公司，有专门的物业管理公司，企业大学实体的运营都由这些专业公司来做，我们培训中心还是做自己最擅长的事情，专业的人做专业的事，我们依然会把更多的关注点集中在培训本身。

有很多的企业大学发展到这个时候，就开始误入歧途，卖房间、搞接待，很难有多少时间花在教学上。校长如果做成了酒店总经理，将难以做好培训管理工作。

李桂云：将来有可能把这个培训中心的业务对外开放吗？

吴忠纲：至少现在不会，我曾经说过，建成了企业大学实体后，一些人开始不关注培训本身，而只关心企业大学实体如何运营，这是很多培训中心走向衰落的开始。而自身培训能力不够完善就将培训业务走出去，就是走向衰落的第二个开始。因为培训业务走出去，就需要有独立的牌照和独立的核算，它将承受很大的经营和盈利压力，如果自身不够强大时走出去，我担心误入歧途。如果将问题回到当初为何设立培训中心的原点来探讨，培训中心到底是成本中心还是利润中心？我一直认为一定先是成本中心，足够强大后再建成利润中心，我现在不够强大，我的团队不够强大，所以我还做我该做的活儿。

李桂云：像您做了这么好的课程，完全可以对其他公司开展培训。

吴忠纲：假如我走上了这条路，那就是不归路！举个例子，我给中国工商银行做培训演示，他们领导层都认为特别好，那么他要求来为工商银行全国的分行做培训，那时候，除了精力不够，时间肯定也不够，那么多公司要做培训根本忙不过来,泰康自身的培训怎么办?我对得起公司吗?我还想在泰康养老社区养老呢!

最后我想说,培训是一个积少成多、聚沙成塔的工作,历史上的大师都是几十年如一日地专注和研究方有成就,百年企业的锻造要几代人的努力,企业文化如此,企业培训亦如此。

《中国远程教育》(资讯)杂志记者　罗勇/整理

中国工商银行　打造 ICBC 学习品牌

全员参加培训，每年两百万人次的培训规模，八天左右的人均培训时长……如此广的培训覆盖面、如此高的培训强度，不仅在国内金融同业的企业培训工作中首屈一指，就是放眼国内企业界也是遥遥领先的，它就是中国工商银行（英文缩写 ICBC）达到的培训高度。

作为中国最大的商业银行，工商银行近年来的显著业绩与他们 20 多年来长期坚持的"人才兴行，教育为本"的发展战略密不可分。"人才是企业资产负债表上看不见的最宝贵资源和财富，卓越的企业需要卓越的人才，处于国际竞争前沿的银行业更是如此。"工商银行教育部总经理王云桂的一句话道出了他们的人才观，也正是这样的人才观，不仅让工商银行有了自己的

"人才兴行，教育为本"的人才观，不仅让工商银行有了自己的学习品牌，还成为了我国金融系统的"黄埔军校"

学习品牌，还不知不觉成为了我国金融系统的"黄埔军校"——很多商业银行的高管都来自工商银行。

推出特色项目实现全员培训

李桂云：中国工商银行拥有两千多种产品，业务线贯穿商业银行、投资银行、保险市场，业务门类多、创新发展快、岗位要求多样化一定会对培训工作提出极大的挑战。在您的带领下，工行教育部是如何迎接这一挑战的？又打造了怎样一个教育培训体系来服务整个工行的发展战略？

王云桂：深入贯彻人才兴行战略，坚持"大教育、大培训"发展理念，我行教育培训工作紧紧围绕科学发展、结构调整和经营转型要求，大力推进改革、发展和创新，基本形成了包括全员培训体系、培训管理体系、培

工商银行教育部总经理 王云桂

训实施体系和培训资源体系在内的教育培训体系。其中，全员培训体系是以岗位类别和岗位序列为基础，涵盖管理类、专业类、销售类、运行类、客服类五类岗位的所有序列人员和境内外全体员工，是整个教育培训体系的服务主体；培训管理体系由"总行、一级（直属）分行和直属机构、二级分行"这三级教育培训主管部门构成，履行教育培训的需求分析、计划管理、组织推动、效果评估和经费管理等职责，是教育培训工作的管理主体；培训实施体系由总行党校、直属学院、香港培训中心、分行金融培训学校、网络大学、模拟银行和行外合作院校构成，履行教育培训的教学实施、教务管理等职责，是教育培训工作的组织实施主体；培训资源体系以基地库、师资库、教材库、案例库、试题库和档案库等"六库"为主体，包括培训项目、培训课程以及培训课件等培训资源，履行培训产品的研发设计和应用推广职责，是整个培训体系有效运行的资源基础。

可以说，20多年来，我们的教育培训体系已经形成了一套工作思路、方法和模式，并具备了一定的发展优势：优势之一是分层次分类别的岗位培训机制已经建立。全行成功实现了由学历教育向岗位培训的转变，并建立了适应性培训与资格性培训相结合的员工培训模式。优势之二是培训管理和实施链条比较完整，从总行到各分支机构都有相应的机构和人员在积极推动教育培训工作。优势之三是现代化、信息化的培训基础平台初步建成。我行网络学习系统、考试系统、员工培训信息管理系统等信息系统已陆续建成投产，其建设水平在国内金融同业中处于领先地位。同时，模拟银行、数字化教学系统等现代化培训手段也都在我行员工培训工作中得到了很好的应用。现代信息技术手段有效地改变了我行教育培训的发展模式，进一步增强了全行的培训能力。

李桂云：据悉，工商银行针对不同年龄段员工的特点而量身定制培训项目也很有特色？除此之外，工行还有哪些人才培养项目是您引以为豪的？

王云桂：我行的"青年英才成长培育计划"着眼于人才的前瞻性培养和战略性开发，以造就适应我行未来发展需要的高素质、专业化的经营管理人才为目标，每年从入行3~5年的大学毕业生中选拔一批优秀人才，按照严入口、小规模、高水平的原则，派往境内重点分行、境外旗舰机构、集团总部，以三年为一个周期进行滚动培养、系统培训和定向跟踪，通过课堂培训、在职锻炼和专人督导等多种方式，提升青年人才的业务水平、协调能力和管理经验等。

在2009—2011年，我们深入开展了中年员工培训工作。截至2011年11月底，全行累计培训607938人次。为此我们采取了一系列的措施，譬如编写了《阳光心态塑造》《业务技能提升》等四本中年员工适读教材，开发了"中年员工职业生涯发展""压力与情绪管理"等18门课程，增加培训的针对性等。

此外，我行的"国际化人才培训项目""国际专业资格培训项目""专业资格认证培训项目""基层管理人员经营能力提升项目"等也很有特色。以2011年启动实施的"国际化人才"培训项目为例。这个项目是要在未来十年内，每年选派200人赴境外国际知名院校和大型跨国企业进行为期一年的学习研修与工作实践，争取培养出2000名具有国际视野、战略思维以及卓越领导能力的管理人才和具有核心专业优势、较强创新能力和市场竞争能力的高端专业人才，为工商银行未来更加充分地参与国际竞争、实现可持续发展做好充足的人才储备。作为重点培训项目，"国际化人才"培训已经成为工商银行有史以来关注程度最高、参与人数最多、投入资源最大的境外培训项目。

网络大学十年造就品牌

李桂云：要实现对16648家境内机构、239家境外机构的近40多万员工的全员培训，单靠传统的培训手段和方式显然无法完成，据了解，工行2002年在全国金融系统率先开通了网络远程教育系统，成立网络大学。十年来，E-Learning在工行的全员培训中发挥了怎样的作用？

王云桂：我行网络大学自2002年开通以来，经过十年的发展，已经成为我行知识传播、业务推广、文化理念传导的重要渠道，是工商银行全员培训、终身培训和个性化培训的重要支撑，得到了业务部门和员工的一致认可。2010年，我行网络大学在北京大学企业与教育研究中心首次对国内企业电子化培训最佳实践评选中，荣获"中国企业数字化学习应用特等奖"。

网络大学发挥的作用主要体现在，第一，实现培训全员覆盖，提升了整体培训效能。E-Learning作为一种全新的培训形式，拓宽了培训渠道，相比传统培训，不仅能解决培训"点"与"线"的问题，更解决了培

"面"的问题，大大提升了组织整体培训效能。我行网络大学已覆盖全行境内外所有的分支机构和基层营业网点，全行40多万员工可以随时随地进行学习。目前，网络大学平均每年培训30余万人次，日均访问量1万人次，2011年全年访问量为270万人次。第二，培训时间灵活，有效解决了工学矛盾。对于银行而言，基层员工是营销和服务客户的主力军。随着近年来我行业务快速增长和社会对银行服务期望值的提高，基层员工的工作强度、难度和压力也越来越大，工学矛盾突出，而网络大学培训时间灵活、高效快捷，是针对基层员工培训的最有效途径。第三，助力业务全面推广，有效推进了业务发展。配合我行业务发展，网络大学积极推进新产品新业务在全行的全面推广。以我行今年正在举办的网络培训项目"个人金融新产品新系统推广"为例，全行网点负责人、个人客户经理和柜员以及其他个人金融业务相关人员都要参加培训，目前已经培训54896人、课程访问量142770人次。第四，满足大规模培训需求，节约了培训成本。以"个人金融新产品新系统推广"网络培训为例，按照一般面授培训5天时间，目前我行员工5天培训的人均费用（含差旅费）约3000—5000元，而按照5万人的培训最少需要1.5亿元。我行个金业务大规模推广的培训一年至少4期，在不计算网络培训成本的情况下，全年可节约6亿元的面授培训费用。第五，满足了员工个性化学习需要，促进员工成长。通过科学搭建多元化、系统化的培训内容，满足不同专业、不同层次和不同岗位员工多样化的培训需要，鼓励员工自主学习，不断提升员工履职能力和综合素质，拓宽员工职业发展通道。第六，促进文化传播，增强了员工归属感。网络大学既是知识传播平台，也是我行文化传播平台，我们设置了"高管课堂""企业文化""制度办法"等专栏，通过形象生动的多媒体课程，使全行每一位员工都可以更直观、全面、深刻地了解我行战略、经营管理理念及企业文化，从而进一步增强企业认同感和使命感，尤其可以使境外雇员尽快融入我行文化，对我行国际化战略的顺利实施具有重要意义。第七，创新了培训理念，打造了工行学习品牌。网络大学为员工创造了开放的学习课堂，更加便利的学习条件和广阔的学习空间，有效激发了员工的学习动能，使员工变被动学习为主动学习，为员工牢固树立终身学习的理念奠定了坚实的基础。现在已有越来越多的员工愿意使用网络大学参加培训和进行经验交流，网络大学已经成为我行员工学习、工作的重要帮手，被打造为我行教育培训工作的一大品牌。

李桂云：与其他行业和企业相比，中国工商银行的员工有哪些特殊性？基于这样的特殊性又形成了工行开展E-Learning培训的哪些特点？

王云桂：员工特殊性要从企业的特殊性说起。金融企业本身就有它的特殊性，工行的特殊性表现在：首先它是一个系统垂直管理的企业；其次，它属于窗口服务行业；再次，它以经营特殊产品，也就是货币为主。此外，工行一直以来都有"三铁"（铁算盘、铁账本、铁规章）的传统，管理非常规范、严格。这样的企业特殊性就决定了我们员工的特殊性——第一，机构庞大，员工数量众多。第二，专业化程度高、知识更新速度快。第三，基层员工占比大，工学矛盾突出。第四，整体素质较高，电子化学习基础好。

基于上述员工特殊性，E-Learning作为一种新型的培训方式能够很好地适应当前我行快速发展对人才队伍素质提升的需求，并且具有以下特点：一是培训覆盖全行，满足了全行员工的学习需要。二是学习内容丰富、形式多样、门类齐全，适合各类员工学习需要。截至目前，网络大学共有"新产品、新业务""专业资格认证""规章制度""企业文化""案例教材"等69个培训专栏，1935门课件，约10996学时的课程内容，分别以演示文稿、电子书、音频、视频、三分屏、FLASH动画、模拟仿真游戏等多种形式呈现。三是培训内容标准统一、快捷高效，保证了业务的快速推广。网络大学向全行提供标准、统一、规范的培训内容，有效地配合业务推广，即时、直接、准确地将经营理念和业务知识传播到最基层，有效地避免了信息在传递过程中的层层衰减，保证了知识内容的一致性。四是以基层行员工为重点培训对象。网络大学以基层行员工为重点培训对象，整合全行优质培训资源，开发高质量网络培训项目和适合基层员工学习的课程体系，促进基层员工自主学习，推动业务发展。五是构建了较为完善的网络大学组织管理和运行维护体系，保证了网络培训工作规范有序开展。

李桂云：作为金融系统第一个吃螃蟹的人，请您谈谈十年开展E-Learning培训的体会和感受。

王云桂：领导的高度重视是开展E-Learning培训的前提。工行领导高度重视教育培训工作，姜建清董事长指出："教育培训是关系工商银行未来可持续发展的战略性、基础性工程，早抓早主动、早抓早收益，在这方面要舍得投入。"在行领导的关心指导和各部门的协同配合下，我行网络大学平台早在2002年就已建设开通，十年来历经多次改版升级，目前又正在更换平台，以满足网络培训精细化管理和员工学习的需要。服务企业战略发展、服务员工成长是开展E-Learning培训的根本。未来十年乃至更长一段时期是我行全面完成战略转型，进一步向国际化、综合化、集团化、信息化发展的重要阶段，是建设国际一流现代金融企业的重要战略机遇期，特别需要各类人才去引领、去支撑。我们必须坚定不移地走人才强行、教育兴行之路,将网络大学建设成为与我行发展战略相一致、与业务发展相适应的一流数字化培训载体,成为我行培养人才、发展能力、创造价值、传播文化和管理知识的平台,为全行员工提高岗位胜任能力和综合素质提供智力支持。日益增长的网络培训需求是开展 E-Learning 培训的动力。我行作为一家国有股份制商业银行,面对着严峻复杂的经营环境及日趋激烈的同业竞争,总行、分行都更加强烈地意识到教育培训对我行未来可持续发展、提升核心竞争力的战略性、基础性作用。同时,我行员工数量庞大,工学矛盾突出,员工学习意愿和培训需求比较强烈,而现场培训受时间、地域、条件限制很多,完全靠集中培训远远不能满足日益增长的培训需要,这就对我们做好网络大学提出了更高的要求,也进一步激发了我们的使命感和责任感。

新人才培养思路助工行迈向一流金融企业

李桂云:据我们了解,中国工商银行在长春和杭州各有一所总行直属的金融研修学院。它们是如何在工行的人才培养过程中发挥作用的?

王云桂:两所总行直属学院分别是长春金融研修学院和杭州金融研修学院。这两所直属学院作为总行的直属机构,主要承担着总行的各项培训、研发和考试任务。在总行直属学院 20 多年的改革发展历程中,为我行培养了一大批管理人才和业务骨干,在提升全行员工队伍素质、推动业务创新发展中发挥了积极的作用。目前,随着我行战略转型的持续推进,总行直属学院主要发挥培训服务基地、培训研发基地、培训交流基地的作用,重点是"两培""两改""两建""两编"。所谓"两培",是以中级管理人员、专业骨干(包括各类师资)作为主要培训服务对象;"两改"是通过改善功能、改进服务,为"两培"提供完善的培训场地和教学服务;"两建"是承担"六库"建设和"网络大学"建设的具体任务;"两编"是在总行指导和组织下,编制培训项目,编写教材、案例和课件等。在积极发挥好培训基地、研发基地和考试基地等核心职能作用的基础上,总行直属学院也一直在大力拓展培训增值服务,发挥着教学改革试验田、师资培养主阵地、金融资讯集散地、文化传播助推器和客户维护新平台等职能。

按照"一省一校"的布局,我行在各一级、直属分行还设有 35 所金融培训学校。此外,我行在境外还有一家总行直属培训机构——香港培训中心。该中心的主要功能是借助香港国际金融中心的地域优势及中文培训的环境优势，为我行中高级管理人员和专业骨干提供商业银行产品和业务培训。

李桂云：随着在境内外的成功上市，工商银行迈向了建设国际一流现代金融企业的崭新历史阶段。对于新的历史阶段的人才培养，您有哪些想法和规划？

王云桂：当前乃至未来一段时间内，我行教育培训工作的发展思路是集团化视野、专业化服务、精细化管理、项目化运作。具体来说，一是要以重点项目为抓手，不断提高教育培训工作的战略支撑作用。我行今后几年将在全行范围推动十多个重点培训项目，包括国际化人才培训项目、综合化经营管理人才培训项目、跨市场专业人才培训项目等，培训对象既包括境内各层级各类别的员工，也覆盖了国际化人才和全球雇员，充分体现教育培训工作对我行国际化、综合化、集团化发展战略的支撑和服务作用。二是以机制创新为动力，不断提高教育培训工作的精细化管理水平。我们将在培训组织管理机制、培训项目管理机制、培训与业务发展联动机制、员工培训学分管理机制、教育培训考核评价机制及专业资格认证培训机制等六方面优化创新，以推动教育培训各项工作高效协调发展，不断提高各类培训的针对性和实效性。三是以资源建设为基础，不断提高教育培训工作的专业化服务能力。我行今后几年将以提升专业化服务水平和保障能力为出发点，大力加强培训基础资源建设，重点包括基地库、师资库、教材库、案例库、试题库、档案库"六库"建设，网络大学和网络模拟银行建设，特别是网络模拟银行的建设。同时，我们还将着力培养和造就一支高层次教育培训专业人才队伍，以期为教育培训工作实现新的跨越提供人才保障。

《中国远程教育》（资讯）杂志记者　潘超/整理

渣打银行　外资银行人才培养那些事

"不同的行业对HR的要求是完全不同的，一个好的HR应该能够满足不同行业的需要，适应不同行业的发展。怎么达到这样的境界？那就要真正吃透它的本质。不是停留在术的层面，而是要站在道的层面上，甚至更多是站在势的层面上。"

讲此话者是渣打银行中国区人力资源营运总监叶阿次。这位被称为"男版杜拉拉"的高管博士，阳光、帅气、充满活力，拥有十多年HR专业经验，作为HR领域的佼佼者，从阿尔卡特朗讯到渣打银行，他经常活跃在各大论坛演讲一线。此次在与本刊执行副主编李桂云的对话中，叶阿次系统地阐述了他对外资银行人才发展现状、HR定位、领导力培养、E-Learning在培训中的应用的独特见解。

外资银行人才发展之惑

李桂云：请您首先介绍一下外资银行的人才培养现状。

渣打银行中国区人力资源营运总监叶阿次

叶阿次：上海国际金融中心的建设让外资银行看到了巨大的市场前景，纷纷落户中国，现在在中国注册成本土独立法人机构的外国银行有40多家，此外，还有70多家分行。其中，无论是历史还是规模，渣打银行都是数一数二的。对于外资银行来说，他们很少从中资银行挖人，原因有二：一是二者的业务模式不同，二是企业文化不同。事实上，中资银行的人可能也不愿意到外资银行去，因为他们捧的是金饭碗。那么，新来的外资银行要扩充人才只能从其他外资银行挖人，因此，大的外资银行的员工流失率一般都非常大，在20%以上。员工流失率的大小也是中外资银行的一个典型区别。既不能从中资银行挖人，又不能从其他小的外资银行挖人，迫于这样的形势,很多时候,渣打只能靠自己培养人才,这也是我们为什么特别重视人才培养的原因。此外,在中国,我们并没有把我们的同行作为竞争对手。外资银行在中国的比重即使全部加在一起也是非常非常小的,去年的统计数字是大概不到两个百分点,我们考虑的不是在这2%里占多少,而是如何提高整个外资银行在中国的份额,所以我们真正的竞争对手是我们自己。战胜自己的关键是怎么提升自己的实力,而提升实力的关键就在于人才的培养。

李桂云:那么在您看来,金融行业的人才发展应该侧重于哪一块?

叶阿次:可以肯定地说,金融行业,尤其是在现在这个发展阶段,人才紧缺现象是非常非常严重的。对于人才是自己培养好呢,还是去招聘好呢?说实在的,二者没什么区别,无非一个短期考虑,一个长期考虑。招聘的话,我们就能快速得到人才,而培养是需要很长时间才能得到想要的人才。如果公司非常紧急地需要某类人才,一时半会儿是培养不出来的,那就只能招聘。但我认为你现在就要培养将来需要的人才,而不能一直靠招聘,因为全部靠招聘带来的一个很大的问题就是员工融入你的文化有风险。《基业长青》中也提到,好的公司有一个共同特点,那就是它真正的领导层不是外面空降的,而是自己一点点培养起来的。

但值得一提的是,在这个人才需求太大、而人才供给又太小的市场环境下,自己培养这种长期行为在一个快速发展的市场里面,效果会受很多因素的影响,可能在你的五年人才培养计划当中,第三年被培养的员工就被另外一个因素决定走了。所以,你会发现,在外资银行中,相对于自己培养,还是招聘的更多,不是说银行不花大力气培养人才,而是真正有效的项目太少,原因就在于市场竞争太激烈。但外资银行一般会比较花力气去做两个项目,一个是新员工培训,一个是类似行长培训的高端项目。

优势管理看人才

李桂云:自1858年在上海开设首家分行以来,渣打银行在中国已经有150多年之久。在人才培养方面,渣打银行的特色是什么?

叶阿次:在整个外资银行中,渣打是大家挖人的一个很大的目标,甚至可以说是"众矢之的",我们的员工出去都很受欢迎,因此员工流失率也偏高。和其他完全依赖于从这个行业挖人的小的外资银行相比,渣打很注重人才自我培养,而且在渣打有一个比较奇特的现象,那就是很多同事未必是从金融行业进来的，我自己就是一个比较典型的例子，这跟我们的人才培养方式是密不可分的。在人才培养方式上，我们跟其他银行最大的不同就是，我们是以优势管理的方式去看人才。大家都知道短板理论，就是说一个桶能装多少水取决于最短的板，所以很多银行都是先有能力模型，再看谁符合这种模型，然后就招进来。但渣打没有这种限定，比如说招我，不是说一定要找个金融行业的人才能来做这个，而是说你有这个能力，就让你去做。所有银行都谈人力资源的能力模型，人才培养也是按照这个能力模型去做的，缺哪个项目补哪个项目。但渣打是测你的优势，希望你发挥自己的强项。按照优势理论每个人都有优势，一个再差的人也有自己的优势。所以我们首先看的不是说你缺哪个能力，而是说是否把你放对了位置。我们每年都会做盖洛普调查，以了解员工的敬业度。每个员工都知道自己最大的优势是什么，这是我们在人才培养上使用的方法。

李桂云：这样的调查对后续的工作有什么帮助？

叶阿次：很荣幸，我们今年已经达到了国际一流员工敬业度的水平。研究发现，员工干得好不好取决于很多因素，其中最重要的一点是员工是否有机会做最擅长的事。很多员工工作不开心是干得不好，而干得不好有两个原因，一是他没有能力做这件事，二是他的兴趣不在这个地方。所以，我们发现，只有当把很愿意做和很擅长做两点结合得很好时，员工才能工作开心，而我们调查的目的就是找出员工干得不好的原因在哪里，比如说盖洛普Q12测试的问题分别是"你是否知道公司对你的期望是什么""你有没有做好工作必备的一些工具""最近一个星期你的老板表扬了你几次""你在工作中有没有好的伙伴""你的同事是不是在做很有质量的工作"等等。根据这些问题就可以了解，我们的管理在哪个地方比较欠缺。测量出哪里不好，我们会形成全年改进计划，会对经理人员说，该团队在哪个地方需要加强。譬如有的员工就希望你夸他，他的优势需要被认可，一点认可就可以让他干得很好，但由于老板表扬不够、对团队认可不够，就会影响他的工作。譬如有的员工很擅长做比较细的事情，那就意味着他不怎么抬头看路，所以老板就要在这方面给他一些补充。

这是我们在人才培养上贯彻的一个原则。而综观整个社会，大概90%的公司都是用能力模型的方式去做人才培养，即用找出短板的方式追求全才。什么叫全才？全才是人中之王，这是没有的。我们不追求全才，你有做得不好的地方是很正常的。说你在沟通方面不行，送你做沟通相关的培训？渣打不是这样的，沟通不行，好，那你看你哪方面行，或者对哪方面比较感兴趣，我们帮你去实现这一点。所谓培养人，有两种思路，一种是培养全能型人才，一种是我帮助你去成功。我们走的是第二种路径，所以我们人力资源的责任就是，了解你想做什么，帮你找到你适合做什么，告诉你在我们这里你能做什么。发展无外乎三件事：第一，我想做什么；第二，我能做什么；第三，让我做什么。把这三件事都解决了，这个人的发展培养就解决了。

李桂云：所以在这种思想的指引下，各种培训手段更多的是一种工具，用不同的工具来促使人才向我们想象的那种方向发展？

叶阿次：对，是这样的。所以，我觉得渣打跟别的银行最大的区别是理论基础的不同。人家都有能力模型，并且很自豪地说，自己建了所有的能力模型，建了标准岗位，然后按照这个模型去培养人，搞学习路径图，搞学习地图，归根结底都是在按照自己的理想模式去打造自己想要的人才。这个也没错。它对什么人有效呢？对刚毕业的大学生是有效的。因为刚毕业的学生有很大的可塑性。但对于很多人来说，那种方式比较慢，并且可能会让他们比较痛苦，因为做的不是自己擅长的事情。与其如此，何不换一种方式呢？正是由于我们的理论基础是优势管理，所以我们员工的满意度指数、敬业度指数上升得都很快，今年的测试已经达到了80分位。

级别越低越需要领导力

李桂云：我们注意到，在多个场合的演讲中，您都讲到了领导力。为什么选择这样的一个主题？

叶阿次：我认为领导力不是一个培养的话题，而是所有管理者都应该深入地去思考的一个问题。一个人要怎么提升自己的领导力，无论是哪个级别。

李桂云：不一定是领导？

叶阿次：是的。不管是什么级别，都需要进行深入的思考，甚至可以说对于非管理者，也就是每个人来说，它也同样重要。因为领导力说穿了就是一种影响力，即影响别人的能力，所以级别越低越需要影响力，职位高了，你自然就有影响力了。这也是为什么我谈领导力比较多的原因。领导力是一种追随和被追随的能力，它来自于三个方面，第一是职务权力，如果你是公司董事长，你是总裁，你自然有很大的影响力，别人都会追随你。权力会带来影响力，很多人认为它是唯一的途径，但事实上这只是三分之一。第二是专业能力，如果你是专家，很多人会听你的。但我认为最重要的是第三方面,即人格魅力。如果一个人很有人格魅力,你基本会听他的意见,会问他的观点,他对你会有影响力。在这三个方面中最容易得到也最容易失去的是什么?就是职位权力。在中国,职位权力是一纸权力,这个能力最容易得到,也最容易失去。比较容易得到、比较容易失去的是专业能力,在现在这个知识爆炸的时代,知识每年贬值50%,现在的知识明年基本有一半就用不上了。但有一种能力一旦拥有就不会失去,那就是人格魅力。

世界上没有最好的领导,说民主型领导是最好的,不对,很多时候需要独裁,因为独裁带来高效率。所以真正的领导力最好是什么呢?是能够适应他的被管理者的需要,带一帮刚毕业的大学生和带一帮工作过20年的人,管理风格一定是不一样的。也就是说真正好的领导者不一定有自己固定的风格,他要根据被管理者的成熟度和准备度来展现不同的风格,这也是领导力的核心。

李桂云:那么具体来说,对于提升不同级别的领导力,您觉得有没有一个可遵循的规律?

叶阿次:中国古代有一本书叫做《大学》,它对领导力做了很好的定义,提出了一个很好的模型,那就是修身、齐家、治国、平天下。修身谈的是管理自我,齐家是管理他人,治国就相当于治理一个组织,平天下是怎样管理更大范围的企业。第一是管理自我,管理自我是从认识自我开始的,这点恰恰是非常难的。管理自我分好几个层面,比如说情商管理、个人自我的完善、要知道如何去倾听别人的意见、如何去自我反省等等。第二是管理他人。管理他人跟管理自我是完全不同的概念,首先要了解周围的人,其中,了解他们的思路和做事方式又是最关键的。在管理他人中有一个重要原理叫做赞美原理,也就是优势理论——总是看到优势的地方才能赞美别人、容纳别人、欣赏别人,赞美别人是好的管理者的基本素养,也是管理他人的重要法则。

第三是管理一个团队。管理他人是一对一的,管理团队是一对多。管理团队有两种做法,都是我们在电影中能看到的,一个是同志们跟我冲,一个是同志们给我上,前者是共产党说的,后者是国民党说的,今天用管理者的思路来看,"跟我冲"虽然起到身先士卒的作用,但你只堵了一个枪眼,贡献太小了,冲在第一是没有意义的。什么是管理?让别人做你想做的事就是管理。所以管理者一定不能在做具体事情上太优秀、太厉害,优秀的管理者一定不是个人能力很强的,甚至可能是团队当中能力最弱的,但他具备管理能力。第四是管理文化。平天下靠的不是你管几个人,而是文化层面对别人的掌控。所谓小智者治事，大智者治人，睿智者治法。治法就是制定游戏规则，也就是所谓的企业文化。除了要有自己的思想、自己的制度、自己的物质外，还要把这些转化为自己的行为，这是打造企业文化的四个环节，好领导一定在这上面做文章。《大学》中讲内圣外王，如果想王者天下，前提是内在要成为一个圣人，所以两者顺序不能颠倒。

HR 不应该只是业务伙伴

李桂云：您曾经提到 HR 不应该只是业务伙伴，这好像和常规说法有一些出入？具体来说要怎样做到这样的定位？

叶阿次：一谈及人力资源管理的战略定位问题，最常听到的答案是——我们要成为业务伙伴。很多同行甚至把这样的定位视为人力资源管理工作的最高境界。事实上，这样的定位只能把 HR 置于一个从属的地位。试想如果你是一个业务伙伴，这意味着业务的成败与你没有太大的关系，因为你只是一个伙伴而已，而不是最大的责任人。大家什么时候见过销售部门的负责人说他们要成为业务伙伴？正确的定位应该是——我们要成为业务的一部分，事实也如此。HR 不仅是业务的一部分，还是非常重要的一部分，因为所有的业务都是要靠人去完成的，准确地说是要靠人才去完成的。举个例子，一流的战略如果由三流的人才去执行，结果只能是三流。而三流的战略如果由一流的人才去执行，结果一定是一流的，原因是一流的人才会将三流的战略调整为一流战略。

至于怎么做到，我觉得很简单。以招聘为例。我今年招了多少人、多快招到的、花了多少钱、为老板节省了多少钱，通常情况下，大家都是这么来看招聘工作的。我认为这些都很重要，但更重要的是什么？更重要的是你招来的人若干年之后还在这个岗位上而且表现很好。如果你招的人半年就走掉了，业绩也不行，是没用的；老板关心的不是说这个人是花 3000 块钱招聘来的，还是花 5000 块钱招聘来的，如果花 5000 块钱招聘的人贡献 10 万块钱，而那个 3000 块钱招聘来的人只贡献了 2 万块钱，那么显然是 5000 的更有价值。所以花多少钱不重要，重要的是他对公司的贡献有多大。此外，不是说招最好的人，而是要根据业务的实质招最合适的人。所以，对于 HR 来说，重要的是了解到公司业务的实质是什么，需要什么样的人，哪里有这样的人，怎么把他招聘过来，现有的人离我们业务要求差多少，怎么来弥补。

李桂云：说完 HR，我们再说说培训。有些机构，HR 部门直接主管培训，培训所有的操作都是由它完成的，而有些机构，二者是完全分开的。您怎样看待这两种模式？

叶阿次：的确，现在业界有两种方式，一种是作为能力培养中心，或者叫做人才储备中心，一种是作为文化打造中心，两种模式的定位是完全不同的。如果只是定位为一个能力培养的地方，作为一个车间或者加工中心，就要不断地把人回炉，不断地补充他的能力，帮他提升。所以，要有自己的课程体系，有整套的人才培养方案，然后把员工往里送。每年培训多少人、培训多长时间就是培训部门的业绩。此外还有帮客户做技术培训的。另一种定位拔得比较高，叫做文化打造中心。比如我知道有的公司就是董事长做企业大学的校长，这样的做法显然是把企业大学定义为企业文化的缔造者。这种定位是想通过一个平台来打造大家都崇尚的一个企业文化，这里面有些讲坛的性质，企业大学是高管布道的地方。

李桂云：我们知道您是计算机专业出身，您对于网络教育的发展趋势又是怎样认识的？

叶阿次：我认为中国的网络教育到目前为止做得还不是太成功，两点可以证明——一是国内没有太成功的做 E-Learning 的公司，二是在很多公司的培训项目当中，它也没有占到一个主导的地位，只是一个辅助。但对于网络教育的未来，我是非常看好的，因为它的优点能够帮它实现美好的未来。即在知识性和技能性培训上，它有独特的优势。知识性和技能性最好能够覆盖、能够重复、能够标准化，还要能够为更多的人去用，面越大越好。在这些方面，网络教育是能够发挥重要作用的。真正 E-Learning 未来的一个趋势或者发展前景是要找准自己的定位，不要认为它能够解决所有的问题，有些问题还是要靠面对面去解决的。E-Learning 能够解决的主要是知识和技能领域的问题。我们知道培训有三块，知识、技能和态度，态度的改变通过 E-Learning 是没法做到的，但在前面两块去做，我觉得是可以的。

李桂云：据了解，渣打银行在 E-Learning 方面就做得很不错。

叶阿次：非常好。我们全球规定七门课是每个人必须进来学的，而且完全是知识性的，如巴塞尔协议、反洗钱法、外汇管理等等。并且要求每隔两年要重复一次，因为怕员工忘了。在这个过程中，我们都可以随时监控员工的学习进度，允许他学一半退出，然后再接着学。学完之后，我们会给他一个证书。包括新员工的培训。新员工进来，我们要求他必须在两个月之内学完多少东西，然后才能去参加我们的课程。上课之前我会问他一些常识性的问题，如渣打在多少个国家有自己的业务、哪一年进入的中国、渣打中国有多少分支机构等等。这些如果真的在课堂上讲是很浪费时间的，但 E-Learning 可以帮助解决。对于一个有着 7000 多名员工的大公司来说，一定要通过这种方式才能实现广泛的覆盖、重复地使用、很好地监控。

《中国远程教育》（资讯）杂志记者　潘超/整理

招银大学　企业变革推动器

他，平和、低调，思路开放、富有激情。他既接受过系统的数学、经济学、金融学、管理学训练，同时又有较好的文学、历史、哲学素养。他经常受邀活跃于各企业大学论坛、人力资源发展大会的演讲台上。对于招银大学总经理罗开位的名字，许多从事人力资源及培训工作的人士并不陌生。

喜欢思考、关注战略，"做任何事情都要把来龙去脉搞清楚了才去做"，是罗总多年以来形成的一个习惯。7年的职业教师经历，20多年从事银行业务、管理工作的经验更让他对企业大学负责人的角色多了一份更深的理解，尤其是招商银行的企业大学。这家以"人才立行"为本的银行，在1995年还没有办公楼的情况下，就不惜斥巨资兴建设施先进、功能完善、水平一流的现代化培训基地，人才发展、培训工作一直是企业发展的一项重要战略。于2008年12月成立的招银大学更是招商银行精心打造的教育品牌。

招商银行能否在国际国内波诡云谲的经济形势下实现基业长青？能否力争用3年时间，成功实现"二次转型"，真正实现以经济利润最大化为核心的效益、质量、规模的协调发展？能否全面提升全行的管理素质与能力，变粗放式管理为精细化、集约化管理？这些都对罗开位管理下的招银大学提出了重要挑战。"二次转型首先是管理理念的转变，其次是具体行为的转变，教育培训工作正是将这场管理变革从理念转化成行为、从总行推广到分支行的强有力的推进器。管理变革，教育先行，强大的教育平台可以为管理变革提供持续的推动力。"

何况招银大学的使命还远远不只这些：期望通过五年的时间打造一所一流的企业大学，发展为集内部员工培训、外部培训输出、金融研究和商学院四大职能为一体的综合教育培训机构。对于这样宏伟的规划，罗开位颇为欣慰地说，正按照最初的设想一步步实现。

"很想早点休息，打打球，与朋友爬爬山，聊聊天。但现在必须全身心投入这份事业。"几乎没有周六日，很少休年假，对于"工作狂"的评价罗开位并不介意。在采访中，记者感到罗开位如此倾情于职涯中教育培训这一项工作，除了出于兴趣爱好，更有一段割舍不了的教育情怀。这位理性的培训管理者，不经意间流露出了感性的一面，想起自己小时候吃不饱饭的日子，他觉得现在已经很幸福，对财富没有过多的要求，他计划退休后在教育基金方面做一些工作，资助一些家境贫困的优秀高中学生实现大学梦想。

同时他希望联合更多的中国企业培训同行，共同进行人才发展与培训的理论研究及实践探索，从而形成合力，"经过若干年的努力，让中国企业的人才培养、后续教育能真正赶上去，而不是一味地'拿来主义'"。

培训部门将从边缘走向中心

李桂云：作为企业大学领域的一位知名的学者型管理者，您觉得社会发展、企业发展，对培训的需求呈现怎样的发展趋势？

罗开位：从社会发展与培训的关系角度看，人类从农牧业经济到手工业经济，再到机器生产大工业，再到管理层级复杂的大企业，再到全球化的大型企业集团，我们发现人类的学习培训相应地经历了"以老带新""师傅带徒弟""专门的技能培训""管理培训"和"全价值链培训"等几个阶段。

招银大学总经理罗开位

从单个企业生命周期与培训关系的角度看，企业在初创时期，一般采用"以老带新""师傅带徒弟"的培训形式；在快速发展时期，主要以员工的技能培训为主；到了相对稳定发展时期，企业规模大了，管理复杂了，开始重视对管理人员管理能力的培训；一些企业到了成熟发展期，集团化了，这个时候企业不但对内部员工进行培训，同时还会对其上下游的客户群进行培训，也就是通常所说的全价值链培训。这时候企业通常都会建立企业内部大学来组织培训，培训工作越来越规范化、专业化。国内外许多优秀企业的培训工作都有这样的规律，招商银行的培训工作发展路径也是这样的。

李桂云：您认为中国企业大学的发展目前主要处于怎样的阶段？

罗开位：应该说，中国很多企业的培训工作还是处于比较初级的阶段。处于这一阶段企业的培训部门通常都比较弱，其主要职能是做些培训的事务性工作，公司领导、各业务部门提出培训需求，培训部门负责具体实施。近年，也有越来越多的企业培训部门开始整合全公司的培训管理工作，包括培训组织管理、师资建设、培训课程建设等。特别值得欣慰的是，据我了解，目前在全国已经有了好几十家企业，其企业大学正在快速地进入世界先进企业大学行列，他们已经初步建立起了比较先进、科学的企业培训学习发展体系和机制，包括培训的组织管理、培训的教材开发、培训的师资队伍、培训的基础设施、重点培训项目的开发设计、培训的品牌建设等方面，都有了比较好的基础和规模。

李桂云：据您观察，目前企业大学在发展中面临的主要共性问题是什么？

罗开位：如何影响企业高层领导真正地关注培训工作、重视企业学习能力建设？如何引导各业务部门按照企业大学的统一、专业要求做好培训工作？这是目前很多企业大学面临的难题。企业大学在初级阶段影响力比较弱，可以借助外力来克服这些困难，比如，引进一些本企业高层及业务部门比较熟悉和认可的外部培训机构、师资参与部分重要项目的研发和教学实施工作，逐步培育自己的影响力。此外，企业大学管理者个人的背景、能力与素质也非常关键。

李桂云：您觉得作为一个优秀的培训管理者应该具备怎样的素质与能力？

罗开位：企业培训部门负责人是教师出身、有过人力资源工作经历的人较多，相对来讲对企业发展战略、主要业务管理不太了解，在公司的资历相对单一，这样，就很难把企业培训工作真正融入到企业战略、业务发展和员工成长之中，从而，难以形成自己在公司组织学习方面应有的影响力。所以，我认为，作为企业教育培训部门主管，需要努力锤炼三方面的能力：一是深刻地理解并把握企业发展战略方向。十年树木、百年树人，要培养人就要有前瞻性，对企业未来的发展思路要有深刻的理解，如果做不到这点，人才培养的战略就不可能想得远、想得早，最终影响企业的发展。二是对企业的主要业务有比较好的理解。不了解业务就不能了解企业运转的真实情况，培训工作就难以做到及时性和针对性。三是培训负责人本身应该是个学者，懂教学，教育培训部门在企业内部是一个非常特殊的部门，它的专业性与企业本身生产经营的专业性不一样。

李桂云：您曾经提出过一个观点，企业内部培训部门将从企业的边缘部门逐步走向中心部门，您这一判断的主要依据是什么？

罗开位：关于企业教育培训未来的发展趋势，我的基本判断是：教育作为一种产业将会在国家整个经济体系中占据更重要的地位，而企业培训又将在教育产业中发挥越来越重要的作用。得出这样的判断基于两个理由：第一、世界经济的高度全球化，使得企业生产经营的复杂性越来越高；第二、科学技术以超出人类想象的速度发展，企业员工（包括生产经营全价值链上的所有员工）知识和技能更新会越来越频繁。

这样，企业的教育培训必将成为企业最重要、最紧迫的工作。未来企业竞争最核心的能力将是企业的快速学习能力，而企业学习能力的持续提升需要专业高效的教育培训体系的支撑。

当一个企业处于从稳定期向成熟期转化的过程中，企业内部培训部门必然从企业的边缘部门逐步走向中心部门。一个企业如果其组织学习能力不强的话，他们的优秀人才会选择离开企业。所以，大型的优秀企业一定要有一个强大的组织学习机构来支撑。

战略思维支撑企业大学转型

李桂云：您曾提出构建四大培训体系的设想，这四大体系之间的关系是怎样的？对于不同性质的企业，在资金投入有限的情况下，培训体系的建设是否也可以此为突破口？

罗开位：招银大学培训的四大体系包括：第一、建立起适合目标要求的培训组织管理体系。第二、建立完善的培训课程体系。逐步研发出有招行特色、适应发展需要的标准、系统、专业、统一的全行教育培训课程体系。第三、师资队伍建设体系。我们计划用三年的时间建立一支有3000人左右的强大的师资队伍。第四、建立远程教育培训体系。我们建立的远程教育培训体系，包括在线学习管理系统、模拟银行培训系统、远程视频会议培训系统、培训信息管理系统、计算机在线考试系统、银行知识管理系统、电子图书系统等子系统。这四个体系就好比四根支柱，构成一个优秀培训体系的基础。

根据我们这几年的实践经验，这四大培训系统建设，除了远程教育培训体系建设外，其他三个系统建设不需要太多的额外资金投入。我们培训课程体系和师资队伍建设，是在招银大学研发部门的策划、组织和帮助下，主要依靠行内各条线、各分支机构内部力量完成的。比如开发一门课程，我们先通过竞争方式选择若干名业务和管理骨干，组织他们按照我们的规定程序，一边开发课程、编写教材，一边培训他们做这门课程的讲师，同时电子课件同步生成，所以大量的教材研发与师资培养是联系在一起的。远程培训体系建设可以根据各公司财力的实际情况，分步有选择性地实施。

李桂云：招银大学成立以来，针对各级人才实施了颇具特色的培养项目，如"金狮计划""金鹰计划""管理启航"等，在业内产生了广泛影响。此类项目的开展遵循了怎样的设计原则？有何经验可供借鉴？

罗开位：这些重点项目的研发设计凝结了我们研发团队的心血，每个项目的研发设计时间少则半年，多则一年，对各个节点，我们都要经过反复研究，项目设计好后还要进行试点。

这些项目在具体设计技术方面是各有不同的，但有两个原则是贯穿所有项目的。一是让各级管理者特别是高层管理者支持和参与重点培训项目的相关工作，很多行长、总经理都担任培训学员的指导导师、给学员授课、与学员分享他们的成功经验，或是出席开班典礼、结业成果汇报等。二是强调重点项目的标准化设计和营运管理。以"金鹰计划"为例，为了确保项目标准化得到落实，我们统一印制了60多页的《金鹰计划项目管理实践手册》，详细说明了培训项目的设计思路、具体操作流程、常用的工具和模板，要求所有项目使用设计统一的标志、品牌等物料。另外，还对参与培训项目实施的相关分行领导、管理人员和外部培训实施支持合作机构进行统一的项目实施管理培训，从而确保在各分行实施的培训项目都能以统一的标准开展。正是这种标准化使得"金鹰计划"快速在全国20多家分行成功地进行了批量复制，解决了大型企业中基层经理人领导力培训无法高水平、专业化地快速批量培养的世界性难题。

李桂云：以"金鹰计划"为例，请谈谈这其中融入了招银大学哪些独特的培训理念与培训思想？

罗开位："金鹰计划"是由招银大学独立研发的培训项目，培训对象为招行分支行部门副总、支行副行长和经理级干部。为打造这一品牌培训项目，实现培训的批量复制，招银大学组织核心骨干力量成立了教学研发室，我们的培训项目秉承了招商银行一贯的创新理念，从项目设计到项目实施都在不断打破常规培训项目的操作思路。具体表现为"五个新"：新方向、新模式、新手段、新管理、新品牌。

新方向是指通过"金鹰计划"率先在银行业探索将中、基层管理人员能力提升与企业发展战略相结合的培养新方向；新模式是指与以往传统课堂教学模式不同，在知识传授的基础上引入以解决实际工作问题为导向的行动学习法，通过外部教练的引导和内部导师的直接辅导，逐步分析探究实际管理问题的现象、原因，进而提出最终的解决方案，真正做到"学习与实践"相结合；新手段是指"金鹰计划"项目引入国内最先进的教练技术、评鉴中心素质测评技术、SKYPE网络会议、E-Learning、茶道品鉴、户外体验式培训等多种培训新手段，最大程度提升培训效果；新管理主要体现在建立了以招银大学为主办方，各分行人力资源部为承办方，外部专业咨询公司为协办方，三方联合实施项目的新模式，遵循"培训一体化，分工明确化"的项目管理原则，对项目管理实行"细分、细化、细责"的三细管理，快速推动项目进程；新品牌是指项目整体进行品牌化运作，在不同阶段引入电子宣传海报、学员评分龙虎榜等新的宣传方式，帮助学员及时了解项目的进展情况，更乐于参与到项目之中。

李桂云： 有关招银大学的定位，您前面曾提到招银大学不但要满足全行内部员工不断增长的培训需求，同时还要逐步形成全价值链的培训能力以及对外提供培训增值服务的能力。那么在对外部提供培训增值服务方面你们有哪些计划？

罗开位： 最近几年，越来越多的客户对我们提出了培训服务支持的要求。去年我们就接待过40多批的来访者，另外，还应一些客户要求为他们举办了一些专门的培训项目。因培训设施有限，为了确保内部培训的质量，目前，我们只能循序渐进地推动对外培训业务。

从战略层面上看，对客户提供培训增值服务，并以此带动其他咨询服务业务应该是大型优秀企业的一个方向。企业发展到一定程度，提供的服务将远远不仅仅是产品，而更多体现知识分享的理念，企业大学在其中理应发挥其应有的作用。对外合作方面我们要充分利用招商银行的品牌优势、人才优势和教育培训专业优势，为客户和其他中小金融机构提供有招行品牌和特色的教育培训服务。具体而言考虑三个层面，一是帮助企业做培训服务；二是帮助企业做组织学习体系建设整体解决方案；三是为企业提供战略发展与管理变革咨询。IBM作为一家IT技术专业公司，可以做到为很多客户提供大量的管理咨询服务，我想，作为一家拥有着强大教育培训研究和银行发展基础研究功能的优秀银行，为客户提供这方面的服务应该是有条件的，也是有美好的想象空间的。

《中国远程教育》（资讯）杂志执行副主编　李桂云/整理

农信银中心　建设农信银系统人才储备库

农村金融是现代农村经济的核心，是社会主义新农村建设不可或缺的因素。农村商业银行、农村合作银行和农村信用社作为农村金融的主力军和联系千家万户的金融纽带，在统筹城乡经济社会发展、全面建设小康社会中肩负着十分重要的使命。但由于历史形成的多种原因，农村地区支付结算环境仍然相对落后。为彻底解决这一阻碍农村经济金融发展的"瓶颈"问题，2006年中国人民银行批准成立了全国农村合作金融机构自己的资金清算组织——农信银资金清算中心（以下简称农信银中心），从根本上改善了农村金融机构的支付结算环境，切实提高了广大农村金融机构支付结算服务水平，增强了农村金融机构的竞争实力。

农信银中心自成立之初即把培训工作列为重要日程。但面对分布在全国各地、人才结构差异较大的70万职工，该如何开展覆盖面广、高质量的培训工作？在对多种模式进行尝试和对比后，农信银中心于2008年启动了农信银远程学习系统建设运行工作。

系统实施仅一年多时间，全国农信银系统支付结算业务量和交易成功率得到了大幅度的提高，但对于农信银资金清算中心而言，远程培训带来的价值并不简单体现在交易成功率的上升。正如农信银中心副总裁刘永成所言，农信银中心这个曾让系统内部员工都陌生的名字，在短短一年时间已经走进了全国最偏远的农信银员工的心中，不仅给农信银中心带来了巨大的经济效益，也带来了巨大的品牌效应。

李桂云：我想多数大众对于农信银资金清算中心的名字并不熟悉，请您简单介绍一下中心成立的背景以及业务发展的基本情况。

刘永成：农信银资金清算中心（简称"农信银中心"）是经中国人民银行批准，由全国30家省级农村信用联社、农村商业银行、农村合作银行及深圳农村商业银行共同发起成立的全国性股份制支付清算服务企业，旨在提高全国农村合作金融机构支付结算水平，改善农村地区支付结算环境。自2006年10月16日农信银支付清算系统上线运行后，相继开通了实时电子汇兑、银行汇票、个人账户通存通兑和支付信息查询查复等各类支付服务和资金清算业务，并迅速推广应用到全国农村合作金融机构营业网点，填补了全国农村合作金融机构办理银行汇票和个人账户通

农信银资金清算中心副总裁刘永成

存通兑等项业务空白，使全国农村合作金融机构在办理跨省、自治区、直辖市异地支付结算业务方面，具有了与其他全国性商业银行相同的手段和条件，进一步增强了全国农村合作金融机构的整体竞争能力。

截至2010年6月7日，农信银支付清算系统累计清算资金量突破万亿元，极大地促进了全国农村合作金融机构的发展。2010年7月，全国30家省级农村合作金融机构及深圳、天津滨海农村商业银行共计32家股东及成员单位的核心业务系统全部连通农信银支付清算系统，形成覆盖全国农村合作金融机构8万家网点的跨省、自治区、直辖市的异地实时资金支付清算网络，使分布在全国各地的农村信用社、农村商业银行、农村合作银行的广大客户，尤其是身处偏远地区的广大农村客户，能够享受到同其他银行一样安全、快捷的支付结算服务。

远程学习成为长期行为

李桂云：人才培养在这个清算中心中处于怎样的位置？与其他银行开展的相关培训相比，面向农村信用社等机构的培训工作其特别之处在哪里？

刘永成：农信银中心的发展目标，第一要建成全国农村合作金融机构的资金清算中心，第二要成为全国农村合作金融机构的科技研发中心，第三要建成全国农村合作金融机构的培训中心，给全国农村合作金融机构提供综合的业务培训。

人才资源是企业最重要的战略资源，人才的培养越来越成为企业的战略举措之一。农信银中心在发展的过程当中，肩负两方面人才培养的任务：一方面是农信银中心员工素质的提高；另一方面，农信银中心、农信银支付清算系统要实现业务快速发展，仅靠自身努力还不行，如何

提高系统稳定率、交易成功率，这些均有赖于股东单位职工业务素质的不断提高。

农信银机构网点遍布城乡，其中农村所占比例居多，虽然随着各地农村信用社的深化改革，业务规模及经营管理均呈现出前所未有的发展速度，且近几年各地农村合作金融系统也引进了部分商业银行专业人员和高学历人才，但员工素质却始终与商业银行有着一定的差距。

对于农信银中心来说，同样面临着这一困惑。随着股东单位陆续集中接入农信银实时支付清算系统，农信银支付结算业务呈现出快速发展趋势，此时业务培训如不能及时跟进，各机构难免面临员工操作性风险。为此农信银中心积极配合股东单位开展业务培训，但面对全国农村合作金融机构的70万员工，也只能起到杯水车薪的作用。有限的培训资源与日益增长的培训需求之间的矛盾日益凸显，培训内容不够标准化及转培训效果的不可控性也逐渐显现出来，业务培训必须开拓新的途径。

经过一段时间的深入调研及后来的实践证明，远程学习系统能有效解决员工地区的差异性、构成的差异性、基础的差异性和需求的差异性等问题。于是农信银中心从高层到部门达成共识，远程学习是我们将长期使用的一种培训手段。

李桂云：您谈到，农村信用社多集中在县以下的乡镇，他们对于远程学习这种信息技术手段的接受度怎样？

刘永成：目前有农村信用社营业机构的地方，网络都是畅通的，这就给远程教育的发展奠定了基础。

农信社网点分布广泛，一些乡镇地区是否具备网上学习的条件与基础，最初也是我们最大的疑虑，担心系统推出去有些员工不具备上网条件，不适应这种学习方式怎么办？2008年5月举办的"农信银"业务知识网上有奖竞赛，实际上就是一个尝试，对全国农村合作金融机构员工的网络情况、学习情况做了一次调研。一个月的时间共有20多万员工在网上答题，通过此次竞赛我们增强了信心，坚定了我们开发远程学习系统的决心。

李桂云：清算中心在农信银系统中处于怎样的地位？农信银中心是如何把远程学习的理念贯彻到最基层单位的？

刘永成：在银行，资金清算在业务发展当中充当了一个重要枢纽，清算中心的资金信息，就相当于人体流的血液。血液不流动，心脏也就停止了。但如果身体不出现异样时，人们也很难关注血流情况。

农信银中心与股东单位之间并没有行政隶属关系，不可能运用行政管理手段，比如发文等要求所有的信用社员工都来参加这样的培训，所以只能通过自身的不断努力，培育商誉，形成口碑，不断推广远程学习的理念，吸引广大员工自觉参与学习。

远程培训刚开始时，人们普遍认知不够，基层员工学习和培训积极性不足，参加人数很少，有的省份几乎是空白，不仅员工认识程度低，基层的管理者也觉得没有什么用。同时，运行初期在课件内容方面，网络技术方面都存在一些问题，出现登录不上去、网络有间断、效果不好等情况。以后这些问题都逐步得到了有效解决，大家参与的积极性，认知程度逐渐提高。今年感觉特别明显，原来不愿意参加的一些人也越来越感受到了我们取得的成果，最多的一天有15万人次登录远程学习系统，超乎我们的想象。

竞赛让远程学习深入人心

李桂云：前后对比如此明显，农信银中心都采取了怎样的方式让更多的人认可并吸引他们参加网上学习？

刘永成：首先在管理体系上，我们主要依托系统建立了中心、省、地市、县市乃至基层网点的多级管理体系，对31家股东单位省级管理员集中进行应用培训，并由其负责逐级进行管理分配。

在内容设计上，我们根据农信银支付结算业务特点，制作了个人账户通存通兑业务、电子汇兑业务、银行汇票业务及农信银支付结算业务宣传课程，在内容上以贴近基层员工实际操作为准则，力求对员工的实际工作有指导意义，切实帮助学员解决业务办理中的疑惑。并考虑到业务发展及适用场合的不同需要，制作多版本课程。

另外，2009年我们在全国范围内开展了农信银远程学习系统应用竞赛活动。竞赛分为两个赛季，历时六个月，并设立专门电话、轮流实时在线答疑、论坛回帖、QQ群交流等多种方式解决竞赛期间学员的疑问咨询，加强在高峰时段对系统的实时监控，保障了竞赛的顺利进行和系统的平稳运行。

李桂云：据了解，你们在今年还推出了农信银"智汇共享"远程学习竞赛活动，为何对竞赛活动如此热衷？

刘永成：知识改变命运，在我们这里，可以用远程培训改变命运来形容。过去农信社和农行系统的很多基层业务人员，都是在业务技术比赛等活动中脱颖而出，很快从偏远信用社调到县联社。借鉴这样的经验，我们在远程培训推广过程中，除了注重知识性和趣味性之外，主要尝试通过竞赛等活动，采取适当的激励措施激发更多员工参与远程学习。2009年参加远程学习考试成绩在90分以上的职工，参加电脑随机抽奖活动，100人获得笔记本电脑的奖励。2010年农信银智汇共享远程学习竞赛活动的奖励措施则更加丰富。

一个基层的员工，在参加全国范围的行业内竞赛活动中能够获得一台笔记本电脑，是一件非常有荣誉感的事情，还能迅速让同事、领导知道他的情况，下次如果基层再搞业务竞赛，第一个想到的也许就是这个员工，他未来获得再学习、升迁等的概率就相对较高。他的人生轨迹也许就从此改变，员工积极性被充分调动起来。

李桂云：2010年的网上学习的推广活动与2009年相比有何不同？

刘永成：在2009年活动的基础上，我们吸取以往两届竞赛的经验和不足，结合农村合作金融机构业务培训的需求，制定了新的推广方案。

在新的奖励方案中奖品分级更详细、获奖面更广、奖励的周期更长。奖品一改以往由股东单位代表抽取的形式，在网络上由学员自行抽取，同时在抽奖页面实时体现获奖名单及奖品递送情况。在集体奖中把奖励标准与农信银支付结算业务量相结合，更有效地促进了农信银支付结算业务的发展。

新的课程覆盖面更加广泛，在继续推广农信银支付结算业务的同时，兼顾对农村合作金融机构相关从业人员的专业知识、业务能力的培训，全面普及银行从业人员应知应会的业务知识，包括银行知识与业务、银行业相关法律法规、银行业从业人员职业操守等内容。

从成本中心转向利润中心

李桂云：对于农信银资金清算中心这样一个由全国30多个省级农村信用联社、农村商业银行、农村合作银行等组成的服务企业，面向近70万从业人员展开培训，工作的复杂性和艰巨性可想而知。请您总结一下做好这项培训工作需要把握的核心要素有哪些？

刘永成：首先从业务角度来谈，要设置一些非常实用的课程。我们最关注的是实用性，要紧紧围绕清算业务的核心开展相关课程培训。第二即便是远程学习系统，在针对不同层次、注意知识性的同时，还要具备一定的趣味性，通过各种方式调动员工的学习积极性。从技术方面，首先要保证外界网络的畅通无阻，另外，设计的课件质量要更高一些。

李桂云：今年年初农信银中心召开的 2010 年经营工作会议上提出要加大全员培训力度，不断提高员工素质，力求从各个方面达到管理部门和股东及成员单位的要求与期望。结合这样的要求，在近期培训业务方式有何规划？

刘永成：我们现在的培训，主要是基于农信银支付结算业务的培训，这些培训应该说是全国农信社系统业务培训当中的一部分，按照我们发展的战略目标，要把农信银中心建成全国农信银系统的培训中心，就必须要充实其他内容的业务培训。我们今年计划编辑出版 18 本教材。包括财务管理、企业财务分析、客户经理、金融营销、银行经营管理、个人理财、金融风险等方面内容。我们要拓展相关培训内容，并以无偿的形式发给全国各地。我们准备将这类纸制教材转换成电子课程，在知识性与趣味性结合方面再下些工夫。

目前我们的注册用户近 30 万，伴随着远程教育系统的继续发展完善，随着网站每天浏览的人数增加很多，我们可能会尝试如何把学习系统变成一个运营的网站，凡与信用社、农商行相关的内容都可以承载，与人们日常生活相关的内容也都可以加入进来，毕竟中国十几亿人中，有近 70% 人群都集中在农村，我相信在这上面会衍生出更多的服务内容。这样我们中心的培训机构也将实现从投入中心向产出中心，从成本中心向利润中心的转型。发展达到我们最初预定的这些目标以后，就可以成为全国合作金融系统人才的产出点，成为农信银中心的一个重要利润创收点。

《中国远程教育》（资讯）杂志执行副主编　李桂云/整理

平安大学　一切皆是营销

对平安金融培训学院（以下简称平安大学）尽管早有耳闻，但从深圳乘车近一个小时来到观澜镇，零距离接触这所被称为中国金融与保险行业的"黄埔军校"时，还是颇为震撼。置身于由平安集团在2001年投资6亿元兴建、占地面积20万平方米的这所校园，既体会到知识殿堂的庄严、厚重之感，又如漫步于古典幽雅的欧洲小镇般感到恬淡与温馨。

平安金融培训学院校园

很多去过平安大学的人都会告诉你，这里有目前国内最好的硬件设施，但其真正的成功是缘于构建了能够支持集团战略发展的完整的培训体系。目前平安集团整体发展目标是要打造成像花旗集团一样的综合性金融服务公司，从单一的保险业务，发展到保险、银行、投资业务三驾马车并行的全面金融服务。要实现这一中国金融"沃尔玛"的梦想，平安大学显然身肩重任。

平安集团董事长马明哲2009年底在其撰写的《平安心语》中强调要培养集团的"能力分子"，提出只有"能力分子"才是真正未来的希望。要培养"能力分子"就要将知识转化为价值，那么培训有没有产生生产力，公司是否呈现上升状态，这是培训最终要解决的问题。对培训有了这样的定位，就不难理解平安集团为何每年要在培训上有如此高额的投入：2009年平安在培训上的直接投入为3.87亿元，2010年培训预算又增长了近1个亿，达到4.86亿元。

"我们从不吝啬在培训上的投入"，平安金融培训学院副院长郑舜文说。这位平安集团在20世纪90年代从台湾引进的知名保险人，被称为平安的"激励大师"，据了解，年终业绩突出的员工曾获得一项重要的精神奖励——拥抱郑舜文。提及往事，郑舜文很绅士地一笑："这都是以前的事了。"

现在他想得更多的是如何把平安大学运作得更成功。

郑舜文直率坦诚,印象最为深刻的是他强调"一切皆是营销"。在他看来,平安大学 E-Learning 之所以能取得今天的成效,要归结于其独特的企业文化,离开这点,"一切皆是天方夜谭"。

一切皆是营销

李桂云:首先请您总结一下平安大学 E-Learning 工作开展的独特之处。

郑舜文:平安集团共有 10 万个内勤人员,40 万个外勤人员,集团内部从事人力资源工作的梯队有 2000 人,而培训只是人力资源工作的一块业务,平安大学主要是一种技术上的支持与支撑,因此在培训过程中我们专业公司的直线主管需要承担很多的工作。首先在培训之前他需要去确定下属技能的差异,还要制定相应的培训计划。在培训之后这个过程并没有完,培训只是给他一些知识和技能,而技能只有转化成模式才能发挥价值。直线主管需要跟进,使他把技能转化成行为习惯,这才是培训工作的整个环节。

平安金融培训学院
副院长郑舜文

2006 年马明哲董事长曾提出未来平安 80% 的培训要靠 E-Learning 来实现,目前已经达到 90% 以上。我们是希望通过 E-Learning 这个平台把平安大学延伸到每一个员工的办公桌面上去。平安的 E-Learning 平台并不是一个独立的学习系统,它整合了很多网络资源,在整个资源中最主要的是 PS 系统培训管理模块,PS 系统是管人的,E-Learning 是作为学习支持和提供部分,ETS 系统是外勤人员管理体系,这三个系统已经进行了无缝对接完整地整合在一起。

在平安 E-Learning 发展的初期我们采购了一些课程,对员工进行管理和技能方面的提升。经历这个阶段之后我们发现,很多内部的产品流程没有办法由外界资源来提供,因此我们自制了一些简易的网络课程。自制课程时短平快是我们的原则,这种课程看起来长得都不漂亮,表现的形式也相对单一,但通过这样短平快的节奏可以很快地满足员工的培训要求。我们现在逐步打造"高品质的桥",定制"高品质网络课程",这些课程是内容稳定、传承度高的专业性课程,我们选择优质供应商定制这些高品质课程。

在平安，完成所有课程的条件都会涉及相关的测试，如果能够按照我们的标准分数先通过测试，我们就默认你已经掌握了这个课程的知识，我们并不要求每个员工从头到尾把每个内容都浏览一遍。另外，平安是一家信息安全管控非常严格的公司，所有内勤员工在没有特殊允许的情况下没有办法登录外网，我们所有的学习资源都放在内部网络上。因此平安有一个共识，所有主管都支持员工在工作时间学习，我们培训的内容是岗位需要的，所以在工作时间学习也员工工作的一部分。

面授和网络培训并不是互相独立并分开的，我们一直强调混合式培训。2009年平安运作了500多班次的面授培训班，我们共请了150人次的高层管理人员进行课程分享和讲授。我们的讲师数量非常少，而我们有超过300名的兼职讲师，绝大部分课程都是由这些兼职讲师进行。分享在平安内部是一个很有体系的文化，每个人都会觉得这是一个很好的机会，去和别人进行更多的沟通和分享。

李桂云： 平安大学 E-Learning 如今已经在行业内有很高的知名度，能否分析一下，你们成功的关键是什么？

郑舜文： 我想最主要是我们的领导对培训绝对是高度重视的。2009年开始，因为重视，集团领导就协助平安大学与相关专业公司的 CEO 协商，由我们向各专业公司宣导、汇报，讲远程教育的好处，以及如何去应用它；讲我们希望跟专业公司如何合作，希望他们提供怎么样的支持等等。这样推动得就很快。在第二个阶段时专业公司的 CEO 也觉得开展 E-Learning 确实是有需要，也很重要，所以就由专业公司来牵头推动 E-Learning。

李桂云： 到了专业公司牵头阶段时，是他们的一种自觉行为，还是你们有一些引导的行为在里面？

郑舜文： 引导再加上自觉，是一拍即合。你必须要让许多不同角色的人清楚地知道，我们为什么要做这个事情，对个人、对部门、对领导、对公司有什么样的好处。当然产品本身是有价值的，然后宣传出去，再到各专业公司去配送，通过对培训过程的管理产生了好的培训效果，再做宣传。既然产生了这么多的网络课程的应用好处，我们继续跟专业公司谈有哪些新的思路、新的计划，他们就会积极开发和配合。因为好处是这个专业公司的、是这个梯队的，那他怎么会不重视网络课程的开发和推广管理呢？

我们不会把它当成一件工作，而是把它当成营销的一系列工作。过去我们往往忽视了远程教育的营销动作、marketing 即推广动作。其实任何的东西都是 marketing，我一直在说，不管是面授课程、网络课程本身，千万不能用推的动作，每次要用拉的动作，要用营销的动作，让应用者清楚地知道收获大是自己的。

李桂云：能否具体讲讲一门网络课程的营销是如何在平安内部实现的？

郑舜文：这就跟一般的企业卖某一个产品要做营销的动作是完全一样的。举个例子，我们远程系统里面有虚拟教室模块，虚拟教室是很好的东西，但此前有许多专业公司的领导们不清楚它的功效。我们就把虚拟教室的各种好处做成一个简单的短片，在平安晨会去播放。晨会可以说是我们内部的信息宣传最快也是最唯一有意义的渠道，不论是大老板还是一般员工都要参加，这是平安的文化之一。宣传的措词完全是营销的措词，比如SARS发生了，我们不能开会怎么办？比如飞机票又很贵了，该如何节省差旅费？都是类似这种营销的语言，这让使用方感觉到，对，不需要花那么多钱，不需要因为外部的一些疾病或者其他困扰影响正常的会议或者产品的介绍。所以当他们看过这样的营销短片后，虽然只是一分多钟的短片宣传，会后我们的电话却接不完，许多专业公司分公司都来预定虚拟教室了。

我们的网络课程会在晨会上去做宣传，会在内部网做公告，会给许多员工发群发邮件，这些都是在做营销的动作。包括做培训的统计分析这样一个绩效管理时，也是内含营销管理的。比如某个专业公司的网络课程的覆盖率不高，我们要进行绩效点评，其内涵也是在做营销；一个专业公司今年开发课程的计划只有3门，另一家公司却有40门，也在做marketing，任何的东西你都可以做marketing。我们要把它包装得不让人家觉得是在强迫，而是让所有学习的人包括推动培训的领导觉得这是对大家有利的，这样许多人才会去参与响应，这个台子就搭起来了。

"生意人"的培训理念

李桂云：作为E-Learning实施的先行者，你们在做这项工作时其实并没有太多的参照系，那么当时启动这项工作的出发点是什么呢？

郑舜文：平安这个企业的每一个部门都有一种责任，就是帮助公司达到业务发展目标，我们的角色正好是做人才培养的，所以把人才梯队建设起来了，让他们更有工作热情、更有积极性，工作能力、绩效进一步提高，这样一步一个脚印，公司各项的业务目标就有机会去达成。因此我们培训工作的核心理念是什么？就是做什么事情都能够帮助公司业务发展成功，达成目标。而达到这一目标要通过哪些方式和手段，就开始研究了，应该有课程、有网络等等。所以在我们这里员工培训不仅是一个福利，而是以学习型组织建设为导向的。我们在做培训时的核心理念就是如何把知识转变成价值。

李桂云：那么集团对平安大学培训成效有怎样一种考核模式？

郑舜文：这个考核是一年开发几门课程、网络课程覆盖率是多少百分比、讲师培养多少人、讲师的活动率、学员对各种课程的满意度，这都是比较简单的。因为我们是经营实体，所以考核目标是要达到收支平衡。

李桂云：作为集团培训中心，你们本身具有集团下各专业公司培训预算的审批权，同时作为培训提供方，专业公司又要对你们给予的服务买单。这更像是左手的钱拿出来放到右手的感觉。

郑舜文：你讲的没有错，就是我给钱你再还我钱。虽然简单说是这样，但关键是如果我的课程不好，他们不一定会派人来。如果网络课程没有这么多样化，没有做及时的推送与宣导，可能也没有这么高的覆盖率。所以我们要想办法收支平衡，就必须得让更多人喜欢我的课程。让学员以及他的部门负责人，包括再上面的领导觉得这些人参加平安大学的学习，确实改变了工作行为，工作绩效提升了。

李桂云：刚才您几次提到了营销的概念，这与我此前接触到的一些大学管理者的思维完全不一样。这是否就是企业大学与普通大学的管理者最大的区别？

郑舜文：我们是在企业里面从事教育工作的，我们的责任就是要帮助企业发展成功，所以不能用一般学校的教育工作者的思路，或者工作手段、行为在企业中做事。所以我不把自己定位于一所学院的副院长，那种高学历的、戴个眼镜、很学究的形象。我是学院的一个经营管理者，我是集团的一个战略推广者，我是专业公司人才培养的一个主要推手。我们给自己不同的角色，但总而言之一句话，我们是在帮助集团和下属专业公司业务发展成功，我要给许多人养分。

我们要以最大的能量来帮助所有的员工都有学习的机会。通过各种学习和交流让他们喜欢公司、服务公司、忠诚于公司、贡献于公司，同时成就自己。我们是企业的最前端的一个宣导者，公司的许多战略、产品信息、一些规矩等等，都能通过网络及面授这些渠道很快速地传播出去，通过研究、讨论、分析、对话，让公司的许多干部、员工更清楚地知道公司要干什么、员工应该为公司做好什么、应该如何来武装好自己、成长好自己，来做出更多的贡献。作为一个企业的培训工作者，就要做这些事情，不仅是纯粹的开班、带班这些单纯的工作。

李桂云：那么您应该更喜欢别人称呼您为郑总，而不是郑院长啦！您的培训团队的思维方式也与您一样吗？

郑舜文：既然我是一个单位的老板，是生意人，我就要总想着怎么样能让人家喜欢我们的产品，用我们的产品，说我们的产品好。我要告诉他们，通过我们的产品能够帮助公司发展成功，优秀员工能够留存下来，能够积极向上、热情洋溢。

我在2008年年底来接这个平安大学时就发觉，当时各个项目组的项目经理、项目专员都只是个讲师，只是会开班、办班，对大学外部的专业公司以及客户部门市场的变化，对集团的一些事情并不是很清楚，也不太懂得如何跟他们打交道、如何把我们很好的课程传播给他们，如何计算自己的经营成本、经营的利润是多少，通过大量的工作能够为公司创造多少经营的利润出来等，他们积极主动地开拓市场的理念与动作几乎是空白的。所以我们近两年有意识地培养自己内部的人，告诉他们怎样来做课程营销、怎样让学员喜欢学院的课程。启发他们从过去较为被动的、封闭的，变成很积极主动而且开放地来接触各类学员、讲师及各专业公司。

模式很难复制

李桂云：我跟一些企业大学的负责人交流时，他们提到曾来平安大学考察学习，收获很多。但同时也指出平安大学的模式或者经验较难复制。这是为什么？

郑舜文：很难。如果是一个外资公司也许简单一点，如果是央企、国企或是一般企业就很难。关键在哪里？在企业文化。

企业文化是什么？有各种不同讲解的方式，包括企业的标志、企业里员工运用的行为，都可以叫企业文化。对平安的企业文化也有许多种不同的讲解，但我认为平安的企业文化核心只有一个，就是绩效文化。每个人都有个KPI，即经营指标，平安任何一个人都知道自己的经营指标。我们主要是针对经营指标进行过程的绩效管理、绩效考核。年底考核根据你完成的定量、定性的工作来排名。好的，晋升、加薪；一般的，再辅导、再培训、不加薪；很差的可能会减薪。这些规则是公开透明的。所以平安的任何一个人都知道自己该做什么重要的事情，要做好哪一些事情，这已经成为每一个平安人的DNA，变成日常的工作行为了。

部门负责人清楚地知道员工能力越强，部门绩效才会更好，他的CEO给他的评分才会更靠前。所以作为部门负责人的任务平时就要辅导他的部下，鼓励他的部下，想办法用各种方式让员工学习成长。而不会说这不关我的事情，我为什么要协助培训部门开发网络课程？他会想到说，我必须要列出自己梯队的一个培养计划，通过培训，让所有梯队的员工素质能够更强、更好。

当我们向许多来访的单位做这个介绍时，他们会说在他们的企业做不了，因为环境、文化的底蕴不一样。一些企业一听说排名结果在最后的要减薪，就会摇头，这在他们那儿可能就要闹革命了，但在平安减薪是很正常的。

李桂云：如果是用一个词来比喻的话，您希望平安大学能够成为整个集团的一个助推器吗？

郑舜文：是的，绝对是的，我们扮演的蛮重要的角色是助推器也好或者说一个推手也好。我常常说，在整个集团的培训体系的推动上面，平安大学只是主要的推手，我是培训的专业户，我可以做许许多多事，但各个专业公司的部门负责人才是培训成效的关键人物，员工成不成才，发不发挥作用要靠专业公司自己，各部门领头人才是主要负责人。如果他们没有去要求、辅导、跟进，没有去重视，员工是不会得到成长的。目前看这样的理念及系统的平台运作都已经建设起来了。

需要强调的是，如果没有绩效考核的企业文化，我刚才讲的许多事情都是天方夜谭。因为许多企业的企业文化缺乏的是绩效文化的这种张力，所以培训工作者会觉得蛮辛苦，没有获得太多的外援或是没有得到一些部门的支持和积极参与，而做到这个需要绩效文化的迁移。当然也可能是由于缺乏课程的营销、宣导，也可能没有建立这样的一种系统运作，纯粹是一门网络课程、一门面授课程的简单产品阶段。

《中国远程教育》（资讯）杂志执行副主编　李桂云/整理

第四章　支撑业务转型

中国移动广东公司　U-Learning学习平台与国际接轨

随着网络科技的迅猛发展，与互联网结合的新学习模式已成为未来组织学习的发展方向，越来越多的企业关注、建设电子化学习平台，并逐渐将其纳入企业自身的学习体系。为了尽快适应这种发展趋势，也为了解决中国移动通信集团在管理上"最佳实践推广不力"这一问题，广东移动培训学院从2009年便开始着手对电子化学习形式进行深入探索和思考，逐步打造了随时随地、无处不在的U-Learning学习平台，并用短短几年时间从U-Learning 1.0升级为U-Learning 2.0，从而构建了组织学习活动的长效机制，使学习需求和学习资源自主匹配，搭建了一个多元化的组织学习支撑平台。

广东移动培训学院U-Learning学习平台以"EMDI"为核心学习方式，即以"电子化学习、移动学习、远程学习和非正式学习"四种学习方式为核心，站在公司战略层面，面向学习发展的未来方向，开展在线学习、学习交流、手机学习、学习测评、知识管理和培训管理六大核心业务，并开发和创建了"学习中心、资讯中心、知识中心、测评中心、互动中心"等五大功能模块。"通过对五大中心的功能建设与内容的丰富，广东移动U-Learning学习平台已经成功与ASTD的正式与非正式学习模型相匹配，这标志着U-Learning学习平台开始与国际接轨。"中国移动通信集团广东有限公司培训学院副院长辛华接受记者采访时自豪地说。他认为，未来的U平台将是"端管云"的模型，将是社会化的学习，整个人类社会的学习活动都会整合在一个平台上。

从U-Learning1.0到U-Learning2.0

李桂云：广东移动培训学院U-Learning平台的提出与实践，可以说是国内最早一批，而且升级快、创新多，能给我们讲讲平台的创建过程吗？

辛华：确实比较早，从2007年开始，广东移动培训学院就提出了U-Learning概念。当时集团公司李跃总裁明确指出，最佳实践推广不力是中国移动存在的管理问题之一。为了解决这个管理瓶颈，培训学院通过角色转化，从学习资源提供者向学习平台提供者转变，而U-learning平台也就成为组织最核心、最底层的学习平台，力求寻找提炼、传播显性知识与信息，"搭建平台、整合资源、制定规则、引导激励和凝聚人气"也就成为培训学院的重要职责之一。

中国移动通信集团广东有限公司培训学院副院长辛华

在这几年发展的不同阶段，U-Learning学习平台包含了不同范畴。在U-Learning1.0时期，学院提供的服务类型类似于"杠铃"模型，学院作为培训管理部门，通过了解市场培训产品和员工需求，制定培训计划，最终向员工提供实际的培训产品和学习资源，从而满足员工的需求和组织的要求。然而，随着个体需求日益个性化、学习资源骤然积聚，这种计划经济式的培训运作就会成为发展瓶颈，尽管设法扩大通道容量也无法满足细化的实际业务。因此，学院转换了运营思路，把"通道"的角色下沉为平台，包容所有的学习需求和学习资源。这样，培训管理部门所起的作用、关注的重点产生了根本性的变化，可以腾出更多力量关注培训的真正价值，如提高绩效的改进、成为业务部门的合作伙伴。

最近这一两年，我们新平台的主要任务就是把U-Learning1.0升级到U-Learning2.0。事实上，U-Learning学习平台从U1.0到U2.0的发展，学院更关注的是如何去引导、挖掘和提炼非正式学习活动。一是在这个平台上实现非正式学习，二是对这些非正式学习进行统一的管理和引导，包括对隐性知识、企业最佳实践经验的挖掘。因为很多时候非正式学习学完就结束了，但学习过程中所产生的很多非常有价值的知识与关系需要利用平台上的一些机制将其找出来，并进行提炼与整合，把它变成可以在组织中进行传播的知识。

现在的U-Learning学习平台是个多边形模型，内涵包括电子化学习、移动学习、远程学习和非正式学习四种核心学习方式，提供在线学习、学习交流、手机学习、学习测评、知识管理、培训管理等六大核心业务，开发并创建了"学习中心、资讯中心、知识中心、测评中心、互动中心"等五大功能模块。通过这种支撑模式，知识的消费、知识的生产和知识的创造可以源源不断地产生知识沉淀。在这一平台架构下，知识消费除了传统意义的课程之外，更主要的还包括各种非正式的学习活动，如各种讨论、学习案例以及员工之间的分享资料等；混合式的学习方式成为共性的形式，而通过单一的学习方式和学习技术是难以达到这样的学习目的的。通过对五大中心的功能建设与内容的丰富，U-Learning学习平台已经成功与ASTD的正式与非正式学习模型相匹配。

寻找、管理、激励企业内部的知识生产者

李桂云：在挖掘、提炼企业最佳实践经验使其成为显性知识与经验的过程中，你们核心的做法是什么？怎样才能把这些人的潜能激发出来？

辛华：核心的做法就是激励更多的人加入到这个内容挖掘、提炼的实践过程中，我们将其称之为知识生产者，这些知识生产者产生于我们内部，在我们的平台上叫"智愿者"，我们就要建立这样一个智愿者队伍。

李桂云：怎么使这些"智愿者"自愿？

辛华：首先我们要去选择，去寻找那些乐于做知识分享，乐于做知识传播的人，先找到这些人，再对他们进行管理和激励。其实这样的人在我们企业中有很多，但是需要我们识别出来。当然我们也是通过一系列活动，比方说案例大赛活动、学习U达（U-Learning达人）活动等，把这些人从公司全员中找出来。另外，通过公司内部的职业通道可以挑选出专业的人才，这些"智愿者"都是专业领域中的技术专家、行业专家。这些担负一定职务的专家本身就应该承担起组织的知识提炼及传播职责，这部分人也是我们智愿者队伍的重要成员。

我们把这些人组织起来，让他们在各个学习社区中承担起相当于版主的角色，我们会激励他们去完成知识提炼与传播的任务。这件事需要持续地去做，因此我们提出，每一个人都应该是知识的生产者，都可以成为知识的生产者。

开始，我们需要识别一些在这方面真热心和有激情的人，让他们带动更多的人加入这个队伍，这样久而久之推及到整个公司。我觉得真正的学习型组织就是这样一个自然而然的自发模式，而不是行政命令，不是说你一定要怎么做。我们更多地利用推拉手段，用激励的方式，而不是约束的方式去要求他们做。

建设 U 平台遇到的挑战和困难

李桂云： 现在广东移动培训学院线上培训与面授培训的比例构成怎样？

辛华： 最初，学院提出的 U-Learning 平台只是作为面授培训的补充，旨在降低培训成本和扩大员工覆盖，但随着日后发展，发现线上培训才是企业培训的基础，面授培训才是一种补充。这时，培训的主体角色发生了根本的转换。近年来，我们线上的培训增长很快，2012 年全公司线上培训是 110 万小时，而线下是 30 万人天/年，在学习时长上，线上培训还没有超过线下培训，但是这个比例在逐步改善。不过我们越来越多的培训，甚至几近所有的培训都是混合式的，有线上培训，也有线下培训。但是线下部分确实是无法取代的，或许将来会有一天都在"线上"完成，当然，那要虚拟技术做到一定程度后才能实现。

李桂云： 具体什么培训内容使用什么培训方式好呢？

辛华： 使用什么样的学习技术和学习形式取决于你的项目最早的需求，它的问题在什么地方，你要如何满足这个需求，在要交付这个项目的时候，你要考虑用什么样的学习技术和学习方式来完成，或者将其最优化的东西提炼出来。在电子化的过程中可能给你提供很多支撑的途径，然后你可以用很多新的学习技术和学习方式来做，但线下部分也是相当重要的一部分，不能完全抛弃，重点是看怎么跟线上结合。现在很多企业的培训项目中都会有各种各样的尝试。其实我觉得，并不能单纯地谈 E-Learning，因为 E-Learning 会嵌入整个培训体系里，成为培训体系的一部分。

李桂云： 在建设过程中，广东移动培训学院遇到过哪些挑战与困难呢？

辛华： 说到挑战和困难，确实是客观存在的。像很多的功能需求，还有我们提到的这些要达到的目标，很多时候是没有经验可以借鉴的，都需要自己去尝试，在这过程中可能要不断更改，不断累积。另外，我们并不是专业做 IT 的，因为我们没有自己专业的 IT 力量，而是和 IT 机构合作，尤其在底层平台开发上，我们和外部的 IT 合作伙伴公司还需要进行很多磨合。因为 IT 公司开发人员对学习的理解，对学习系统的理解并不是很深。很多时候你提出需求，而他们开发出来的东西不见得能达到你想要的那种效果，这应该说是在整个过程中我们遇到的一个很大的挑战。

因为对很多公司来说并没有自己专业的IT队伍，但是市场上又缺乏对学习领域有足够深入了解的IT力量，所以这里面还存在市场培育的问题，很多做E-Learning平台的公司，其实对打破从技术到学习这个瓶颈，资源和经验的储备还是不足，这也是我们现在遇到的最突出的困难。

平台的内容才是最关键、最有价值的

李桂云： 好多人说广东移动的E-Learning、U-Learning之所以做得好，主要因为广东移动有比较强的技术，还有雄厚的资金，您这么认为吗？

辛华： 资金是需要投入，但事实上我们的投入并没有大家想象的那么大，我们的平台建设从底层的开发，到平台运营再到内容管理都是由自己来搭建的，资金并不是最主要的，因为现在随着互联网、IT技术的发展，光从技术的角度来说，这种平台并不是一个复杂的信息系统，它比我们很多客户业务上所用的信息系统的复杂度要低很多。因此从IT角度来说，这个系统的投资并不是特别大。

当然，这也是使得技术资源在平台搭建这个市场上相对匮乏的原因之一。比如说，这个平台系统一百万元就能做，可从IT角度来看，有太多超过千万元的项目，因此，这个一百万的平台系统就不具有足够的吸引力，就可能不太会被关注。但事实上，这个一百万的平台系统做出来后能产生的价值，却能给组织带来远远超过其投资的价值。

因此，我觉得资金并不是最困难或最重要的部分，可能很多人在没有建平台的时候会以为它要很多钱，但是就IT系统开发角度来说，这只是一个很小的系统，并不复杂，但它需要契合企业的培训实践，契合原有的培训体系，契合自己培训的战略选择，这需要很多转换，尤其在脑力方面的投入会更多，而资金投入，对于有能力组织发展建设E-Learning平台的公司来说，并不是最关键的因素。实际上，广东移动平台投入的资金也并不多，在运行过程中，更多的是员工的参与，这个系统有价值的东西也不是在底层平台的设计上，有价值的东西还是它的内容。

平台上的内容与知识才是最有价值的，不过若要打造天价系统也是可以的，"钱多有钱多的做法，钱少有钱少的做法"，关键还是要看在系统上运行的内容如何，内容与组织需求的匹配才是最关键的。

微学习的特点与弱点

李桂云：据说广东移动培训学院的微学习也创新不断，与众不同，能具体谈谈吗？

辛华：微学习也是我们一种重要的学习辅助方式。当然我们自己是运营商，所以会很关注微学习。在这个过程中我们发现，手机学习有非常显著的特点。首先，它能很好地满足一些特定人群的培训教育，例如对我们一线员工的知识覆盖；其次，它能很好地进行大规模知识转移，在企业要做战略转型的时候，会有很多大规模的知识转移，而且这些知识转移的交付量特别大，知识基本是单向传递或直接传递；第三，要求时间非常短，在时间短、人群量大的情况下，用传统的方式或线上方式，很多完成率并不高，而用微学习的方式来做就非常适用。

另外，微学习具有即时性，它是即时性的知识获取。员工在工作场景中有很多这样的即时性学习要求，比如面对客户的时候，客户问了很多五花八门的问题，可能并不是每个员工当时就能了解或掌握的，这时他会产生学习的需求。但是你若让他对客户说："你先回去，我再向公司提需求让培训部门给我组织学习课程，等我学到了再找你回答，怎样？"这恐怕得一个月后，这个时候，微学习是一个特别好的工具，它可以及时帮助员工找到他不知道，但客户需要了解的内容，然后快速地回答客户。

微学习还具有便捷性，能够将很多线下活动迁移到线上来，而且这种活动的效果非常好，比如我们的呼叫中心，原来我们将话务员分成班组，每天会开一个班会，主要进行一些上传下达的知识传递，有时一些班长会进行一些考试、测评，有时会现场做一些辅导，遇到什么问题大家讨论。后来我们发现这种班会管理活动中，有70%是可以通过手机来做的，甚至可以通过微学习的方式，员工在上班的途中，或者在等车的过程中，几分钟就可以看完、做完，所以我们用微学习做"掌上班会"节约了很多管理成本。

李桂云：现在，微课程、移动学习都很热，您认为容易出现哪些误区呢？

辛华：就是为了微学习而微学习。微学习有非常显著的特点，但是它也有弱点，它的系统化程度并不是太高。在目前技术的支持下，它双向和多边的支持度并不高，而且不适合进行一些要求有场景和实验环境的技能培训。

所以，企业还是应该首先从使用角度出发，从需求出发，然后再选择一些学习技术，通过线下培训、线上培训进行学习。当你组合这些学习技术的时候，就会考虑微学习是不是可以放进去，但微学习只能作为一种辅助，而且还必须知道它的局限性在哪里，以及适合哪些项目、不适合哪些项目。当然还可以通过采购定做的方式来进行微学习，而不用自己做一整套微学习的学习系统，像中国移动很多省公司这样的运营商都推出了移动互联网产品，甚至还可以购买内容，因为微学习也是学习平台的一个外延，像广东公司就有相关产品，购买者在我们这个平台上能获得很多新的资讯或者别的行业资讯，或通过类似学习社区的活动来接触更多最新的东西、更广泛的交流空间。

未来的U平台将是社会化的学习

李桂云：广东移动培训学院U-Learning学习平台用短短的几年时间就从1.0升级为2.0，能畅谈一下未来U-Learning3.0平台会是什么样？

辛华：未来的平台将是"端管云"的模型。所有平台都应该是"管"的部分，那么在"云"的部分可以更灵活、没有边界，可以更好地定制。在这种平台模型下，"云"会有很多形式，包括广东移动培训学院内部的形式和外部合作机构形式，都可以整合在"云"上。在"端"的部分，包括内部的员工、外部的合作伙伴和客户。在这种平台模型下，参与的人数越多，产生的知识和价值就越大。所以在将来，我们的培训学院在"端"和"云"这两部分都可以开放到外部的合作伙伴和客户。

未来的U平台，将囊括所有的学习活动、底层的管理、所有的资源管理，等等，但是在这个平台上飘的是一朵一朵各种各样的"云"。在考虑战略的时候，我们会讨论，我们U平台的产品是什么？实际上它的产品就是一种学习服务，而学习服务会有很多的展现形式，这些"云"有可能是我们员工个人产生的，也可能是我们组织有目的地建设出来的，也有外部机构的参与。未来的U平台应该是一个跨组织架构，如果说我们不谈U平台3.0，我们想象4.0或者最终的产品，它将是一个社会化的学习，整个人类社会的学习活动都会整合在一个平台上，包括技术调研，从基础教育到职业教育，再到技能培训，甚至到企业中一些更高的各种各样的学习与培训。从人生下来到老去，整个学习活动都可以在我们理想中的一套社会化平台上来做。所以我觉得平台的演变应该是这样一个过程。到3.0的时候,很可能我们就会是一个跨企业、跨组织架构的平台,不再是广东移动的学习平台,而是一个平台联盟,在这里面加盟的公司比如有广东移动,有某某保险公司,有某某汽车制造公司,等等,多个公司共用一个平台来做知识交流。在这个过程中,也可能会产生许多合作与商业价值,我也希望这是我们整个平台未来发展的方向,在技术上,还是用"云"的方式来做比较好,因为"云"的方式能够更好地支撑这种业务模式。

《中国远程教育》(资讯)杂志记者　李密珍/整理

北京移动 品牌培训意识助推运营商转型

日前，有关"第四大运营商"即将于 2011 年 9 月挂牌的消息，已传得沸沸扬扬，这无疑让本已处于竞争格局中的电信运营业面临更加复杂的行业环境。能否在挑战面前立于不败之地，即使对于三大运营商之首的中国移动也依旧是个未知数。趋于白热化的竞争不仅是对业务硬指标的比拼，更是对企业软实力人才发展的考验。本刊特选择在企业培训方面卓有成效的中国移动通信集团北京有限公司（以下简称北京移动）深入采访，试图客观呈现在 3G 开放、全业务转型、三网融合等大背景下，运营商在人才发展上的战略规划、培训部署、实践心得。

北京移动公司培训中心于 2006 年成立，中心总经理王岩同时兼任人力资源部副总经理一职，她带领 20 多人的培训专业团队负责公司 12000 人的培训任务，短短几年时间赢得集团上下一致好评。谈到经验，王岩爽朗地说，关键要有韧劲，认准目标，踏实推进。"我们的目标就是解决问题，不是为了学习而学习，为了培训而培训，是要帮助企业解决问题的。我们要从一个单纯的培训组织实施者，逐步转变为业务部门的合作伙伴以及员工与企业成长的助力平台。"

注重复合型、服务型人才的培养

李桂云：国内电信运营商已进入了全业务运营的时代，随着 3G 开放、三网融合等新格局的形成，对于北京移动人才发展提出了哪些新的要求？

王岩：从整个人才培养方向来看，我们对互联网人才、IP 人才，尤其是客户服务人才需求较大。如今通讯行业不单单是一个电信行业，行业趋势的变化使得整个行业与互联网的关系越来越紧密。技术方面主要包括 IP 人才、互联网的人才、三网融合 LTE 人才。市场方面主要是对服务型人才的需求。这方面我们深有感触，之前由于资源的稀缺性，整个电信业并不是完全竞争市场，服务的概念也无须提起。但这几年不同了，社会对整个通讯行业的服务要求特别高，三大运营商的竞争越来越激烈，特别是对于

中国移动通信集团北京有限公司培训中心总经理王岩

大客户、高端客户的争夺也非比寻常，不再像以前那样只需提供一个电话、能发短信这么简单，而是要给用户提供数据解决方案。

从这个角度讲，电信企业的人才需求开始向对用户营销、维系客户等方面转移，因此我们的培训重点也逐步向服务方面倾斜，这也是我们的10086呼叫中心之所以连续几年被评为亚太区的最佳服务呼叫中心的原因。

李桂云：作为一流的通讯企业，信息化是得天独厚的优势，这种优势对人才培养有何影响？

王岩：我认为不仅是在通讯企业，网络化、数字化对整个企业培训行业都产生了巨大的影响。通讯业具有信息化和互联网领域的新技术优势，而信息化手段的更新和加强对我们整个的人才培养都有着非常重要的作用。比如，最开始我们利用移动的 mas/adc 产品业务向全体员工发送短信、彩信学习信息，去年开始我们又将自己的网信业务用于员工培训，这些都是基于我们自身的业务。这个培训使用的过程，也是对公司业务的推广，这个业务好不好用，大家通过培训有了切身的体验；另一方面也有益于对自己的业务进行优化。所以说信息化，我们不仅有优势，对我们的培训也很有帮助。

如今我们企业业务规模不断扩大，业务更新速度不断加快，从业人员数量也逐渐加大。如何使1万多员工在很短的时间内熟悉自己的业务？仅靠培训中心20多人的力量去实施面授培训，根本难以解决。所以我觉得这种信息化方式，能够帮助我们在业务层面进行有效传播。比如去年培训中心启动"争做网络学习牛人"电子学习推广活动，活动得到公司全体员工的积极参与。全年累计在线学习人次达到3万余人次，在线学习时长达到4万余小时。

被动变主动　单一变多元

李桂云：应对这些变化与需求，培训中心在自身发展上这几年做了哪些工作？

王岩：第一，注重整体规划。2007年，培训中心成立伊始就开始进行整体业务规划。在规划中，培训中心未来的目标是最终要建设成企业大学，这是大方向。从开始简单的培训支撑实施，向专业领域发展。我们提出培训中心应成为业务部门的战略合作伙伴，一方面有效提升组织绩效，一方面确保员工自身能力的提升。

第二，变被动为主动。经过几年的努力，培训工作已经成为整个人力资源管理大框架中非常关键的一环。培训中心运营这几年之所以得到的评价越来越高，原因是我们的工作方式越来越多地从被动变为主动。从之前的响应业务部门培训需求，到站在业务部门合作伙伴的高度去主动发掘问题，提出解决方法，设计完善的解决方案。因此培训中心在公司的定位发生了巨大的变化。

第三，从单纯培训转向混合式学习，这中间有一个阶段是采用多样式的学习方式，这个过程也是从培训走向学习的一个转化。2011年北京移动启动了混合学习体系建设项目，力求在公司范围内营造"人人参与学习，人人热爱学习"的浓厚学习氛围，打造无缝覆盖的学习环境，推动从被动"培训"到主动"学习"的转变。项目提出了七大混合式学习方式的概念，包括面授（行动式学习）、沙龙（工作坊）、手机学习、体验式培训、网上学习、沙盘演练，E-Learning 七种学习方式。为实现"从单一培训模式向多种培训模式的转变"，培训中心创新培训模式，采用手机学习等新兴媒体，为不同员工量身定制学习内容，为员工打造随时、随地、随意学习和交流的平台。2011年度共有16万余人次参与手机学习，包括了公司经理人、分公司一线人员、技术与职能部门员工，覆盖率达100%。

李桂云：培训中心从被动变成主动，推行了哪些措施？

王岩：首先加强我们内部人员的能力培养。如果培训部门的员工不能具备一定的专业业务能力，就难以和业务部门比肩，难以站在整个行业发展的高度，对业务部门进行指导，我们提供的培训就不能解决实际问题。

其次是一个心态或态度问题。做成功一件事，无非两方面，一是意愿，一是能力。一方面我们在能力方面要不断地去提升，另外一方面就是在意愿方面调动其积极性，打破固有思维模式，不断适应公司发展对培训的要求。例如今年正式推出的"对内项目经理　对外客户经理"机制。要求培训中心的每位员工同时承担两种职责。作为业务部门的客户经理，要负责从培训需求征集、培训计划制定，培训实施等全部流程以及该部门的课程体系建设，学习路径图搭建等工作。作为项目经理，每位员工根据自己的专长负责项目整体规划及项目质量控制。这样的模式进一步提高了培训满意度，同时加快了员工成长速度。

建设"标杆"队伍

李桂云：据悉，班组长培训一直是北京移动的亮点工作项目，在业内得到了很高的认可，能否介绍一下你们在班组长培训方面的开展情况？

北京移动公司培训中心团队

王岩：班组建设确实是我们培训工作的一大亮点。2007年我们开始做班组建设调研。由于企业迅速扩张，整个企业文化被稀释；基层规模越来越大，一线的战斗力需要凝聚。在这个过程中，企业文化、公司管理理念如何灌输下去，班组长是一线非常关键的灵魂人物，我们对班组长的培养下了很大力气。从2007年底我们就尝试做班组建设，2008年成效就显现出来，2008年奥运所有的服务、营销、技术发挥出色，其中过硬的班组建设起了很大作用，最直接的成果就是那一年我们沉淀出来了一套班组长的基础培训。之后的这几年我们一直都在完善如何帮助一线的班组提升战斗力，让他们自我成长起来。

教练队伍建设是另一个亮点。我们有两支队伍，一是内训师队伍，全公司有300人左右，主要是我们自己选拔出来的，负责内训的业务类课程、简单的技术类课程、初级管理类课程。除了内训师队伍，我们还有一支教练队伍。

李桂云：教练队伍和内训师队伍有何不同？

王岩：两者之间的定位、发挥作用的领域有所不同，内训师主要在讲台上发挥作用，教练更侧重于在实际岗位上发挥作用。与内训师相比，教练这个角色非正式一些，但是成为教练比成为内训师更锻炼人。教练这个角色，要求他在沟通、表达以及业务素质方面都要更胜一等，所以我们现在也在梳理教练这个序列的能力提升培训体系，希望这个序列未来在公司的整个学习方式转变方面，能够发挥更大的作用。

李桂云：我认为这个系列应该是很有发展空间，它真正印证了你说的从培训到学习的转变，因为大家的兴趣被激发起来了，他不认为这只是一个被教的过程。

王岩：是的，教练这个角色主要出现在工作坊、沙龙学习、行动学习方式中。通过总结我们发现，在面授环节，受益人大多是学员，然而在工作坊、沙龙等学习中，受益的不光是学员，受益的还有教练这个人。因为他在这个过程当中，与学员的互动特别多，这是一个相互学习、教学相长的过程。

教练队伍能吸引更多的经理、员工参与进来。这是因为我们有一套训练的准备，有一个培训教练的教练，指导参与者成为一个小的引导师和辅训师的方法、流程，我们会按照这个统一的流程进行培训。在这个过程当中，他们会学到很多东西。教练这个角色没有丰厚的课酬，也不会对员工本人业绩考核产生巨大影响。为什么大家兴趣还这么高？这是因为大家都觉得做这个事情的确对自己有帮助、有收获，即使这种收获不是物质上的，但都觉得非常有意义。

E-Learning学习方式并非辅助作用

李桂云：在北京移动推行多样化学习过程中，E-Learning学习的效果如何？你们的E-Learning平台架构是如何搭建的？

王岩：最初基于E-Learning系统，我们开放了很多课程，从业务培训开始，逐渐扩展到其他相关领域的培训，尤其在近几年，E-Learning培训开始大规模运用。虽然我们的平台还没有建设成网上大学那样强大的功能和内容，但对我们而言使用更加灵活，更加具有针对性。过去我们把它当做整个培训方式的一个补充、一个辅助，经过这几年培训中心的发展，我们不断摸索其定位，思考如何更好地开展工作，探索中发现，它起的远不是辅助作用，它使得培训的主动性越来越大，重要性也越来越强。

平台刚建成时，我们只是想把一些诸如外语、新员工培训课程、从外部购买的课程、公司内部应知应会的部分放上去，作为培训工作的一个辅助。慢慢在这个系统里，在搭建课程体系的时候，电子学习已经纳入到体系当中。下一步，我们要认真分析哪一类课程、哪一门课程是可以通过电子学习的方式来开展的，是可以通过这个E-Learning平台来完成的，要做好未来三到五年的E-Learning学习规划。

李桂云：请您介绍一下 E-Learning 平台上课程的分布情况。

王岩：现在我们的整个 E-Learning 系统，约有上百门网上课程。包含了技术、管理、营销、综合等多个类别的电子课程，并与北京移动整体课程体系进行了紧密的结合。这几年，北京移动对于员工利用电子学习提升技能的要求不断增加，去年和今年人均增加了 1 小时，去年的指标是人均 3 小时，今年的指标是人均 4 小时。这对我们来说，压力挺大的，完成人均四小时电子化学习的指标并不容易，因为不是每一个人都需要通过这个系统来学习，与很多业务人员聚焦的业务相比，网上能提供的课程量还是相对少的。但是对这种电子化学习的形式，我们依然看好。

李桂云：诸多企业反映，E-Learning 的实际应用效果并不理想，请谈谈在 E-Learning 应用方面，你们是如何推进的？

王岩：我觉得，单纯从 E-Learning 本身的角度进行推广效果并不持久，必须靠制度保障和相关的配套机制。只有把学习当做自己的事情，员工才会主动去学。未来我们将优化 600 门课程，整合为课程资源库，有面授课程，有电子课件。一些基础培训，将发挥内训师的作用，抓好课程面授。一线业务类课程，如服务标准、服务技能方面，则放到 E-Learning 平台上，作为必修课和选修课，要求每位员工每年修完一定的学分，学分与员工晋升、未来发展挂钩。

我记得有一次雨天我滞留在某咖啡店，很晚了店里没什么客人，只看见一位年轻女孩拿着一本小册子在背诵，我走过去了解到，那是这家咖啡店各个岗位的职责和培训的相关内容，她说这是新员工入职都要看的，没有人对她培训，自己把这一本背好了，三个月之内可以考试，两个月也可以考，两个半月到三个月必须考过，考过了就上岗了，考不过就不能上岗。这事对我启发挺大。类似岗前培训的基础性内容，不用通过人员来培训，电子课程完全能做到这一点，这是一个方向。我们有个电子课程是关于营业窗口的，课程名字叫"同福客栈"，模拟电视剧《武林外传》中客栈的场景，客栈里面有不同的角色，每个角色对应某个岗位，通过视频讲解，告诉员工这个岗位应该是什么样的，应该具备哪些服务技能，角色都是真人表演，让人耳目一新，员工也很有兴趣去看，边看边学。所以说开发全新课程，让大家自己去学，E-Learning 在这方面很有前途，能发挥很大的作用。

李桂云：北京移动近期的战略重点是什么？培训中心结合战略发展需要做哪些工作？

王岩：对未来的发展，我们在思考如何利用 3G 网络把 TD 网络运营好，以及发挥好LTE技术，确保在三家运营商中保持领航地位。2011年也是我们的业务转型年，培训的主线将面向互联网人才，这是一个重点，另外一个就是做好整个集团客户经理能力提升的培训。

《中国远程教育》（资讯）杂志记者　黎思玮/整理

中国电信网上大学　支撑电信转型永不满足

2004年，上任伊始的中国电信集团总经理王晓初提出了"从传统基础网络运营商向现代综合信息服务提供商转型"的发展思路，打响了中国电信行业战略转型，保持基业长青的第一枪。对于一家注册资本1580亿元，资产规模超过5000亿元的巨型企业，实施战略转型难道是提一句口号就能一蹴而就的吗？

这一疑问一直在脑中萦绕。直到在中国电信学院采访，看到"为转型……为转型……"的宣传标语，尤其与中国电信学院资深经理、院长助理葛文骅——这位中国电信网上大学创始人及忠实的推进者深入沟通后，才对中国电信靓丽转型的内因有了深入一步的了解。作为中国电信的企业大学，中国电信学院已经成为领导力培养的重要基地、电信员工知识共享以及能力提升的重要舞台。葛文骅院长说："我们主要做的工作，就是以企业学习专家的身份，让所有的管理者、员工能与集团领导所关注的挑战和焦点全部聚焦起来。从而让集团的战略快速在各级管理者、员工身上转化为行为，落实到日常工作中。"

2003年，中国电信网上大学应运而生，经过六年多不断发展和持续深入的应用，中国电信网上大学已经成为国内较为成熟并被广泛应用的在线学习平台。平台累计用户超过39万人，总学习时长9700万小时，平台课件总数4700余门，现阶段日登录人数约5.2万人。

从一些员工对E-Learning全面抵触到90%以上的覆盖率，从强制学习到非正式学习，从六次扩容到提出企业学习信息化战略，中国电信网上大学从未停止过探索的脚步。谈及这些，葛文骅不无动情地说："我们走上了这条路，其实就是走上了一条'不归路'，永远不会满足，永远没有完结。"

作为中国电信的企业大学，中国电信学院已经成为领导力培养的重要基地，电信员工知识共享以及能力提升的重要舞台。

转型战略催生培训变革

李桂云：我看到咱们学院很多标语都跟转型有关，入门处提到"为转型提供信息支撑"。电信学院办公楼旁边这条路叫转型路。中国电信转型战略是从什么时候开始提出来的？转型战略让培训工作的使命有什么变化吗？

葛文骅：2004年中国电信提出转型战略，2009年进入关键的一年，一方面移动业务并入电信，作为综合信息业务提供商，我们要慢慢去电信化，为全社会提供综合信息服务。另外随着三网融合的推进、物联网概念的产生，我们面临的新课题越来越多。原来信息服务是针对人和人、人和物，现在物和物之间也要提供信息服务，市场和社会的需求，也促使我们企业要为之奋斗。因此目标定了以后，包括岗位设置，以及我们的产品全部会不一样。

中国电信学院资深经理、院长助理葛文骅

我们过去培训仅仅停留在让员工提升自身能力，来胜任工作。现在把培训提到了更高的要求，要从企业的战略层面上来思考，不仅仅是员工的个体，是实现整个组织能力的提升。

李桂云：我记得您曾经在我们杂志社主办的中国国际远程教育大会上讲过，培训要前端前端再前端。

葛文骅：对，也就是说我们的培训要先走一步，从战略高度来思索。战略层面的内容往往只是高层管理者了解，一线员工是不清楚的，因此培训工作要超前，而不是跟随，等在工作中发现问题再去培训，那就滞后了。在制定目标之时，就要让所有的员工都知道，我们的战略目标是什么？现在有什么问题？应该如何做？这些都需要培训工作把战略进行解码，变成关键任务分配给各员工，成为他们的具体目标，培训平台主要就是实现这样的转换。

李桂云：主要是通过网上实现？

葛文骅：我们会利用很多不同的手段，包括正式学习与非正式学习，E-Learning和教练辅导或者正式的培训班等，不同的形式贯穿于整个学习的过程。

我们现在网上大学中占据很大的活动范围是非正式的知识社区，我们通过这个知识社区让员工把他们的疑惑、挑战提出来，让其他专家解答，也可让员工来贡献他们的智慧，与大家来分享。这样一线员工工作当中有什么问题，原来是一个很小的圈子了解，现在通过网络大学，把工作边界全部拿掉，区域层级全部拿掉，把所有的员工凝聚在一起，包括集团的一把手，整个领导班子都可以通过这个网络平台和所有的员工进行对话。

李桂云：领导班子如何与几十万的员工对话？

葛文骅：我们面对60多万员工，通过视频方式讲集团发展，传递战略思路。比如王晓初老总给员工讲转型期的业务发展，书记讲后台技术支撑，工会主席与员工讲如何调整心态，副总讲如何拓展新业务等。在老总讲话时，员工可以发帖提出疑问，老总看到后可以马上进行解答，这个过程共有一个小时或者半个小时时间，固定时间过后员工还可以再次发帖，领导秘书会把帖子汇总出来给老总看，领导再回帖，这个活动就变成了一个持续的过程。

此外，我们还通过"天翼大讲堂"的互动平台邀请国内国际资深的管理专家、技术专家，来谈目前整个世界在信息服务方面面临的挑战。譬如我们刚刚开了一个专题是三网融合的难点是什么？关键是什么？政府相关政策？监管层面的信息？电信业面临的挑战是什么？对策是什么？针对物联网，我们又开展了物联网的专题。这里会聚高端的前沿的一些见解。我们的网上大学还有"添翼振翅互动直播"，这个栏目是通过基层员工成功和失败的现身说法，分享他心中的感受，比如如何缓解压力，怎样做农村市场，作为营业员怎样面对客户等，都是基层员工非常关心的问题。

平均一个月有三到四次"添翼振翅互动直播"，一次"天翼大讲堂"；"领导对话"大约一季度一次。

李桂云：按照您的描述，中国电信网上大学的概念就变得很宽泛了。

葛文骅：E-Learning原来就是对着计算机学静态的课件，虽然有考评、测评，但是还比较静态，我们现在要通过互联网的特点，让所有的领导和员工都有积极参与的感觉，让 E-Learning 真正动起来，包括调研等，我们都可以通过网上大学实现。比如2009年开展的科学发展观的调研，近20万名员工把各自的心声、状况全部分析出来，得到了国资委的认可。当然网上大学不单单是收集民情，关键是让领导快速知道下面员工在关注什么、思考什么、担忧什么，从而实现积极的互动。

还有一部分，目前我们员工岗位大挪移后，通过学习培训，员工的能力能不能达到要求，要通过网络大学的岗位认证来进行。按照我们新的岗位体系，每一个岗位都有岗位能力要求，根据能力要求我们制定了所有的标准，并以此进行岗位认证，员工只有经过认证后，才可以进入到新的岗位。目前已经实现10万人次的岗位认证。

网上大学建立经历潜移默化过程

李桂云：中国电信开展网上培训与一些金融机构开展 E-Learning 的起步时间差不多，经过几年发展，你们似乎走得更快些，能分享一下其中的经验吗？

葛文骅：我认为我们抓住了这几个关键点：一是抓住培训一定要和企业的战略相结合，和企业的工作流和业务流相结合，也就是说所有的内容，一定要能够解决企业当中以及员工面临的挑战与问题。

二需要不断追求创新。我们目前平台的功能都是逐步增加上的，最初就是一个 LCM 学习管理平台，后来又加上了 LCMS 内容管理平台，平台每年都会有新功能、新业务的增加，现在是第六次扩容。

这块工作确实很辛苦，我们走上这条路，其实就是走上了一条不归路，永远不会满足、永远没有完结。在把此项工作向全国各地推的过程确实有很大的挫折，可能会遇到平台的问题、内容的问题，但是我们坚信，前进中遇到波折很正常。就像创新的思维一样的，不可能说开始是完善的，但是只有通过我们坚持不懈的努力，才能从不完善当中走向完善，所以信念支撑着我们，而且我们把这个信念传递给所有的员工。

李桂云：能讲讲你们是如何向集团下属的全国各地分公司推广 E-Learning 理念的吗？

葛文骅：首先一定要让高层管理者共同来推进，刚启动这个项目时，高层领导说开展正常培训就可以了，员工工作都这么忙，上网有什么好处呢？所以我们首先就是游说领导，游说各级管理者。

我的理解，在国有大型企业灌输很多新鲜事物，一定要通过规章制度来规范，甚至可以有适当的考核。E-Learning 项目启动时，我们真是棍子和胡萝卜并行。启动之初，我大约有一年都在外面跑，开始到各省与分管培训的老总谈，那时连他们面都见不到，没人理。后来取得我们总部分管老总的支持，扛着他的名义下去，把建设网上大学的意义、目标，以及将会给整个省业务工作带来的益处等宣讲透彻。

在取得各省电信公司最高领导的支持后，再把下面每一级培训管理者召集起来进行研讨、培训，让他们看见网上培训这是一个方向，让他们掌握网上大学今后到底应该如何用，把他们的能力带动出来，因为他们是最终的使用方。再让他们去培训下一级，一级一级去培训，把网上大学的近一万名管理人员全部培训好。

现在我们的每一个基层组织都有一个兼职的培训管理员，他要把所有员工的学习计划制定出来，而且要教会每个员工如何上网。因为电信是百年老店、老企业，沉淀了很多的老员工，一些人的工作就是装个电话，拉个线。因此网上大学的出现非常重要的标志是让所有的员工都会用计算机，具备了这样一种基本的能力。有一个老员工说了，原来在家里很惭愧的，孩子说你整天给别人装宽带，你自己连怎么上网都不知道，现在通过网络大学他们对计算机的一些操作没有问题了，他就感到非常自豪。

李桂云：在企业网上大学启动初期的核心工作是什么？如何调动各公司的参与热情？

葛文骅：我们首先抓内容，因为确确实实好多员工那时候不会上网，再加上分布的岗位又广泛，我们就采用资源整合的方式。启动初期，我们毕竟资金有限，能力有限，所以就主抓了一些与集团战略相关工作的内容，我们制定了内容的标准和要求，由各省分公司甚至每个市来制定针对他们员工的课件。我们还制定了一个奖励办法，给各个省制作的课件进行评分，每个季度会公布各个省的积分情况。短短的两年时间，我们的课件就从十几门变成了两千多门。

李桂云：您提过一些企业在启动初期往往把关注点放在平台上，您认为这是一个误区，那么对于内容的关注应该是一个持续的过程了？

葛文骅：其实发展初期是内容为王，但是到了一定阶段不是内容为王。因为毕竟正式学习内容是有限的，关键是要关注员工在组织当中能力的要求，让员工提升他的岗位胜任能力，而这些通过正式学习毕竟是有限的，所以就强调非正式学习的概念。而且还涉及整个组织的形态，如何让员工的积极性都激发出来？我认为这是今后我们作为一个学习型组织要思考的，也是今后在平台建设上面、运营上面要思考的。

李桂云：记得您曾经有个观点，就是企业网上大学的建立需要一个潜移默化的过程，能不能结合您的经验，具体谈一下。

葛文骅：我们制定了一个网上大学的成熟度的模型，从第一阶段跨到第三阶段有一个过程。比如我们要通过计算机硬盘来学习，再通过计算机互联网进行远程学习，慢慢的这种文化得到认可，再通过可管理的 E-Learning，变成结合工作岗位能力提升的内容，接下来进行知识管理，此后将非正式学习融入其中，最后这个企业真正成为学习型组织。

李桂云：今天中国电信可以称为学习型组织吗？

葛文骅：现在还不能这么说，因为这个真的还有一个过程，因为我们身处在大范围、大的环境不变化，小环境改变只能是渐进的。我们希望把中国电信的模式推广出去，希望中国企业学习的大环境好起来，这样我们才会更加进步。

推广中国电信模式

李桂云：如何推广出去？我注意到你们去年出台了一本《企业学习信息化白皮书》，主要意图是什么？

葛文骅：我们去年出台了一本《企业学习信息化白皮书》，我们把 E-Learning 看做企业学习信息化的一部分，所以将从更高的层次来思索企业学习信息化应该如何发展。作为信息服务提供商，我们想在这方面探索一下。

现在每个月都会有很多企业到我们这里来参观，比如东航、国电、宝钢、核电、泸州老窖，这些国企都是看到了白皮书来这里咨询的，希望我们给他们提供综合解决方案，这也是一种社会责任吧。

李桂云：等于把中国电信网上大学的模式复制给别的企业，那咱们企业大学的内涵是不是又在发生变化？

葛文骅：当看到国外企业发展 E-Learning 那么普及，我们中国还停留在很不信息化的阶段，我们非常希望能做点事情，把整个中国的 E-Learning 振兴起来。中国人这么多，真的要让企业所有的员工能力提升用传统的培训成本太大了，但是 E-Learning 节省的成本是最多的。以中国电信为例，目前培训已经超过 1.2 亿小时，如果按照 1 小时面授是 100 元算，打五折后，也有 5 个多亿的成本支出。这就相当于网上大学投入几千万，取得了 5 个亿的回收，这是很了不得的投资回报率。除此之外，更重要的是通过这样的方式，增强了对基层员工的关注，这些员工因为成为中国电信的大学生而感到自豪。

作为中国电信的企业大学，中国电信学院成为领导力培养的重要基地，电信员工知识共享以及能力提升的重要舞台

中国电信学院有个 VIP 教研中心，VIP 教研中心就是针对客户服务的，我们认为外面所有企业都是自己的客户，因为我们是综合信息提供商，我们就应该把内部的企业学习信息化的经验总结出来，作为一个产品提供给所有企业。这相当于前端业务部门为客户提供的一份增值服务。

李桂云：你们希望成为中国企业学习信息化的标准制定者吗？

葛文骅：也不是，我们希望大家一起来探讨。因每个企业内部的管理流程不一样，学习的方式会不一样，每个企业对企业文化的认同也不同，没有统一的模式。但有些标准可能会一致，走的路径可能会一致。

更多企业将进入 E-Learning 市场

李桂云：中国电信网上大学经过几年的发展，在集团内的重要性应该越来越突出了。尤其是你们在 2008 年获得了由 ASTD（美国培训与发展协会）授予的 ASTD 学习技术最佳实践奖。对于这一奖励您如何看？

葛文骅：集团对我们的重视度的确越来越强了，中国电信网上大学不仅得到国内企业的认同，而且还能在国际上获奖，这是我们中国本土企业第一次登上领奖台。他们认为，在我们中国企业当中，能够持之以恒推进信息化，很不易，并且能让那么多员工全部参与进来提升能力，使得整个组织朝着一个健康的学习的路径在走，很了不起。

李桂云：跟同时获得这个奖项的国外企业相比，咱们之间有没有一些差距？有哪些好的理念或者经验值得我们汲取？

葛文骅：同时获奖的，比如与惠普、IBM 比较，他们员工的整体素质还是高于我们的，我们现在还有半文盲的员工，基础较弱。我们国情不同，机制不同，他们有淘汰制，我们没有。在这个基础上能够提升上来，这一点是我们值得骄傲的，这也算走出了一条具有中国特色的路子。

一些国外企业 E-Learning 实施的比较成功，最关键是整个企业对培训的重视，他们已经形成共识，员工自我发展的意识非常强。整个组织，在员工的发展方面已经达到了很高的层次，对于一些新的培训理念，所有的管理层都能接受。但到目前为止，中国还存在某些管理者、员工对培训的认识不一致现象。以中国电信为例，一些地方的培训还是强制性的，什么时候学习变成一种自愿自觉的行为了，才能说是真正的成熟了。对比国内外国情体制的差异，我们目前能做的就是怎么适应国企特点来激励员工学习的内在驱动力。

李桂云：刚才您提到了三网融合、物联网等概念，这样的新趋势会给 E-Learning 行业带来怎样的机会？作为企业用户，同时也作为行业专家，您对于这条产业链上的课件供应商还有平台提供商等，有哪些建议与期望？

葛文骅：我认为随着互联网技术的发展，今后的技术走向会更加复杂。我们提出 E-Learning 变成 We-Learning 以来，学习的方式就会导致终端的改变。随着三网融合，学习的终端会更多元化。比如我这个手机又可以当做一个便携式计算机，也可以作为便携式电视机，可以快速地通过这种终端来随时随地地去学，学习的方式更加便利。而且随着这个技术的发展学习的内容会更加丰富，非正式学习可能更加增多，甚至即时通信都会变成一种学习的形式。

作为平台商或是课件供应商，我认为不是简单的回答他们能做什么，他们要能够理解我们对网上大学发展的要求，他们同时可以把这些理念灌输给别人，影响其他合作商，大家共同来发展，这样整个产业链就会逐步地壮大，实现共赢。壮大的标志是什么呢？是他们对 E-Learning 学习成熟度的理解在逐步壮大。我举个最简单的例子，课件制作不再是简单的依据原来的一些标准，甚至可以把有些游戏以及互动式的形式，逐步地发展出来，增强课件的效果。随着三网融合等的出现，我认为这个产业链还会不断扩容，凡是和互联网有关的企业都会加入进来。甚至一些小的内容、创意，都会有一些小公司跟我们一起来合作的。

《中国远程教育》（资讯）杂志执行副主编　李桂云/整理

上海电信培训中心　面向市场的企业大学转型

坐落于和平公园旁的上海电信培训中心的前身——上海邮电职工大学曾为通信企业培养造就了一大批人才，被喻为上海电信的"清华"。10年前，伴随着面向市场经济的重组整合推进和体制改革深入，这个标有计划体制标签的企业大学开始面临转型。曾有一段时期，上海电信培训中心徘徊于关闭、停办的十字路口，领导无奈、员工迷茫。面对系统内培训计划指标逐年减少、市场竞争日益激烈的形势，面对上市公司经营管理的压力，他们坚持以人为本谋发展，内涵建设促发展，终于在逆境中开辟出一条非学历培训之路。十年后，该中心已经逐渐从服务于IT领域的人力资源培训与开发的专业培训企业，向信息和媒体运营商的培训服务商转型。

作为上海电信培训中心的"领头雁"，阎晓主任的一番讲述将带领我们去探寻那一段风雨兼程的转型征途。

市场压力下的转型

李桂云：您能否谈一下2000年邮电系统重组后，上海电信培训中心是怎样的一种状况？

上海电信培训中心主任阎晓

阎晓：电信重组后，分成主业和实业两部分，培训属于实业板块。当时许多培训中心由于教学内容较少，大多办成了漂亮的疗养所或会议中心。集团的基本思路是让这些培训中心关停并转，同时出台了一项退养政策，年满50岁的同志可以提前退休。当时员工思想很不稳定，一段时间人心惶惶，许多骨干教师纷纷提出退养，年轻人也感觉前程渺茫。后来中国电信主业在美国上市，实业部分2006年经过重组也在香港上市，叫中国通信服务有限公司（以下简称中通服）。上海电信培训中心属于中通服上海公司的下属机构,也同步纳入了上市板块。

上市后培训中心依然前途不明,在生存压力的逼迫下,我们开始把业务关注点转向非学历培训。全国电信系统中的培训中心,我们是较早停办学历教育的一家,实际上从2000年就开始以非学历培训为主了。但在原有的体制下,大家已习惯于计划培训模式,重组之后,尤其是公司上市后,就要靠公司化运作,靠市场,所以必须不断转变观念。

李桂云:上海电信培训中心把发展成为"优秀的信息和媒体运营商的培训服务商"作为企业愿景,请具体解释一下这一愿景的内涵。

阎晓:我们脱胎于电信企业,电信是我们最大的客户,为此首先要立足服务于上海电信的员工,特别是企业一线的员工培训。但与以往不同的是,我们每年都要跟电信公司签署培训业务合同,达到什么目标?质量如何?年底都要进行考核。从主业分离后,为保证我们基本的生存能力,虽然电信主业每年给我们一定量的培训业务,但要维持当时100多人的生存和设备设施的正常运作,困难可想而知。

第二,我们归属于中通服上海公司(以下简称上通服),也就是中国电信的实业部分,作为信息和媒体通信运营商的服务商,上通服所做的事情都是为通信企业运营商提供服务,如上通服公司下面的设计院、工程公司、监理公司、招标公司等,负责电信运营商的设计、工程招标、施工、安装、监理等。还有一些公司做电信运营商的服务支撑工作,如电信营业厅、通信机站维护等,包括物资筹供、物业管理等,随着业务发展,特别是上通服整体上市后,对于教育培训的重视度越来越高,我们为其提供培训支撑的力度也一年比一年强。因此,电信主实业两大块的企业内训就是我们的基本业务,必须把它认真做好。

公司上市后,是完全的公司化运作,不能指望上级养着,作为上市公司有一定的经营效益也是必须的。这几年主要经营指标都是两位数的增长率,如2010年同比2009年收入就要增长13%。在这种情况下,怎么办?逼着我们必须走市场,通过市场拿增量。所以,我们还有一个目标,就是要向其他通信运营商拓展。要扩大其他社会市场的份额。

李桂云:从计划经济模式向市场经济模式转变,也经历了一个漫长的过程吧?

阎晓:观念确实每年都在转变,我们现在很清楚,要生存下去,必须依靠两条。一靠服务,二靠市场。目前我们培训中心下面有八个部门,实际上每个部门就是一个小公司,就是一个小的专业单位。每个部门都有年度业绩指标,每个月都要进行培训中心和每个部门的市场经营分析,每个季度都要进行经营目标考核。

今年年初从市场和服务的角度考虑。我们对下属部门重新命名。比如设有电信客服培训部、通服客户培训部，还有在线学习研发部、远程教育部、支撑部、市场部、综合部等。2007年以前，仅管理职能我们就设有综合管理部、党群工作部、人力资源部、支撑部等，现在合成一个综合部，包括人事、财务、党务、风险、信息文秘等，都在综合部里，把减少下来的人员编制，扩大到市场、业务部门。

市场部是去年才成立的，我们以前眼睛是盯着企业的人力资源部，因为员工由他们管理。现在公司要求我们去找市场部门。现在我们的市场部主要跟公司里的市场部对口，关注专业公司市场动向、业务重点，看哪些项目可以伴随培训业务。

我们现在提出不仅要做客户的培训（即自己企业的员工内训），还要对客户的客户进行培训。比如目前所做的农村信息化项目，就是市电信公司与市经信委合作面向市郊农民、村民的普及信息技术项目，属于国家星火计划的一部分，我们根据要求组织送教下乡，把学习资源送到农民手中，既为电信树立了品牌也给自己带来了一定的收益。中国电信作为我们的主要客户，我们就要为其提升价值，做好服务，让社会和客户更加认可。

坚持就是胜利

李桂云：上海电信培训中心是比较早涉足 E-Learning 的企业大学，例如企业网校项目。同时中心还承担了北邮及上海交大等高校的远程教育项目，对于 E-Learning 业务的拓展，培训中心总体思路是怎样的？

阎晓：我们今年提出除了做好两块基本业务之外，还要拓展两个"外"，一拓展到外系统，二拓展到外省市。如果中国电信是内系统的话，其他通信运营商就是一个外系统。将来还要做到银行、保险、政府部门等。我们现在正在做与农商行的合作，外省市则已与安徽省组织部合作进行干部培训的项目开发。

要发展到外系统、外省市，你拿什么来做？手里就要有产品。我们从2000年就开始涉足 E-Learning 培训，也走了一些弯路，曾做过外语培训，还做过业务代理，后来发现这都不是我们的特长。直到4年前中国电信推出商务领航品牌，其实商务领航就是针对企业信息化推出的一个项目。中小企业没有教育资源，没有管理资源，也没有大设备的投资能力，我们就想到 ASP 模式，就像小公司只要有终端就可以打电话，只要有终端就可以上网，他没有必要盖电话局，也没有必要自己建一大堆网络资源，于是我们开发了企业网校项目，一推出就深受中小企业欢迎，客户数也在持续增加。

李桂云：据了解，与电信合作提供免费在线学习内容是有一定年限的，企业是否对免费的服务积极性更高些，免费之后怎么办呢？

阎晓：有一定质量的培训资源不可能永远免费。这就迫使我们自己想办法。我们感到中小企业做出上新项目（特别是像 E-Learning 这样的项目）的决定很艰难，但一旦做了，也不会轻易改变主意，特别是国有企业。因此从项目启动之初，我们就下定决心只要客户用我们的产品，就一定要让他喜欢上、离不开。所以从一开始我们就对这些使用者不断地培训，后来又开发出一套基于局域网的产品，这样可以满足各种用户的不同需求。开展 E-Learning 这么多年，我感觉很难说有什么成功之道，更多的是一种坚持，坚持下去不断摸索，并要多从用户的角度来考虑问题。

李桂云：中标上海世博会网络培训项目，是否也是坚持的结果？世博培训项目给培训中心业务发展带来了哪些影响？

阎晓：中标世博平台，对我们来说是一个标志性事件，为什么我们能在激烈竞争中脱颖而出？世博主办部门最看中的是，我们是做培训的人在搞 E-Learning，当然还有还有中国电信的强大支撑。

实际从效益上来讲，做世博项目肯定是亏本的。政府的项目没有进去不知道，一进去感觉特别难，有很多变数，我们现在投进去的人力、物力远远不止埋单的费用。但我们更看重的是这个项目对今后业务的影响。这次我们到某地去投标一个项目，对方一听世博培训平台就是我们做的，许多内容连问都不问直接就签约了，这种品牌效应，以及对我们能力的历练，相信在以后市场拓展中会不断显现其价值。

培育乙方文化

李桂云：历经十年，可以说上海电信培训中心已实现了较为成功的转型，作为转型的亲历者，您最深的感触是什么？

阎晓：中通服这次改革，在国资委企业中也算是比较成功的，现在提出中通服也是中国电信的另一个主业，中国电信要搞全业务发展，齐头并进，这对我们都是机遇。同时我们也意识到，虽然我们脱胎于中国电信，但将来要逐步中立，要为多个运营商服务，要面向社会。但这是蛮难的，一定要有自己的特色。

从主实分离十年，上市三年的一路走来，我感觉做市场还是比较有味道的，对我们来说最苦、最困惑的日子已经过去了，通信培训的春天又来了。通过转型，我感觉最重要的是，要树立做好乙方的观念。所谓乙方就是服务方，你肯定是服务别人的，不要再说我是老师，你们来就是听我授课的，角色和观念转变，这是我们最大的转型。

第二就要讲效益。我现在不是在管培训业务，而首先是在管一家公司，首先要完成经营指标。上市了，更要讲效益。只有对整体效益有好处的事我们才会去做，能花一块钱的一定不花两块钱，一些锦上添花的、花哨的事情我们尽量避免不去做。不像原来只要保证工资奖金能发出来、培训计划能完成就可以了。所以我们现在越来越重视服务、重视质量，这是企业发展的生命线。

李桂云：对于中心的高层管理者来讲，接受市场观念相对容易些，如何去说服您的团队来接受这种乙方文化，具备市场意识？

阎晓：深入践行乙方文化已成为我们的共识，其内涵主要体现为：讲服务，求效益，重合作，负责任。在实践中，我们感悟到，文化落地是乙方文化建设的重点和难点。为此，我们着力构建四个平台：一是构建服务提升的平台，树立用户至上、用心服务的品牌形象；二是构建自主创新的平台，形成健康发展、科学发展的良好环境；三是构建学习型组织建设的平台，营造持续学习、团队学习的浓厚氛围；四是构建团队协作的平台，打造共创价值、整体最优的高效团队。

在说服团队接受乙方文化，具备市场意识方面，我采取这样的方式：把公司每年下给我们的经营指标分解到各个部门，我让他们看看如果自己是老板的话，能否活得下来？今年我们自己还搞了简化版的利润表。每个月这些部门经理都要算账，收入多少？成本多少？这个月亏不亏？最初大家意见都很大，一些老同志指出，我们做培训，就应该一门心思地想着如何把培训质量提高，不要考虑挣钱的问题，现在大家已经习惯了。没有业务，提高什么质量？

我觉得我们之所以能走到今天，与经营意识的不断转变是分不开的。以前最多是到外面去找找老师，上上公开课而已。现在要捕捉客户需求信息，要考虑产品如何包装，如何让客户感兴趣，这就逼着我们不断贴近市场，不断创新。我们对各部门负责人除了强调要具备执行力外，还要有思考力，要围绕经营任务，不断动脑筋，创新新产品。这对管理层是非常好的历练，这也是市场发展的一种趋势。

李桂云：目前培训中心在发展过程中面临的主要问题是什么？

阎晓：现在面临的问题主要还是人的问题，这些年中心一直面临着是否办下去的困惑，因此不敢引进新人，目前中心绝大部分还是十年前从电信主业分出来的，多数人还是受传统企业内部培训思想束缚，市场意识依然不强，人员结构也难以适应市场发展的需要。

我们现在是抓两方面，一是产品，另外就是服务。服务在某种程度上通过努力还容易实现。产品就要靠核心竞争力了，客户需要什么我们就要能提供什么，否则我们养着再好的会讲课的老师也是没用的。所以现在引进年轻培训师后，要考虑让他往培训经理即复合性培训人才方向发展。这些培训经理除了能上课做培训之外，最好还要具备其他能力：如开拓市场的能力，客户服务的能力，课程开发、教学和教务管理的能力等等。

打造巧实力

李桂云：您提到在巩固主营业务的基础之上，向社会拓展培训业务，您觉得培训中心在社会培训中的竞争力主要体现在哪里？下一步发展中有怎样的市场规划？

阎晓：下一步怎么办？我们肯定是要继续扩展市场。但前提是巩固好原有业务，我们在中国电信的牌子下，长期从事培训工作，与外面的培训机构相比，我们对企业业务以及员工都比较熟悉，可信度比较高。包括与上海交大、北邮等高校的合作，由于教学工作历史悠久，管理也比较规范，他们很放心，这些经过多年树立的企业形象我们要维持好。在此基础之上我们还要把新的业务推向社会，逐步得到社会的认可。

2010年我们公司上下提出打造三个实力，分别是巩固硬实力，提升软实力，打造巧实力。首先要巩固好现有品牌，保持我们在网络资源、教学资源上的优势。提升软实力，关键是优化员工的结构，提升其业务能力。

打造巧实力,主要指面向市场过程中,我们该如何发力,没有一家培训机构样样都能做,要结合自身特色,巧妙借助外力为我所用,服务客户的客户也是基于这样的一种想法。

李桂云:一个行业的发展,需要这个产业链各方共同努力,可以借助别人的优势,以弥补自身的不足,资源共享、优势互补。在这方面您有怎样的考虑?

阎晓:因为人员编制的影响,我们不可能招聘大量的专业人员,所以有些业务就外包给专业公司进行合作,凡是在这方面的能力以后不能成为核心能力的就可以先外包,或者通过外包合作再扬长避短潜心打造自己的核心竞争力,这也是巧实力的一种体现。比如我们与上海某公司的合作已达十年之久,他们的课件制作能力,灵活的用人机制都是我们目前所不具备的,我们可以借力发展,合作共赢。今年我们双方成立了在线学习中心,在双方建立一个内部工作"特区",对外共同打造业务市场。类似的模式我们也在着手跟其他机构合作,优势互补,创造更大效益。

抓关键点推 E-Learning

李桂云:您对 E-Learning 在行业中的应用有怎样的认识与判断?

阎晓:培训市场无论是企业内训,还是外在培训市场,潜力都是蛮大的,培训属于人力资源开发与发展范畴,随着企业对人力资源的重视,培训工作越来越受到重视。以上海电信为例,过去每年四五月份才开始的培训项目,现在一月份就开始了。越来越多的企业意识到培训要超前。而且各机构也很重视教育经费投入,如上中通服上市后要达到工资总额 2.5% 的教育经费投入,而且不再仅关注职工学历层次的提高,更聚焦于他们岗位能力的提升。我们要跟上这个步伐,关键是如何把培训工作做到位,要仔细对企业战略进行分析,跟公司整体战略结合起来,做到点子上,这样老总才欢迎,员工也满意。

中国 E-Learning 的应用目前还主要集中在一些大型企业,真正发挥作用的可能为数并不多,中小企业实施情况就更不如意了。我们和一些中小企业接触比较多,他们还很难做到像一些跨国公司那样有专门的培训体系,建有岗位素质模型,开展有针对性的培训。多数培训还是忙于应付领导的要求。用 E-Learning 开展混合式培训就更不用说了。

李桂云:如何能让 E-Learning 在行业中真正发挥其价值,请提一些建议。

阎晓：我感觉市场是有需求，但是要真正把 E-Learning 用起来还有个过程。因此我们把 E-Learning 定义为培训的一种手段、一个工具，不能完全依赖于它。我很赞成探索混合式的培训模式，传统面授以及 E-Learning，都各有各的优势，两者不但没有冲突，其实是可以相互促进，互为补充的。如何通过整合来实现二者的互补，这是我们下一步要聚焦的，这尤其适用于中小企业。

《中国远程教育》（资讯）杂志执行副主编　李桂云/整理

第五章　争做草根时代的王者

大联想学院　带着渠道商一起成长

　　有人说，要想走得快，就一个人走；要想走得远，就一起走。联想是追求既快又远地走，它不仅自己快速成长，还带领着两万多家渠道商们一起成长。1998年联想就明确提出建立以客户、代理、联想三位一体、共同成长的开放型大架构的"大联想渠道策略"，成立了"大联想学院"，在十几年前就为联想的可持续发展精心布局，联想集团大联想学院院长孔庆斌说："当时，大联想学院是大联想的三驾马车之一。"

　　交流中，务实且事必躬亲的孔庆斌院长一谈起他所钟爱的大联想学院与培训事业，便眉开眼笑、滔滔不绝，他有说不完的想法与经验，他说大联想学院一直紧跟中小企业老板需求的变动提供最适用、最实战的培训：从"成长工程"到"正越"培训项目，实现了培训从海鲜到海产品的飞跃；并创造性地开拓渠道商培训渠道商的模式，将渠道商经验复制给渠道商；为了增强效果，将培训当做销售，在培训前制造饥饿感；为了吸引最优秀的渠道商老板加入培训师队伍保证培训质量，为培训师认证设立了高门槛；在电子商务时代，带领渠道商们一起研究寻找出路。

大联想学院：大联想的三驾马车之一

　　李桂云：联想从1984年仅有一个20多平方米的办公室出发，如今已走遍全世界，成长的迅速与稳健都是有目共睹的。联想集团副总裁赵斌曾表示，联想成功的核心在于"人"的管理，您觉得呢？

　　孔庆斌：确实，联想的核心是在于人的管理，联想控股有限公司董事长、联想集团名誉董事长兼高级顾问柳传志曾说过这样一句话："小公司做事，大公司做人。"他特别重视人，尤其重视最核心的领军人物。包括他后面还提出了管理三要素"搭班子，定战略，带队伍"。2008年联想集团处于悬崖边上，就是靠柳传志董事长回来抓班子建设实现扭转的。所谓的抓班子就是他从核心班子开始抓诚信，抓"说到做到"，再一层层瀑布式传播复制下去，进行人的管理，这也是联想自始至终都很重视的。你说这么大

联想集团大联想学院院长孔庆斌

的公司靠什么？靠产品？产品总会过时。靠技术？别人也会有领先的技术。所以只有人才是创新的源泉。

李桂云：联想高层的这种重视，也体现在"联想在1998年就明确提出建立以客户、代理、联想三位一体、共同成长的开放型大架构的'大联想渠道策略'"上？"大联想学院"也是由此诞生？

孔庆斌：是的，大联想学院是1998年成立的，当时是大联想的三驾马车之一，其他两驾分别为大联想杂志、大联想顾委会。

1998年成立的时候，大联想学院的定位是给联想的渠道做能力提升。因此，在1998—2000年，我们所做的是将联想在管理上的所有做法，毫无保留地复制给渠道商，从联想的岗位职责到工作流程，再到产品运作以及各种创新、创意。我们将其称之为"成长工程"，也就是大家一块儿成长。当时这种培训很有效果，当我们的部门结构随着业务的发展发生改变时，他们的也跟着一样变，甚至渠道商公司部门起的名称也跟联想的一模一样，联想怎么设他们也怎么设。除此之外，他们的组织结构调整、战略、岗位制定，都是跟联想学。

2000年以后，联想分家了，联想按自有品牌和分销代理两大核心业务分拆为新的联想集团和神州数码集团，联想集团又分为两个部：消费事业部和商用事业部。大联想学院也相应地分成大联想消费分院和大联想商业分院，两个分院分头做事。这种情况大概持续了三四年。在这个阶段大联想学院不再做整个公司的管理复制，第一年更多的是为渠道商提供业务上的培训，比如做一些产品培训、销售技能培训。接下来，我们请一些香港、台湾的名培训师，来给渠道商做高端培训以及业务培训。

我是2005年4月上任这个岗位，接手第一件事就是重新聚焦联想，恰巧联想集团在2004年也重新聚焦了PC业务。因此大联想学院也做了重新聚焦与定位。当时我就聚焦在关键对象、关键人物身上做最有用的实战、实用、实效培训。

聚焦最关键的人物：最成功的代理商老板

李桂云：聚焦的关键与柳传志董事长的聚焦"最核心的领军人物"一脉相承，可是具体怎么聚焦？

孔庆斌：大联想学院做培训是从业务的角度做，所以，有些理念、指导思想、具体做法，可能就跟一般的HR培训不太一样。大联想学院是给联想的渠道商老板做培训。联想的渠道商有很多，大概两万多家，我们不可能像公司的HR一样，针对公司员工从基层到高管进行全覆盖，我们更多是做渠道的策略关系维护，即加强渠道厂家的忠诚度。实际上，我们的培训就是营销，它是一种市场公关和营销的活动。

因此，根据二八原则，我们就要抓住最核心的对象、最优质的渠道、最关键的人物。当时我们选择了做得最成功的代理商的老板。之所以选择老板是因为老板对该公司的生死存亡、发展快慢起着80%的作用，他就像打保龄球的第一个球。如果你给员工做培训，最多改变个人的行为，但你要是给老板做培训，就能改变整个公司的行为。

因此，我们当时请了很多港台名师给这些做得最成功的渠道商老板讲课。可是培训完后发现，他们并没有获得真正的触动与帮助。后来，我就觉得是不是可以请他们身边的同行榜样来与大家分享，或许这样更能引起共鸣。可由于之前三四年的培训一直处于低效状态，我要从2005年4月重新树起大联想学院的品牌，让渠道商看到它的价值，就一定要找到一个很好的切入点。正好2005年联想集团并购了IBM，联想要举办一个规格空前的渠道大会，我就想到要搭乘渠道大会的东风，创新地开设"大联想讲堂"，让大联想学院重新"闪亮"亮相。为了做出影响力与震撼力，我当时没有请大腕，而是请了渠道里最有影响力、做得最好的几个老板做讲师，然后请了相应大区的总经理（都是联想副总裁）做主持人，为到场的800—1000名渠道商老板以及联想职员做培训。由于之前宣传各方面准备都很充足，当时效果很好，大家听完后都特别激动，这样，大联想学院的气势又回来了。

从业务出发紧跟中小企业老板需求

李桂云：大联想学院定位是给联想渠道做能力提升，所以做培训也是从业务角度出发，这在具体培训中怎么体现？

孔庆斌：首先从培训特点上讲，我们特别注重应用，而不是要求课程要多炫，内容要多新，要多么体系化。凡刻意要求体系化很完整的，一般都很难落地。我总是强调，深刻的片面比肤浅的全面要好，落地的都是非常偏执、非常尖锐的。所以我们不追求完美，要追求深刻的片面，只要那些能落地的三五条。

一定要实用，因为联想渠道商老板不像联想员工，他们尽管都很有生意天分，有胆量、有社会关系，可是基础不好，很多人都没读过太多的书。所以你得让他们听懂、想听、听进去。只要讲做法，不要讲想法，要讲真正实践过、验证过的内容，不要讲理论的、想象的东西。同时，根据大家的实际情况，培训内容一定要坚持简单化和傻瓜原则，让大家都能听明白。最后，培训一定要从销售双赢的角度出发。

与业务的结合还体现在从 2005 年开始，我们的培训内容一直紧随渠道商需求的发展变化而变化。

我们一开始完全是从业务端开始，比如 PC 怎么摆、怎么卖，价签怎么写，促销 POP 小旗怎么挂，都是这些最实在的让渠道商老板直接感觉到有利于他业绩与利润的提升。到第二个阶段，当渠道商老板有了一定的基础，大联想学院就开始对其培训更高层面的内容，比如多元化投资、财务管理、人才管理、价值观培训等。

大概在 2010 年，我们提出了头雁计划。"头雁"是在前面领头的人，他一定要有正确的理念，有非常合适的心态，等等。

到了第三阶段，我们慢慢地由"海鲜"转向"海产品"开发。我经常开玩笑说我们卖的是"海鲜"。因为内容是新鲜的，培训师与受训者都是一线成员，他们每天在不断进步，会有不同的新东西。而"海产品"是从 2012 年开始，我们开发了一个针对小、微企业老板的系列 MBA 课程。

打造"正越":从"海鲜"到"海产品"

李桂云:第三阶段相对来说是有体系的了?

孔庆斌:完全是体系的。我们有12天课程。而且起名为"正越"。"正"就是正向,正见、正向指的是正能量,正确的方向;正见是指要有正确的观念和见解;"越"就是跨越、卓越。这些中小企业老板会有各种各样的观念,我们需要给他们进行统一,要帮他们树立志向,他们越有志向,就越能看得长远,越能忍受目前的磨难和困难。有了理想才能忍受。

"正越"项目分为几个模块,一个模块是去年开发的,主要是从老板的理念到战略再到年终计划。一个模块我们是最近开发的,该模块是组织与人才发展。我们不讲人力资源,我觉得,对职业经理人来讲他是人才管理或者人力资源,而对老板来讲,他一定是组织与人才发展,因为人力资源讲的是选、用、育、留,针对的是岗位职责;而岗位职责来自于组织的设计。也就是说组织就像建筑物的地基和框架,而人力资源就是砖和水泥,所以针对老板的MBA课程肯定跟针对职业经理人的不一样,所以开发课程时得站在老板的高度,老板是要引领企业的。再一个模块就是财务管理和流程管理,这个模块也一样,不能拿针对财务会计群体的内容来讲。所以,针对小、微企业老板的课程开发要求很高,只有一直跟他们打交道,对他们的情况真正了解的人才能开发出最适用和最与其相适的课程。

针对特别大的老板我们还有"联想之道MBA",这个培训我们请的讲师又跟别的不一样。因为他们都是特别大的老板,相互之间谁也不服谁。所以我请的讲师一方面是联想的高管,副总裁以上的干部;另一方面是外面具有社会实战经验的来自企业的名讲师。

培训前制造饥饿感

李桂云:培训中小企业老板确实有挑战,不知大联想学院在实践中是怎么调动其积极性的?

孔庆斌:我一直是从销售的角度来理解培训,比如前面讲的要满足这些中小或小微企业老板的需求,为他们创造价值。所以依照销售理念,在培训前,我们也需要创造需求,给参加培训的人制造饥饿感。比如,我让他们想来参加培训的，先写个论文，说说自己做生意的困惑，正因为有困惑，所以才会有需求，才会急于参加培训。实际上通过报名人的写作与思考过程，我们就把需求初步调动起来了。第二，我们设置了门槛，你不交论文，我们就不让你来。其实这也是最典型的饥饿感。要知道两万家渠道商我一年就培训几百到一千家。可是，来的这些都是在当地做得不错的，所以难免会有一些膨胀，我们需要调动他们，还需要进行"调频"。

李桂云：您怎么调频？

孔庆斌：很简单，激发他们自省、反思，帮他们找出公司存在的问题，然后深挖原因何在，最后归结为公司所有的问题都跟老板有关系，让这些老板们意识到自己的问题以及自己学习的重要性。这样调频到最后使饥饿感产生，让他们谦虚地学。

当然，培训的时候，我们也很活泼，很讲究娱乐因素，也会搞些小游戏，或以分组竞赛，看谁积攒"笑脸"更多。整个培训都会经过精心设计，尤其是基于人性去设计，基于游戏心理设计，让大家上课也开心。有的时候，他们会在培训结束时跟我说，又要从天堂回到现实了，又要回去干活了。反正学习那几天是非常快乐的，不仅是我自己很享受这个过程，也能感受到大家都很愉快。

高门槛认证以质量保证吸引培训师

李桂云：从您讲述的大联想学院的成长过程，我稍微总结一下：原来大联想学院的培训，更多的是联想带着渠道商跑，让他们在经验复制中成长，现在更多的是发挥渠道商内部的力量？

孔庆斌：实际上我也总结过，第一阶段是把联想的经验复制给渠道，第二阶段是从外面请管理大师来给联想渠道分享，第三阶段是让渠道给渠道分享，把渠道的内容复制给渠道。

李桂云：这三个阶段是必然的一个过程吗？

孔庆斌：当然了。在第一阶段，联想与这些合作的渠道商之间的差距不是很明显，大家差不多在一个等量级时，是适合复制经验的。可当联想壮大了，与渠道商拉开距离后，这种复制就会不对等，就要找符合他们需求的经验复制。因此在第三个阶段他们自己教自己才最适合他们的成长。

李桂云：可从渠道商老板中挑选培训师，又要如何激励他报名？如何管理？

孔庆斌：从2006年10月开始，我就对培训师进行认证。我对渠道商老板们说，你们准备课件来讲半个小时，申请后我们评选，不过门槛是很高的。首先得是在分区前几名，对完成任务情况、销售情况、违规记录，尤其是人品都有很硬的考核。唯有人品与业绩都绝对过硬的人选，才有上台资格，这样他才站得住脚，才能保证我们培训师队伍的质量。

其实这就跟商业模式也有关系，如果你允许水平比较差的培训师认证了，挑剔的人就可能会退出，培训师认证的吸引力就会大打折扣。所以只有坚持高门槛，最优秀的人才会留下来。

李桂云：除了高门槛带来的吸引力，还有什么能吸引渠道商来认证培训师？

孔庆斌：其实当培训师对他们有很多好处。你准备给别人讲课，就会去整理经验与思路，这样你的思路会越来越清晰；别人向你提问，会让你不断进步，让你找到自己的弱点，发现盲点。教就是学，问就是教。

另外，他们对联想有贡献，联想也会给他们一些回报。比如，每年我们的核心讲师都会有聚会，这是一个充满机会的平台，一个最好的圈子，也是培训师的另一种成长。事实上，通过认证并做培训师的代理商，一般都发展得很好，他们的业绩增长通常是5倍甚至10倍以上。他们确实会走得很稳健。

当然，大联想学院对他们年年都做讲师培训，比如2013年7月9日，我们将在贵阳给他们做培训。你得让他们成长，不断输入新的东西。

电子商务时代的使命：帮渠道商找到出路

李桂云：如今的"大联想学院"除了渠道合作伙伴一体化建设，还有哪些定位与使命？

孔庆斌：一开始大联想学院的定位很清楚，就是服务联想的渠道，让他们的能力快速地跟上联想的发展，方法就是让联想的高管开发课程将联想的内容毫无保留地完全复制给他们。

不过，现在也会有微调。随着大联想学院与渠道商的感情越来越深，以及时代的变化，我们也会增加一些新的定位与使命。现在，除了复制给他们经验以外，我们还会共建共创。也就是说，面对市场大环境的变化，我们会一起研究战略方向、应对措施。像最近，6月15—16日，我们在杭州，电子商务最发达的地方召开了一个大联想中小企业管理专业委员会第四次会议，专门研究电子（移动）商务时代如何应对未来挑战。委员会的建立是由大联想学院牵头，从讲师队伍里挑出电子商务做得比较好的8个专业委员，再在外面请一些专家，一起研究探讨，要帮大家走出由电子商务环境带来的迷茫和恐慌，找到出路，自己救自己。

李桂云：大联想学院对联想渠道商的培训做得这么好，考虑过对外发展吗？

孔庆斌：目前没有。一方面，大联想学院人力资源少，之前只有我带一个助理，现在发展为三个人，所以没有这么多的精力。而且所谓百年教育，就是教育需要百年才能树立起品牌。它不像做生意周期快，有时三五年换领导人，因此三五年就是非常大的周期。可教育求慢，资本才求快。就比如课程开发，要打磨好需要一个很长的周期。所以，只有像我在联想待了这么久，与渠道商打了这么多年的交道才能做好目前这些事，而且这也是与教育规律相宜。如果对外开放了，那是做生意，到时想赚钱的心态也会跟现在完全不一样，定位、出发点都会变。我觉得我现在这样很好，哪怕向渠道商收费我也收得非常有底气。

培训要做与用相结合

李桂云：您这么少的人，大联想学院这么多的事怎么忙得过来？

孔庆斌：所以，我基本都是整合外边的资源，很多事都是借助外包。比如培训开会酒店等事宜找会务公司、旅行社外包，课程开发、项目实施找咨询公司外包。

不过，2012年4月，大联想学院升级成大联想大学，将大联想学院与各事业部的培训部整合到一起，一共设了7个学院，大联想学院就成了大联想大学的管理学院。其他6个学院还有完全按照事业部分的4个学院：消费学院针对专门卖家用电脑的，SMB学院专门针对中小企业，以及大客户学院和手机学院。此外还有管售后服务的服务学院以及供应链学院。各个部门的培训都是在大联想大学下，但都是分工协作，且分工很明确。每个季度我们都会有一次联席会议，进行讲师认证、课程、外部讲师的共享，从而协同前进。

李桂云：对于现在的企业培训，您曾认为是得了病的培训，具体怎么讲？

孔庆斌：这个说来话长，简要地说，其实现在的很多培训不是真正在做事，我老强调培训必须与制度结合，否则它解决不了什么。培训就是要做和用相结合，要有制度与考核保障。可现在很多企业的培训却远离了应用，也没有制度的保障，所以说它得了病。第二，现在的培训没有明确的目标，培训只有一个目的，那就是组织绩效的改进，是为了组织，而不是为了个人得到满足或福利，离开了组织与制度的保障，个人绩效就不可能主动改变。第三，培训只是组织绩效改进的一种方式，它可能非常有效，但也可能会代价很高。把那么多人组织到一个地方做培训，是很奢侈的一件事。有很多事情都可以用更简单、更低成本、更有效的方式去解决，甚至会更根本性地解决。所以不要把培训抬得太高。企业培训虽然重要，但它一定有范围，什么都靠培训，不管他用不用都去培训，这就是浪费，这就是不务实。

《中国远程教育》（资讯）杂志记者　李密珍/整理

金蝶商学院 让中国式管理在全球崛起

"中国企业如何在全球化过程中实现可持续发展,除了创新与商业模式,还要形成中国企业自己的管理模式,未来,中国企业也会输出中国特色的管理哲学、管理方法、管理流程,供全球学习。"金蝶商学院常务副院长梅洁在接受本刊采访时这样说。她还告诉记者,金蝶国际软件集团有限公司创始人、董事局主席兼首席执行官徐少春早在 2006 年就提出了"中国管理模式"这一概念,2008 年即开始联合成思危先生及中国六大商学院发起"中国管理模式杰出奖"评选活动,致力于"推动中国管理模式在全球崛起"。

说到企业的志向,梅洁说,作为中国软件产业的领军厂商、亚太地区管理软件的龙头企业、全球领先的中间件软件、在线管理及全程电子商务服务商,金蝶在中国大陆拥有 100 余家以营销与服务为主的分支机构,以及 2400 家实施咨询、技术、服务、分销等业务的合作伙伴,有遍及亚太地区的超过 100 万家客户。随着云时代的来临,金蝶更是与时俱进,将"成为全球领先的云管理领航者"作为她的愿景。而金蝶商学院将责无旁贷地肩承起"传播全球优秀管理理念、分享中国最佳管理实践"的使命,力求成为"中国卓越的打造高端管理与服务型人才的企业商学院"。

国内企业需要标准化系统化的管理模式

李桂云:您在 IBM 曾经有过十余年的实践经验,您认为 IBM 的经验可能与金蝶对接吗?

梅洁:首先,比较幸运的是,金蝶和 IBM 有很多相似的地方,都属于高新企业,业务的架构挺像,包括我们徐总也曾经说过,他希望能把金蝶打造为中国的 IBM。另外,金蝶虽然是民企,但它却比较开放,包括在人才引进方面也不乏延揽曾在跨国公司任职和有不同背景的人加入。从企业的角度,不光金蝶一家,所有国内公司都需要在引进国际上先进的做法时事先做好充分准备,学会容纳那些不同的声音,还要使这些外来理念符合自己的企业，符合自己的文化。国内企业学 IBM 的也非常多，我认为学得比较成功的华为是一家。华为的老总要求员工先将国外顾问的东西全盘听下来吸收进去，然后再进行分析，再为华为定制自己的东西，这就是我所说的要做好的准备。另外，从人才的角度，你也需要有空杯心态，去学习去适应新公司的文化。企业学习外来的东西，学的是方法论、是流程，但是这些方法论与流程是不是能够在国内的公司获得成功，最关键的是看能否适应本土的文化。

金蝶商学院常务副院长梅洁

李桂云：以您的个人经历来说，您觉得金蝶和 IBM 最不同的文化是什么？

梅洁：这是个很好的问题。我现在看到的第一个不一样的地方是外企更重视任务导向，而国内企业更重视关系导向，这是很典型的外企与国企的区别。在国企开展工作不像在外企那么直接，要先去营造一个很好的氛围，建立人与人之间很亲密的关系，赢得信任后，工作才可能开展得更好。而在外企，人们之间是以工作、任务发生关系，老外会先给你足够的信任，如果你打破了这种信任，他才会对你有另外的看法。总之，作为其中一员，我会感觉国企的文化更加人性化，但在开展工作时会多一些困难。

第二就是流程上特别不一样，IBM 是流程做得非常好的一家公司，所有工作都有严格的流程去指导、去遵守，但是在国内的公司有太多的灵活性。金蝶的流程在国内企业中算是做得不错的了。总体来讲，国内企业还是需要建立更多标准、流程、体系，更加重视基础管理。

李桂云：正因为您很重视系统性与标准化，所以注重为金蝶商学院构建领导力素质模型？

梅洁：为了培养高端人才，提升领导力，首先，我们要建立领导力素质模型，我们聘请的是非常专业的 IBM 顾问。素质模型是帮助回答人才标准的问题，有了人才标准，招聘、提拔就可以基于岗位能力要求去识别。另外还可以帮助打造系统的领导力梯队、继任计划，识别和培养高潜质人才。有了这些体系，心里就有了一盘棋谱。目前我们正在打造 K50 高管项目。

在具体培养中，除了熟知的长期的混合式学习外，我们还正在准备开展多样活动，包括测评、轮岗活动、影子计划等。测评在员工进入项目前后都有，轮岗会根据他目前岗位和目标岗位的能力差距，让他到不同的工作岗位中去锻炼，另外也会分配一些特殊任务，而影子计划则是将他放在某位高管旁边当助手，让他近距离学习。

李桂云：可目前业内有一部分人质疑素质模型的重要性。

梅洁：我也听到一些言论说，等素质模型建好了，一切都已经变了。这个说法对于小公司可能说得通，对于大公司，尤其是建设了企业大学的公司，如果你不建系统的东西风险是很大的，可能能走一两年，长期是走不下去的。我们比较强调体系化，如果无体系、不系统，企业效率、长远发展就得不到保证。因为素质模型实际上是在回答企业要的人是什么样的，如果连这个最基本的都不能定义，就不清楚自己要的是什么样的人。在建模型的过程中，为了规避建好后情况变了的风险，就需要具有前瞻性，要结合企业战略来思考，而不仅仅只是从人力资源的角度把这些工具用上去。第二，现在市场很艰难，领导更关心的是业务，而如何让最高领导坚持领导力项目的执行也很难。所以要把领导力的培养放在人力制度上，放在公司的核心管理流程上。第三，在把相应的领导力素质模型、课件等各方面都打造好了后，模型能帮助其发挥出"传、帮、带"的作用，让领导培养领导，这是最关键的文化，企业需要不断地将领导的优良品质传承下来。

致力于推动中国管理模式在全球崛起

李桂云：所以金蝶商学院的校训是"承载积淀，知行合一"？

梅洁：说到校训，还与金蝶"传播全球优秀管理理念、分享中国最佳管理实践"的使命有关。金蝶是一个充满理想主义的企业，企业文化中有很多人文的因素。比如我们的董事局主席兼首席执行官徐总，他是一个非常有社会责任感的人，做过很多与企业没有太直接关联的社会公益活动，他对文化的承载是很有底蕴的。虽然我们成立的时间只有19年，但是企业内部也有很多好的东西存在着，只是需要商学院这个载体把这些沉淀下来的东西传承下去，真正"知行合一"起来。其实在很多企业中，对于国际上的一些先进理念都懂，或是都知道，只是没有用起来，没有将它们真正执行落地。金蝶商学院之所以提出"传播全球优秀管理理念、分享中国最佳管理实践"的使命，一方面是想推动这些先进理念在中国落地，另一方面是想做出金蝶的企业特色，因为从建立企业大学的角度，金蝶的优势有两点，第一，金蝶的多样性人才结构，使之拥有全球的优秀管理理念的土壤；第二，从管理实践来讲，金蝶从心怀梦想的小企业发展成现在的规模，先后历经五个管理时代；同时我们还提出了"中国管理模式"概念，还联合成思危先生，包括中欧在内的六家商学院每年进行"中国管理模式杰出奖"评选活动。通过遴选出中国杰出成功企业的管理模式，树立标杆，分享最佳管理实践，从而抽象出我们的中国模式，将这些经验进行总结、复制、创新，推动中国管理模式在全球崛起。这两个使命就彰显了我们金蝶商学院的差异化价值所在。

李桂云：因此您提出为金蝶构建"以领导力、高端人才储备和引领变革为方向的国内一流商学院"这一目标？

梅洁：金蝶商学院成立的一个促因就是领导人需要提高，需要提升能力。因为近几年我们的企业在不断转型，原来我们是一个典型的软件公司，最开始做财务，然后是 ERP 软件，后来像 IBM 那样做一些管理咨询与服务，现在我们又要做云管理的领航者，这些转型都要求领导者具有更全面、更开阔的视角。商学院必须针对企业需求制定出相应规划，我们一年的短期目标是建立金蝶领导力培养体系，提升干部任职能力；一到两年的中长期目标是成为金蝶集团内部人才培养基地，全面提升金蝶员工和干部的核心竞争力；三到五年的长期目标是打造卓越的金蝶商学院品牌，成为独立运营核算的业务单位，实现上下游客户、合作伙伴的价值链整合，这样商学院就能做成利润中心。

作为企业大学，一定要有企业的烙印，对外要更多地辐射到同行业的合作伙伴、上下游单位，打造一个生态链。企业大学如果作为利润中心，在整个生态链的传递过程中，提供了有品牌的课件、课程或解决方案，也能为企业带来新的利润，但企业更看重的是，希望借助企业大学来传递它的文化与价值观，从而减少与合作伙伴跟客户之间的沟通成本，建设信任。所以，我们推出打上金蝶烙印的精品课程，最终是希望将同样的价值观在做 ERP、做云管理的行业生态链中进行传递。

李桂云：商学院是在金蝶转型中诞生的，以后在企业转型中它应充当什么角色？

梅洁：金蝶商学院虽然成立只有一年，但碰到了金蝶一次半转型，第二次还没有完全成型。金蝶一开始从产品转到管理咨询，现在又从管理咨询聚焦到云战略，作为企业大学应该在转型中使自己不处于被动的位置，不是等各方面变化都差不多了，成为被通知者。企业大学校长或者负责人要成为转型、变革当中的一分子。而是否能成为转型变革当中的一分子，一方面是由你的位置决定的，另一方面你要有前瞻性的思维，能预测到要发生的变化，并且能尽快做出非常迅捷的响应，配合战略的转型做相应的事情，你要去传递新的战略方向的文化，去储备相关人才。尤其素质模型具有相对稳定性，你在建构的时候更应该具有前瞻性。

一般来讲，企业转型不会翻天覆地变化，对领导人的诉求还是比较稳定，不过对于核心骨干的专业能力的要求变化可能就大了，可能会有新的专业能力要求出现，这就需要企业大学有非常强的业务敏感度和迅速反应力，要有这方面的素质，要与人事、业务部门紧密接触，快速培养或引进相关人才。因此，企业的每一次转型对于企业大学来讲都是一个挑战，也是一次机会，因为它需要前瞻性，需要系统思考，需要快速响应，它要求企业大学不仅仅是变革的响应者或支持者，而应该是推手。变革本身是一直存在于组织的发展过程中的，尽管有些是微小的，所以企业大学的领导者一定要对任何变革一直持有革命警惕性。

李桂云：您认为建企业大学有哪些价值驱动？

梅洁：我总结为三个维度九个方面。第一个维度是从企业的可持续发展来看的，就是战略方面的需求，我们从传统单元培训的孤岛或者培训的部门，上升为企业大学，其实是为了企业长期的可持续发展，为了实现企业的基业长青，要从战略驱动、全球化、变革、创新等四方面支持企业战略需求；第二个维度是从业务单元对企业的支撑，从运营需求上讲，通过人才管理、业务单元驱动、业绩改进三方面来赢得最高层领导的响应与支持，对这个层面企业大学现在越来越关注；第三个维度是大家很自然想到的企业员工能力提升，通过提升员工的专业技能与领导力来满足个人能力发展的需求。这三个维度如果都做得很好了，企业大学就会很成功。

企业大学要做出品牌涉及核心价值观

李桂云：企业大学不同发展阶段应该注意哪些核心问题？

梅洁：在企业大学创建初期，第一，一定要得到公司最高层领导的支持，企业大学很难从底下往上做；第二，要长期规划和短期计划相结合，既要有长期愿景，又要有三个月就快速见成效的短期项目，这样领导才会有信心、有耐心继续支持你。企业大学的发展期一般都在打造各种体系，这时对一些重点项目一定要把基础设施搭建好，像讲师体系、课程体系、评估体系都要重点建设好。到了企业大学的成熟期，更多的是考虑投资回报，这样才能长期得到业务领导的长期支持。最重要的是，无论在哪个阶段，企业大学都一定要对企业的业务产生影响。

李桂云：一个企业大学要做出品牌，需要具备哪些条件？

梅洁：企业大学要做出品牌，我觉得要体现出企业母公司的烙印，这个烙印可能影响、涉及整个行业，不光是课程、咨询，还涉及价值观、文化。如果你能在这个行业内产生影响，能处于行业的领先者的高度与深度的话，我觉得就非常好。像我们金蝶的核心价值观为"走正道，行王道"，走正道讲的是做人要正直，归纳为三条：诚信、正义、公平；行王道更多体现的是利他精神。这是我们徐总（徐少春）提出来的，我们已经把它作为我们公司的核心价值观去宣传、去做。之所以提出这个核心价值观，是希望能鼓励中国的企业不论处于哪个阶段都不要忘记最基本的一些东西。这个观念推出去以后有了很大反响，它能使大家在价值观上有一个认同，可以减少合作伙伴整个生态链之间的沟通成本，增加信任。

李桂云：国内企业大学还有哪些地方需要借鉴国外的经验？

梅洁：有相关评论批评国内的企业大学，有点空、高，没有落地，因此容易出问题。虽然看上去目前有好几百家企业大学，可有一部分会做不长久。而国外的企业大学很现实，能成系统，能帮助企业发展，聚焦业务，有很清晰的价值定位、落地方向。当然，关于管理、企业大学这一套东西本身就是外来的，可能有些企业还没有真正理解就开始依样画瓢了。总结起来，我们可以借鉴的国外经验有：第一，系统的思考；第二，业务为基；第三，借助先进技术提升学习体验和降低成本，如社交网络、Second Life、虚拟课堂等；第四，完善的报告机制。

《中国远程教育》（资讯）杂志记者　李密珍/整理

用友大学　草根时代的"王者"之道

时代造就英雄，英雄引领时代。但新时代"英雄"的光辉却很容易被新出现的"英雄"掩盖。一方面在网络时代，"英雄"更容易诞生；另一方面创意的优势也更容易被复制，智慧与创新成果普及的周期越来越短。因此，企业的"王者"之道就是快速变革，就是不断造就众多的"英雄"——让草根时代的所有员工都能够不断适应企业战略的变革。

30多年前，GE（美国通用公司）就是在"群策群力"的变革中重生动力，运用行动学习法塑造了无边界的组织文化；30年后，用友大学紧抓GE精髓，消化GE培训逻辑，形成用友大学自己的逻辑，同样是用行动学习席卷了用友集团的15000名员工，成为中国目前行动学习的典范。变则通，通则久，作为公司组织变革、战略落地推进器的用友大学，正在为公司"成就世界级软件企业"谱写草根时代的神话。为此，记者与用友集团副总裁、用友大学校长田俊国进行了深入访谈。

云时代的员工需要激励

用友集团副总裁、用友大学校长田俊国

李桂云：您一直强调"云时代的企业大学修炼"，在这里为什么提"云时代"，是因为"云时代"这个词容易吸引人眼球吗？

田俊国：也不是，是因为云时代确确实实来了。"云"不是指云计算或服务器集群，而是体现了一种新的企业管理思想。我对云时代特征的理解可以通过一张经济学上的图讲讲。这张图中有要素市场、工厂/企业、产品市场、家庭/消费者以及资本市场。流程是这样：工厂利用各家庭积攒的资本投入组织生产，到要素市场采购劳动力，然后生产东西卖到产品市场，产品市场再卖给消费者，但是消费者同时又充当要素市场的劳动力。通过这张图可以看出产品市场不断丰富，将产品卖给家庭，但物阜民丰后，产品越来越难卖，企业必须通过提升服务不断将高品质的产品卖给客户。问题是这个客户消费者一转脸又成了要素市场的劳动力，而在服务要求越来越高的鼓动下，消费者的民主意识越来越强、越来越挑剔，企业只好不断要求员工提高服务水准，要求把客户放在第一，夹着尾巴做人。可这些员工一方面作为消费者受着宠，另一方面又受着企业家的压制，企业对员工这种双重人格的要求只会造成员工精神分裂，是不可持续的。

在云时代背景下，靠压制得来的执行力即将终结，真正的执行力要靠激发，"90后"的员工最需要靠激发得到执行力，他们追求在工作中也要幸福。像海底捞员工的那种感觉可以说是激发出来的，而一些航空公司要求露八个牙齿的笑容有可能就是压制出来的。所以我认为云时代是一个草根的时代、是一个民主的时代，在这个时代里，不管是资方还是劳动者，实际上大家都一样，都发自内心地为别人提供服务，也都享受着别人提供的高质量服务。或许，现在看起来这种关系有点理想化，但实际上它是未来的一个趋势，因为你若要靠压制来换取执行力，员工有可能都会辞职。

李桂云：在这样的时代背景下，企业在人才培养上应该注意哪些问题？

田俊国：云时代的企业有三个特征：一是民主，即信息高度透明，员工获取信息来源更广，对自己的事情做主的意愿空前高涨，"草根"藐视权威。二是速度，蓝海成为传说，只能瞬间存在，因为会有很多企业紧跟着效仿，企业只能在变革中生存。三是整合，只有整合全球的社会资源才能实现低成本。

在这个新的环境下，企业发展与人才培养面临新的挑战，企业大学需要做好以下五项修炼。第一，建立简单而有效的商业模式。不要建太多、太累人的体系，要突出企业大学作为公司组织变革、战略落地推进器的角色。第二，给客户完美的内容体验。开发精品课程，强调行动学习。第三，尽最大可能整合资源，包括国内外的讲师资源、社会资源等。第四，把专业的事情做到淋漓尽致。第五，以员工为中心，让员工有参与创业的感觉。

红海常态中不能只建能力模型

李桂云：您说用友大学做培训"不按照能力素质模型来搭建课程体系，相反，每年的工作重点都是找到制约当前公司发展的核心能力问题"，这种思路与建能力模型的思路有何区别？

田俊国：现在企业比的是谁的变革速度快，所谓的蓝海只是一时的假想，红海才是常态。因此要比谁的变革更快，就不能按部就班、一成不变地去做，而按照能力素质模型搭建的课程体系，只适合业务稳定的企业，如果这些企业的业务处于不断变革之中，那按能力素质模型搭建的课程体系就将永远都跟不上快速变革中的企业战略业务。所以我说，在快速变革的世界里，企业学习的速度要远远大于外部变革的速度，企业才能生存。在变革过程中，培训的定位就不能仅仅是按照能力素质模型搭建课程体系，整个企业的战略都是不断改变的，岗位能力素质模型必然要随之改变。

我个人认为培训可以基于三个要素进行：任务、战略、问题。基于任务的就是能力素质模型，它是基于任务导向下的培训，当然也不能完全否定，只是它在培训中的比例可以缩小。假设这个企业的战略不需要变，也没有问题，制度流程都是完美的，只是员工满足不了要求，那就可以采用以能力素质模型为主。但是这种学习往往是单环学习，所谓单环学习就是制度流程、价值观、战略都是对的，不对的是员工，员工跟不上要求。而基于问题的能力模型建构往往就会涉及双环学习，在学习中可能既有员工跟不上的问题，也有企业战略需要调整的问题，也有遇到问题需要改进制度流程的问题。在这种情况下，我们不能过多地聚焦于建能力素质模型。

李桂云：您说的这个双环学习的模型我很感兴趣，只是在人们印象中基于能力模型的课程体系更容易梳理，如您所说的基于问题、基于战略变革的培训，怎样能做成体系？

田俊国：我们就不能说是体系了。所谓体系，是业务定型后固化下来的培养方案。而基于问题与战略的培训就不可能被体系所固化。可以这么理解，我们培训技能上的侧重点不同。技能可以分为三种，一种是岗位技能，一种是方法技能，一种是社会技能，这是从技能的应用与迁移上来讲的。所谓岗位技能，就是之前讲的单环学习，员工必须满足什么岗位；所谓方法技能，就是说我需要解决一个问题，但不知道怎么做，因为问题不是同一个，但是我有方法论，就没问题了；所谓社会技能就是最基本的一些素质，比如听、说、读、写等，这就是综合素质了，这种技能我们往往通过招聘解决，因为它其实是学校素质教育的核心内容，企业只能承担一部分素质的培训，但不能将其作为主力。显而易见，岗位技能较容易培养，但是很难迁移，而方法技能培养难一些，却较易迁移。

行动学习的精髓在于发动群众

李桂云：几年前您把行动学习引入用友大学。据了解,用友大学的"行动学习——世界咖啡"在全国已经做得很有影响。我以往采访的许多企业大学负责人也非常赞赏这种培训方法,但也感叹做好比较难。您觉得行动学习有哪些精髓的东西是需要关注的?

田俊国：我可以不谦虚地讲,在国内,行动学习做得最到位的就是用友大学。实际上许多企业大学把行动学习做得过于复杂,而我们的行动学习是特别接近于GE真实的行动学习的。我一贯主张,边学习、边创新、边发展,我们光靠学习GE的成功经验是不够的,所有的成功经验只能说是过去的成功,不一定能解决当前和未来的问题,并且用友有我们自己的特点,所以我们的行动学习主要抓其精髓。

我认为行动学习最精髓的思想就在于发动群众。只要你能够以问题为课程大纲,以学员为讲师,以讲师为催化师进行的学习过程都可以称为行动学习。我们还提倡微行动学习,即用行动学习的方式进行一些问题研讨甚至谈话。通过这种方式来调动员工参与,激发员工的潜能进行学习和研讨。

用友大学逾300人的行动学习

比如2012年7月中旬到8月底,公司的15000用友人以"一切基于客户价值"为题又进行了一次全员主题行动学习,先是在经理与专家夏令营上对600多名经理与专家用我们自创的研讨方法进行学习,再推广到全员学习,截止到2012年8月底,全用友人分300多个班进行同样主题、同样形式的行动学习,行动学习成为全员统一认识、传承文化的重要手段。有一个公式是$E=Q \times A$,E是变革成功,Q是决策质量,A是员工对决策的认同程度,从这个公式可以看出,员工对战略的认同程度对变革的贡献很大。

之所以能够大规模复制,这跟我们设计的主导思想有关。我认为成功的行动学习就是七个字三条:简单、有效、可复制。为什么我们的"世界咖啡"人人都会做,就是因为它简单,你从名称上看完马上就知道了;行动学习不能靠外力去推动,而是要靠行动学习本身的魅力,它的研讨方式就比原来那种研讨方式高效,研讨出来的结果就比原来那个结果要充分,这就叫有效;除了简单、有效还不够,重要的是可复制,你拿去以后,马上就能用,而不是只有专业人士才行,能够快速复制,最终行动学习才能这么火。

李桂云: 什么样的内容适合用行动学习的方式进行分享?

田俊国: 有问题没答案就可以进行行动学习。行动学习的一个出发点就是企业实实在在遇到的问题,但是这个问题我们现在没有答案,我想得到充分的讨论,这时行动学习就是一种有效的方法和手段。

李桂云: 每年用友大学这样的行动学习会开展几次?

田俊国: 很多,对于我们来讲,已经分不清楚哪一个时间是行动学习,哪一个时间不是行动学习。我们可以在各种会议中进行行动学习,包括我们的课程,全部都是。只要掌握了行动学习,鼓励大家参与、鼓励团队共创、鼓励质疑反思的精神,形式可以无限创新,行动学习已经融入到用友的文化中了。所以,我认为,如果你清醒地认为你在做行动学习,那恰恰不是,如果你忘了你在做行动学习,那你就是在做行动学习。

用行动学习式教学要求培训师

李桂云: 能谈谈用友大学的讲师培养与建设吗?

田俊国: 依我的理解,培训即是管理,管理者即是讲师,所以我们强调一个理念叫 MIT。我的老师说企业的成功等于战略×组织能力,组织能力分为三块:愿不愿意,会不会,允不允许。愿不愿意和会不会的问题,其实都可以通过培训来解决。基于此,管理者和专家做讲师是用友大学多年来的传统。而且用友大学从来不缺讲师,因为作为初级专家要想晋升需要不断升级,我们有九级十八阶,而每升一级都有一个报告,就是考核你讲了多少课。

并且我们对讲师的培养还有一个教育理念指导。用我的语言来讲,人类对教育的认知是螺旋式演进的,最初级是驯狗熊、驯老虎式的,中间一层叫认知主义,这是我们今天大多数院校用的理论——也就是你要成为一个合格的人,你应该有这样的知识体系,这个知识体系我要给你完整的知识结构,就好像你要成为这样的人就得用多少块砖,砌成这一面墙,这叫砌墙理论。第三层我称之为浇花理论,强调学员的能动性和引导。也就是说人就跟花一样，你没有本事让花长成你想要的样子，因为花有自己完整的基因，你只能用心地浇灌它、开导它。人也一样，我们没本事让一个人成为预先设计好的样子，只能是给他足够的营养、给他足够的信心、给他足够的支持和资源，然后希望他往那个方向去发展。

基于浇花理论，我们提出了自己搭建内训师能力模型的方法论。具体来讲，我们的内训师能力模型建设分为三个阶段，用三种不同的方式。初级阶段用第一种方式，即用好课程培养好讲师。我们研究发现，很多讲师之所以很难出类拔萃，就是没有特别好的课程让他们讲，好讲师是用好课程养出来的，好课程可以降低讲课的难度，能够帮衬讲师，对培养讲师的感觉和思维有极其重要的作用，所以我们坚持开发精品课程，这样我们就不愁讲师，因为课程好，讲师们都愿意参加。中级阶段就是把课程讲好，要有自己的特色，提高的办法是让他们开放课程，再让更高级别的专家和讲师来评审，然后在这个过程中一点点地匡正。要通过开发课程来梳理他们的逻辑、思维，让他们说话做事像讲师。第三个阶段是大师阶段，即扔掉课本，忘了自己，只有学生，能达到想讲什么、需要讲什么就讲什么的境界，即手中无剑、心中有剑的境界。

另外，我们还要求有一种好的教学方法，我们推崇微行动学习，即用行动学习的方式教学，让学员自己想明白、做清楚。因为学生有问问题的权利，老师没有直接给答案的权利。

有价值才有影响力

李桂云：您曾讲过企业大学的内部营销是校长工作中的一个重点，其次则是整合资源和解决问题，是不是现在已经过了内部营销这个阶段了？

田俊国：我们内外部营销都还在建，其实内部营销现在已经做得不错了。每年7月第二个周末的夏令营，就是用友大学内部品牌营销的时候，那两天全用友人的目光都聚焦在用友大学。回来之后，用友大学对15000人全进行行动学习一遍，这个过程是用友大学树立内部形象的过程。

李桂云：为什么强调这一点？这不显得有点高调吗？

田俊国：有价值，它对用友集团来讲很有价值，长远来看，都是价值决定影响力。你要得到认同就得有影响力，而要有影响力就得有价值，但是你若刻意去建影响力，是赚不来眼球的。稻盛和夫说绩效等于能力乘以态度再乘以思维方式，我认为还有一个因子，就是社会效用。推动全员的主题行动学习，也同时把用友大学的内部社会效用发挥出来了。为什么要简单有效可复制？就是方便发挥它的社会价值。你这个东西再有价值，社会效用没发挥出来，那就是一个变量很大，另外一个变量很小，没用，它还是一个奢侈品。

何为世界级的企业大学

李桂云：用友大学成立时说要办成世界一流水平的企业大学，您觉得目前离这个目标有多远？还需要在哪些方面努力？

田俊国：所谓世界级的企业大学，是有清晰的图像和定义的，它必须具备五个要素：第一是要有名师；第二是要有名课，即精品课程；第三要有自己独特的方法论；第四要自成体系；第五要有社会知名度、内外部的品牌形象；这是我定位的世界级的企业大学。我为什么把方法论放在这里作为五要素之一？是因为我们今天不再是"战略一百年不变"，而且缺乏技术工人的企业也会越来越少，而懂得方法论的工人会越来越弥足珍贵。像我们的标杆企业 GE 的核心竞争力就不是业务本身，而是它的方法论，是它培养领导力的方法。

李桂云：您是如何看待目前的企业大学潮的？

田俊国：企业大学潮总体上来讲是好事，它说明国内的这些企业家都意识到人才和培训的重要性。但是这个潮流也跟其他的潮流一样，它风起云涌一时，潮水退下去后就知道谁在裸泳了，有几个真正在做企业大学？还有几个就是挂了个牌子，实际上还是个课程贩子？其实，比较谁在裸泳的方法很简单，就是每年在花完企业那些预算以后，在企业内部积累、培养了什么名师，什么名课？有没有独有的方法论？所以，总体上来讲是好事，但是这个过程中良莠不齐，有的人是赶时髦，有的人就是做实事。

李桂云：您认为未来企业大学与普通大学的角色定位会发生什么变化？两者该如何对接？

田俊国：我 2012 年 8 月初在用友大学内部开会的时候就激励我们的员工多阅读、更专业，像我现在每年的阅读量至少超过 100 本书，我下属的员工也达到四五十本。我激励他们说，如果你们在用友大学再钻研几年，就可以培养成名师，出名课，要不断地培养、不断地钻研，像教授那样学习。在这里，我不管你什么文凭不文凭，那都是假的，谁钻研得多深，谁看了多少书，这是骗不了人的。我敢断言，未来五年国内 EMBA 的教授里面，一定有来自企业大学的，甚至说 EMBA 哪个班以有一个企业大学来的教授为荣。所以我鼓励员工就瞄着这个方向去。为什么？现在高校里的老师全都是学校出来再教学生，是讲工商企业管理但没在企业待过的人；而企业大学里的老师不一样，我在一个有 15000 人的企业，我还是一个企业的专业教学科研机构里的成员，再加上我们这些人这么努力地去研究，我花五年、十年能比不上一个博士？所以，必然有那么一天会出现这个格局，就是在高校里讲课讲得特别好的老师可能来自于企业。

甚至我还在考虑，用友大学要不要请几个高校的老师来做兼职讲师，因为他们有很好的专业知识基础，缺乏的是企业经验，他们非常具有成为"名师"的潜力。这将作为我们下半年考虑的重点。

高校的老师走到企业大学，企业大学的老师走进高校，这将是未来的趋势，而且这个对接在美国现在已经接通了，只是在中国目前好像还是老死不相往来。

《中国远程教育》（资讯）杂志记者　李密珍/整理

奇虎 360 学院　严谨系统上的轻舞飞扬

在盈利为王、效益独尊的时代，越来越多企业竭力追求低投入高产出，传统师傅带徒弟的人才培养模式渐渐淡出企业视野；岗位职业能力被划分切割成多项能被迅速复制的小模块，用来对员工进行培训并加工，使其立马产生效益。这是科技时代的市场竞争白热化的特色，企业主们不得不振奋向前，马不停蹄，以致无暇顾及各类业绩数据之外的价值观。

然而，科学的统计数据固然能直观地反映企业的利益现状，却并非长久之计。如果缺乏文化传承与使命促动，缺乏温情调动与内驱动力，在强压力下被数字目标驱使的员工时常会深感能量耗尽而心力交瘁；而立足使命的员工其能量却会不断再生且备感荣耀而动力十足。

或许有人认为传统慢节奏的人才培养方式早该被摒弃，甚至连传统行业都认为这种方式太过时了，然而，奇虎 360 是一个反常道而行之的企业，它有着一般企业看来神奇而又隐秘的"免费"盈利模式，还推行"返古"的人才培养方式。奇虎 360 学院不仅没有摒弃传统漫长的员工文化价值观培养模式，还将其提升到企业使命的高度，借力意识形态的无形影响，筑成互联网上坚固的铜墙铁壁，承担起互联网警察和与其 LOGO 标志相符的安全护卫天使的使命。

日前，我们走访了奇虎 360 学院创始人朱晓楠总监，近距离感受奇虎 360 学院培训理念的神秘。

奇虎 360 的业务模式极具吸引力

李桂云：首先，请谈谈创建奇虎 360 学院的初衷是什么？是趋势还是应势？

朱晓楠：其实奇虎 360 学院（以下简称 360 学院）创建的初衷还是在于完善整个组织的人才培养体系，主要有四个方面：员工胜任力、企业核心竞争力，还有干部管理能力（包括新业务拓展对新人才的挑战），以及文化价值观的传播。奇虎 360 在 2010 年筹备上市的时候，就意识到一个上市公司最重要的就是如何储备人才，因为在知本社会里人才是最重要的。

2010年年底，当时我在百度学院，就得到奇虎360的邀请。它以成立360学院整个背景来邀请我。这也是我非常感兴趣的。有些公司认为，要等资本充裕之后再考虑企业大学人才培养的问题，但这个企业上市前就已经对人才问题做了很好的定位，公司高层的高瞻远瞩使得公司更早关注于人才培养。

李桂云：与其他机构相比，当时奇虎360最吸引您的东西是什么？

奇虎360学院总监朱晓楠

朱晓楠：我觉得是它那种创业的精神，它用一种创新的思维来面对新的业务和业态。我之所以选择奇虎360，确实觉得它的业务模式非常独特。比如一些公司的模式我们能够一眼看透，它比较透明；有的公司成长到现在商业模式已经非常成熟；还有些企业彼此非常相似，没有独特性。进入360之后，确实就如我预先感知的一样，总像隔着帘子看它的感觉，总是非常有吸引力的。第一，它做的是foundation，是整个互联网的基础，就像我们人类社会一些基础的设施一样，安全是整个互联网的基本设施、基本需求。第二，在这个业态情况下，它有很多应用的延伸，它的业务变现都来自于应用延伸，这就需要很多非常聪明的从业者，要具有创新性，这个企业才能办得很好。

360学院明确定位构建企业文化价值观

李桂云：当时，对360学院有没有一个明确的定位？

朱晓楠：它的定位非常明确，就是构建企业文化的价值观，还有人才培养、员工技能的提升，以及后备人才贮备，包括选育留用人才。它比其他企业大学承担的职责更多，因为其他企业大学可能更多关注人才的培养，关注企业文化价值观的构建较少。

李桂云：讲文化还有企业的价值观感觉还是有些缥缈，怎么能让内部的员工深切感悟到企业文化的内容呢？

朱晓楠：其实文化价值观是很真实的，不虚，最后你所看到的恰恰是人的行为，什么样的行为就决定了你具有什么样的价值观和文化。我们的文化不虚，我们老板带头一个产品一个产品地与大家分享，告诉大家怎么进行调整，然后现场问大家觉得好用吗，不好用我们一块儿去改。另外，新员工看老员工就是看他的行为，我们给新员工派导师，他们能从导师身上看到敬业，看到沟通合作，这种无形的影响以及言传身教的影响，让人感受到，这个公司就是这样的。这些人在做事情时会给其他人一种影响力，不一样做肯定自己也觉得挺怪的，别人都分享你很自私不去分享，那就不对了。

李桂云：您前面提到了奇虎360这种独特的业务模式，那么360学院和这个独特模式之间有着怎样一种映衬关系？

朱晓楠：一个企业的业务模式就决定了它的人才结构，实际上360的业务模式就决定了整个360学院人才培养的重点所在。一开始我们就很清楚，文化价值观是第一位，第二是我们需要什么样的人，我们要的这个人是谁。360跟别的企业不一样，它需要具有创新性，需要集中最聪明的人，所以我们整个培养就不再像别的公司那样是对一种能力的复制，或者是一种基于胜任力的培养，对这些我们也有能力培养，但不是排在第一。我们更多的是去发现一些优秀的人才，同时使他们具备360的文化和价值观。这些工作比一般的培训部工作更高出一些的是它所具有的战略性，像我们要去做后备者的选拔培养，要做文化价值观的构建，这两项对于企业发展是非常重要的，因为它是决定这个企业活力的一个系统发展过程。

提倡微创新　激励人人创新

李桂云：您刚才提到360独特的地方是需要具有创新性，而创新力培养一直是培训中的热点也是难点，不知你们是如何破解这个难题的？

朱晓楠：360有一个典型的文化，就是"微创新"。创新不是人们所想象的那么宏大，当一个创新思维从量变发展到质变，最后积累出的就会是一个颠覆性的创新。所以对创新的培养说白了都是从微小开始，从细节开始。这就像万里长城一样，中国人一开始没有想到它会成为世界上的奇迹，都是一块砖一块砖垒起来的。我相信创新是要有一定天赋的，但是学习是人人可以去做的。所以我们在培养创新性的时候首先从理念上告诉员工，创新是人人都可以做的，任何时候任何地方任何人都可以创新。

李桂云：当员工到一定年龄后，他们的创新会遇到瓶颈吗？

朱晓楠：有，谁都会有，包括乔布斯都会有。但是你要接受它，然后你再从细节开始。创新都是从微小开始，创新都在细节里，你一定要认可这一点。大家说魔鬼在细节里，同时我认为天使也是在细节里。

李桂云：如何帮这些老员工走出瓶颈？

朱晓楠：就是我们一直反复说的文化价值观，我们告诉他努力微创新，创新不是宏大的。另外有时候大家一块儿坐下来，比如，我们有个产品经理俱乐部，一块儿去探讨，你觉得才华枯竭了，江郎才尽了，没关系，可能别人有一个小火花激发你一下，你马上会有了创新的灵感。我们有很多这样互相激发的机制。

3E原则保证培训针对业务问题

李桂云：目前360学院已经运转了一年左右，您觉得值得骄傲的成绩有哪些？还存在哪些困惑？

朱晓楠：相对来说，我们比较出色的成绩是在人才构建方面的三级领导力培养，还有针对业务问题的员工技能的培养，已经逐步形成一个非常清晰的发展轨道。但在文化价值观方面仍存在困惑，这里面存在一些客观原因，因为360公司上市前是800人，到现在已经将近2800人了，人员快速增长，文化价值观就不断被稀释，所以我们整合凝练的过程，达成共识的速度目前还赶不上这种新人不断注入的速度。另一个困惑是高端领导团队在文化价值观上如何达成共识，如何共同成长，这个问题我们也正在逐步清晰。这些也会是我下一步工作的重点。

李桂云：您提到针对业务问题的培养思路，为什么特别强调针对业务问题呢？

朱晓楠：因为互联网的模式非常独特，互联网新技术的延伸速度是非常快的，它的行业发展的不确定也非常独特，它不像传统企业可以预测到三至五年的发展趋势。互联网企业很少提半年计划，季度计划都不能确定，因为，也许一夜之间就有新的技术颠覆现在的业态和模式，就像微博，大概在半年之内就改变了人类沟通的方式。所以在变化这么快的情况下，你就不能说基于胜任力模型，基于企业的整个能力模型去慢慢地构建企业培训体系，就必须针对业务问题快速提出人才的解决方案。在业务发展中，对应出有什么样的任务，对应出什么样的问题，去做问题分析解决，然后需要的人是什么样的，需要有什么技能去做。

我们有一个优秀的培训项目经理团队紧密跟业务部门进行互动，然后对业务中存在的问题进行很准确的诊断。诊断后培训人员要马上分析，哪些问题是可以通过学习活动去解决的，还有一些可能在当下根本就没有人或对应的技能能解决，那就要去储备人才，因此就要去及早运作一些储备人才项目。我们还有一些机制是保证用第三只眼看新技术，专门有一个团队在坚持做新技术的培养和新人才的搜寻。也就是说先解决问题，在解决问题的基础上，往前再看两年，未来的新技术新业务有可能需要的人，我们现在就得储备人才。总之，我们的项目体系非常复杂，而且比其他公司的速度要做得更快、更细致。

李桂云： 能不能具体讲一下360学院运作的几个项目？

朱晓楠： 我原来在其他媒体也分享过，我们现在主要是基于3E的原则。第一个E就是70%的Experience＝on job learning，即在实践和工作中学习，我们实行挑战性项目、新任务分派及导师制，还有基于项目的实训，然后让他去做一些战略性项目的储备，还有一些有点儿像行动学习，基于任务去做一些技术人员的培养。第二个E，就是20%的Explore，即如何跟别人去互动，得到辅导，这一块不用学院去做很多工作，因为互联网本身的特征就是足够扁平化，合作是非常正常的。这种扁平化的管理还有虚拟项目，由来自不同部门的同事同时在完成一个项目，在此过程中相互学习，而学院利用好现有的机制就可以了。最后10%的E就是我们说的Education，即面对面的培训，让员工系统地学习一些知识，这方面现在学院做得也是非常系统。比如我们新人进来，应届生基本上集训两周到将近四周的时间，从文化，从一些企业的技术须知，到他们从校园到职场转型的一些职业技能的培训，都会有；之后我们再进入到实训项目中，教他如何从单打独斗变成一个团队成员，怎么去达成团结，怎么学会跟人合作沟通妥协。

内训价值观提倡"技高则讲，业精则师"

李桂云： 奇虎360内部的培训师建设是什么样的情况？

朱晓楠： 我们现在有一批很优秀的内训师，都是兼职，将近一百多人。我们告诉他们：你在成为行业专家、企业内技术牛人的过程中，其实你有一个责任，就是从会做到做好之后，你要想办法帮着别人会做、做好。而且我们提倡一种价值观——"技高则讲，业精则师"，就是你技艺高了就要跟别人分享，你的从业经验很精湛的话，你就是老师。我们的董事长周鸿祎就带头分享，我们培训学院有一个专门单元是"老周讲产品"。因为他是业界最好的产品经理，所以他会定期给大家辅导产品是怎么做的，非常细致。因此，我们每一个人都相当于一个发动机去影响其他人。

李桂云：对这些兼职培训人员，在管理上怎么进行？

朱晓楠：其实我们在管理上跟其他企业做的一样就是激励，都是一些常规的激励。但是我们更多的是让他从价值观上认可"开放协作""永做发动机，去影响他人"及"技高则讲，业精则师"。因为技术人员有一种典型的偶像崇拜行为，我们让他们认可这种精神价值。而且我们年会的第一个单元就是表彰讲师，表彰课程开发人员，每年年会都是这么做。另外我们的培训师是需要申请的，还得有人推荐，且都是资深的人来推荐，比如说要有上级或者技术或产品专家推荐，我们才接受他是讲师，这本身就给他一种荣誉感。

李桂云：针对业务突发的一些问题由谁来讲？

朱晓楠：这些我们会想办法，一方面社会上如有这样的资源，我们会邀请过来，像我们会邀请Facebook，Google的人过来讲。另外，我们会优先去储备这样的技术，会定期外派技术人员去学习，我们有很多机会去参加一些国际国内最新的技术高峰论坛等。他回来后也要做内部论坛分享。

李桂云：奇虎360具有互联网行业特征，员工多呈年轻化态势，360学院对其进行的培训成本相对较高，该如何有效防止人才流失造成培训投入损失呢？

朱晓楠：一方面我们半年或每个季度会做一些关键人才库的处理，会关注一些关键人才，看哪些人非常优秀，然后针对这些人有一个培养体系，对这些核心骨干会定期让他去学习，参加一些国内外最新技术的培训，会帮助他转型，有的人在一年之后可能就参加领导力培训，成为技术型的管理者；或把他送到雏鹰训练营帮助他转型，成为我们的高级人才储备。在整个过程中他始终会有一个黏性，他会觉得公司一直在关注他，给他培养机制，让他从多个角度感觉到在成长。

培训促进企业使命落实

李桂云：奇虎360的企业使命是成为全球最受尊敬的互联网企业，360学院是如何落实使命的？

朱晓楠：第一，对外，我们做了一个跟北京市教委合作的公益学院——360互联网安全学院，对40多所重点院校的学生进行培训，让他们成为推动未来中国互联网行业发展的中坚力量。学生对此特别感兴趣，当时报名都挤破了头。没办法，我们只好通过考试让合格的人拥有这个机会来上课，这七天的课完全是免费的，而且这个项目我们还要持续做。

第二，我们对外承接了一些政府机构的服务工作。因为信息安全其实是一个foundation，是你生活中的一个必需品，所以我们经常免费跟政府合作，向一些政府部门提供免费的信息网络安全培训，从技术到信息，到体系性的东西都要支持他们，从专业的角度告诉他们有什么风险，如何去规避。360学院专门有一个对外培训组在做这件事情。

第三，我们还在做一些公益课堂，给一些贫困山区的学生、农民、留守儿童做互联网普及教育，他们在网络安全上，甚至是如何用电脑上都是没有基础的，我们派人去给他们讲。

第四，我们在对内做人才培养的过程中，本身就在承担一个企业社会责任（CSR）。因为我们每年吸纳400~500名优秀的应届生，其实就在帮助社会就业。对外我们也跟腾讯、阿里巴巴的人进行一些交流互动，在保证内部人才培养的基础上，我们也会输送我们的专家到一些公司、高端的技术论坛上去分享我们的信息安全技术，其实这也是在帮助别人。

李桂云：全球最受尊敬的互联网企业有没有一个明确的概念，怎么样才算最受尊敬的互联网企业？

朱晓楠：定出全球最受尊重的互联网企业离不开它拥有的市场，中国市场本身有全球最大的互联网市场，而360公司目前的用户端数排在第二，第一是腾讯。另外，最受尊重其实就是看你是否真正满足了用户需要。我们的企业文化价值观有一条就是用户至上，你看我们都是免费为用户提供安全，而且我们更新的速度是最快的，杀毒是最轻巧的，占用电脑内存少，包括手机杀毒都是非常轻巧，速度很快。最重要的是我们做的所有这些都是把盈利放得很远，出发点是怎么去满足一些典型的用户需求。

李桂云：可不可以理解为这是公司品牌推广战略的一部分？

朱晓楠：其实360公司最神奇的是从来没有打过广告，或许大家能感受到，而且从来不做推广，我们做的这些项目，像360互联网安全学院、对外的公益支持，还有对外、对内的人才培养，都从来没有打着任何营销观念，确实是由企业使命驱动去做这些事情。

李桂云：以后会采取收费的模式吗？

朱晓楠：这个应该是企业战略层面的事情，我个人不在这里评说。

培训体系追求严谨系统上的轻巧灵活轻舞飞扬

李桂云：对于360学院的未来发展模式，您有什么样的思考？

朱晓楠：我们不会像某些企业大学那样走成内外两层皮，其实那样挺悲哀的，像一些企业大学，其实它现在是一个对外的机构，并没有真正致力企业内部的人才培养。而360学院一直是两条腿走，一条腿对外进行安全培训，因为你是业界的专家，你要承担这个责任；另一条我们仍然会以对内的人才培养为主体。可能现在是二八分，对外是二、对内是八，未来可能比例会稍有调整，但仍然是对内为主。

李桂云：您跟很多企业大学的负责人都有过交流，您感觉目前企业大学成长中面临的最大困惑是什么？

朱晓楠：我不客气地说，有点儿像自娱自乐。专业是足够专业，但是总是沉浸在自己的二亩三分地里面，没有真正把自己放到与企业家一块儿，跟业务脱节了。昨天还有一个朋友说："你在百度给我印象就非常深，你确实是我见过的业界真的替业务着想的一个培训管理者。"我说，确实是。我认为其实大部分人是以典型的职业经理人心态在做事，但是我去哪个企业，都是把它看做是一种事业型工作，就是我和企业家之间一样都认为这个企业就是我的事业，这个学院就是我的事业。我就是以这种态度在做任何事情。

李桂云：您希望别人在提到360学院的时候，会用什么样的词来形容它？

朱晓楠：360学院是建在系统性的基础上的，360学院的系统性非常严谨，360学院是系统上的轻巧灵活，轻舞飞扬。其他的企业大学可能太过于宏大，而互联网不允许你花三四个月搞什么能力模型出来，而是需要实际解决问题的人才培养之道。

李桂云：这种模式适合在其他类似的机构推广吗？

朱晓楠：原来我不好说，但最近很多企业主动来找我们学习，什么行业的人都有，能从中感觉到同行的困惑，而且我感觉时间是一个很大的关键因素，所以培训学院如果不轻巧灵活地推出自己的体系，推出人才增值的活动，企业老板是受不了的，因为它毕竟不是利润中心，而是个成本中心。所以很多企业大学现在都在学习。

《中国远程教育》（资讯）杂志记者　李密珍/整理

腾讯学院　企鹅帝国的人才精进策略

"现在大家做培训，不要再没完没了地找很多新的工具、新的方法论、新的概念。其实没有太多新的东西了，通常培训效果不够好，是因为做得不到位，做得不精。"这是腾讯学院常务副院长马永武的原话。

腾讯是一家市值500亿美元的上市公司，开展的业务几乎涉及互联网各领域，活跃的账户数超过7亿，公司员工近2万人，员工平均年龄27岁。在日新月异的互联网行业，腾讯学院扮演了怎样的角色？马永武常务副院长用一个个鲜活的实例带我们走进腾讯学院。这位既在甲方又在乙方工作过的培训人对行业发展的认识与理解颇为深刻。

飞速成长的五年

李桂云：加入腾讯学院前，您在惠普商学院工作了十年，您是怎样与腾讯学院结缘的？

腾讯学院常务副院长马永武

马永武：我接触腾讯学院就是在惠普商学院时，当时腾讯是惠普商学院的客户，腾讯到惠普商学院来买培训，我作为乙方帮助腾讯做服务做了一年多，后来就加盟到腾讯了，腾讯以前就很重视培训，投入蛮大的。

李桂云：腾讯学院成立于2007年，五年成长是否达到了当初的预期？

马永武：其实五年时间，我觉得可以说一部分达到了当年的预期。我在各种场合都会谈到培训有两件事情：一件事情是体系，一件事情是项目。所谓体系就是建立起一个完整的针对不同层级的培养体系，让不同环节、不同层级的人都有培训的内容。所谓项目就是针对一些核心人员，要有一些重点发展项目，我们叫"加速培养计划"。五年来，我们已经把这个体系、项目建立得比较完整了，这是我觉得比较有成就的一项。

对于新员工，对于不同通道、不同层级的职业人员，腾讯都有不同的培训内容，到现在为止，我们已经有 300 多门内化的面授课程，在线学习的课程 1300 多门，而且有 600 多位兼职的讲师。

但从严格意义上讲，学院的发展还没有完全达到当时预期，整个公司的管理层对培训的期望值特别高，员工的期望值也特别高。公司希望我们在原有基础之上能够更好地配合公司的战略发展，能够更有前瞻性，通过企业大学的建设来做好未来人才的培养工作。

去年夏天我与学院同事们一起确立了一个 2.0 版本的学院定位，企业大学 2.0 的定位包括三个方面：员工成长顾问、业务发展伙伴、企业变革助手。这是我们持续努力的方向。

李桂云：这些都是您来腾讯之后发展起来的，包括自建课程和培养了这么多的兼职讲师？

马永武：腾讯原来也有很多的课程和讲师，只是说成立学院以后发展得更快，以前课程体系没有这么齐全完善，没有这么多门课程，也没有这么多的兼职讲师。

我认为，公司给了你很多培训预算，你拿这些钱去选一些质量不错的课程，得到的反馈很好，这些是最基础的工作，如果能结合业务发展，又买到很适用的课程，已经很不错。但是仅仅这些还不够，作为企业大学要在经过若干年的发展后，把公司发展过程中的一些成功的经验、失败的教训记录下来，沉淀下来，并转化成课程，转化成案例，这对学习型组织是特别有帮助的事情，这才是对企业大学更高层次的要求。

把培训当公司品牌建设来做

李桂云：听说过一个现象，不知道是不是真的，一些人选择加入腾讯的原因，是了解到腾讯培训的过程，或者是恰好参加过公司的培训活动。有没有这样的事情？

马永武：您说的我确实亲身碰到过，比如我们的新人培训项目"腾讯达人"。这个项目是要求新员工入职的第一个星期，要自由组成一些小组去采访老员工，让老员工讲一讲自己在腾讯的经历和故事，并记录下来。由此他们听到了很多老员工切身的感受和故事，很感性，效果非常好。我参加过几次"腾讯达人"的培训，确实很多人会很看重在腾讯有这么多学习和发展的机会,我碰到的不止一例,这是吸引他们来腾讯的原因之一。而且我也不止一次在面试一些人才时,他们都会问到:"腾讯对核心人才的学习和发展是怎么安排的?"这是他们很关心的问题。再有就是包括很多大学生。我每年都会参加校园招聘,也会到大学里面去宣讲腾讯的培训方法和力度。培训已经成了腾讯公司具有吸引力的品牌之一。

创新的培训模式

李桂云:您刚讲到了"腾讯达人"项目中新员工采访老员工这样一种模式,这个模式是受到了什么启发?

马永武:其实这是我们大家在一起头脑风暴后想到的。对新人培训免不了都要谈公司历史,谈企业文化的内容,但多是通过教科书讲的,可我们觉得这样讲不够感性。我加入腾讯以后还做过一个比较感性的事情,比如拍一段视频,让创始人或公司高层每个人讲一段话,新员工来了放给大家看。公司越来越大,新人进来几年可能都见不到老板马化腾,放了这样的视频以后效果挺好的。不过只是播放视频肯定不行。

李桂云:仅播放视频新员工还是会觉得离自己太远?

马永武:对,离得远。所以我们就想怎么让企业文化更具有感染力,更感性,不仅仅是文字、视频这些内容,于是我们就推出了"腾讯达人"这个项目,这个项目还是挺成功的,那些被采访的老员工都非常喜欢。

李桂云:老员工都是你们安排的?

马永武:没有,我特别想强调的是我们让新员工随便去找,他们有的人会找部门里的老员工,有的会在食堂里排队的时候去认识,或者在茶水间接水的时候认识,还有在班车上认识的,然后就面对面聊天进行采访。

李桂云:难道你们不担心老员工说一些负面的东西?

马永武:可以说,这个问题马化腾也曾经问过。我们绝不会限制员工只能讲正面的,不能讲负面的。腾讯是一个开放的公司,即使对公司有意见,在公司内部的BBS上员工都可以匿名提,公司有这个文化。所以负面的讲就讲了,对此新员工会有判断的。再说如果这个公司里大部分人都讲负面的话,那可能公司就有问题了。所以挺高兴的是绝大部分员工都讲得很正面。我们还把这些案例整理起来出了一本书,叫《达人秘笈》。

李桂云:《达人秘笈》?挺有意思的一个创意。其实从另一种角度来说这也是对老员工一个很好的激励和肯定。

马永武：对，我们还做了一个小视频，上个星期我们在深圳做了一个颁奖大会。就是把这些达人、这些年被采访最多的达人表彰了一下，公司的副总裁去给他们颁奖。

另外我想谈的就是创新。说到创新我还想讲我们有一个叫做"名家之声"的活动，想特别与大家分享一下，"名家之声"是我们根据员工的需求做的一个活动。传统的培训一般就是上课，但我们希望大家有比较广阔的视野，经常能看到一些新的最前沿的东西，这些东西靠一些传统培训课程未必可以得到。但是互联网行业发展节奏非常快，我们又不希望在周末安排培训而影响员工休息。所以我们在2008年推出了一个"名家之声"的活动，不定期地请一些各行各业的名家做讲座。讲座抓最新的热点，挺受欢迎。

Q-Learning 有效应用的核心要素

李桂云：您觉得在培训创新方面要把握怎样的原则？

马永武：我觉得培训上的创新要把握两个原则。第一，一定要切合企业和培训对象的特性来做。比如说"腾讯达人"项目，它缩短了培训的周期，这跟我们的业务，特别是互联网的快速发展是有关系的，满足了企业的特定需求。包括您了解的 E-Learning，腾讯在 E-Learning 方面做得也很好。第二，与时俱进，要及时了解在学习方式上的新动态。

李桂云：刚刚您提到腾讯做 E-Learning，上次在我们中国 E-Learning 促进中心深圳交流会上您曾经介绍了一些，给许多人留下了非常深刻的印象，包括您对 E-Learning 在企业当中应用的一些感受体会。

马永武：E-Learning 在企业的应用，我们每个月都会做一份报告，报告里面包括有效样本、学习覆盖率等，我们要分析页面点击情况，以及关键字搜索的情况，及时发现员工在应用 E-Learning 中遇到的问题。我们培训总监、项目经理负责整个 E-Learning 的应用情况，他们都会去跟进了解。员工在 E-Learning 方面的应用还是很不错，据统计，今年3月份登录人数就有12000多人，71%的覆盖率，比上个月有小幅上涨。

李桂云：看到您的演示，觉得腾讯的确在 E-Learning 管理及推进上做得非常细致。E-Learning 在腾讯学院被称为 Q-Learning，Q-Learning 能够在公司里得到很好的应用，您觉得有哪些核心的要素需要抓住？

马永武：有这么几点，第一点要提供好的合适的内容，不同公司的人想学的东西无论课程形式和内容都是不太一样的,内容要定制化,尽量少买通用的课程。第二点在内容建设上,比较受欢迎的都是内部的一些经验分享和大家关心的热点。这就需要做 E-Learning 的人要有很敏锐的眼光去不断跟进公司业务,然后去抓这些热点。比如我们最近的一个采访,微信出来以后,我们就迅速去采访微信团队是怎么做好这个产品的。第三点是在 E-Learning 学习里,运营是一个非常重要的工作,即怎样去经营这个东西,怎么样去宣传,怎么样通过一些活动发动大家参与学习,这需要有很强的运营意识。所以我认为要做好 E-Learning 这项工作就是做好三件事:内容建设、功能建设和运营。

做广义的培训服务

李桂云:您曾提出从事培训工作,必须不断地进行创新,从培训内容到培训方式到服务都要找出创新点来。创新对腾讯这种讲究创新和创意的公司来讲,更为重要。您此前提到了培训内容及培训方式的创新,服务的创新该如何理解呢?

马永武:其实我觉得服务的概念包括两层概念,有广义和狭义的。先说广义的服务,我们的培训有两方面,一方面是说结合员工的能力素质模型和公司的未来战略发展,公司对人才有一个要求,基于这个要求我们去建立自己的培训体系、建立培训项目,我们要从上而下积极引导他们去学习。

另外就是对业务发展伙伴的服务,这是企业大学的第二条定位。前两天我们还在与业务部门经理讨论一个案例,腾讯做开放以后,我们要开放 SNS 的平台,有很多开发者来腾讯做生意,把他的应用放到腾讯的平台上,用户买了以后和腾讯分成,也就是 facebook 的模式。我们希望能有更多的人在这个平台上挣到钱,那么我们怎么才能帮助这些开发者做得更好?我们不仅仅是建立一个规则,腾讯学院要做的是通过一些培训的课程,或者一些在线的学习方式,让这些开发者先了解如何和腾讯做生意,怎么能做得成功,有哪些好的方法经验,我们会教给他们这一切。这些开发者就会感觉腾讯确实是比其他公司好,不仅分成比例好,而且还会帮助他们。腾讯学院拿出了比较多的精力和资源来帮助他们搭建这样一个平台,这就是我所说的业务的服务,也就是广义的服务。

狭义的服务其实是在培训中的那些服务工作,现在随着学习量越来越高,我们一万多人的公司,年面授的培训小时数已经达到人均 40 小时。这么大量的面授需要有一些服务的人员，两年以前我们开始把这部分工作剥离出去成立了一个外包团队，效果很好。今年有许多投资公司，包括一些中小型公司，他们自己还没有建立自己的培训体系，来跟我们交流，我们就会告诉他们培训体系怎么建立。对于一些合作紧密的公司，我们也会给它们一些课程的支持，包括培训。有些培训都是免费的，让这些公司更好地提升他们的能力，更好地认同腾讯的企业文化。我们会有选择地把内部课程开放给我们的合作伙伴，包括业务链的上下游合作伙伴。

李桂云：未来有没有一天会收费？

马永武：免费的可以有选择，给谁做不给谁做，可能基于他们业务的重要程度，而且我们会有限度地做。从长远看，尤其是在线学习这部分，我们会考虑做成一个盈利的项目，收费的项目。其实也给大家描绘了我们的蓝图远景，比如，将来两百人的腾讯学院，会有一半人是专职给客户做培训的，收费的，并且每个月要有利润。

说老实话，在现在看来，腾讯不为了挣钱，因为这整个收入在公司里面是很小的一部分，如果指望它去增加公司的利润，是不太可能的。但我们更看重那种价值和影响力，它能够加强这些合作伙伴与腾讯的关系，这对业务收入的回报会更大，另外也是腾讯尽企业社会责任和提升我们雇主品牌的一个方式。

培训团队管理之道

李桂云：您的培训团队目前已经有80多人了，在管理上有哪些经验可以谈谈吗？

马永武：我觉得做培训专业性很强，如果选择了做培训，他一定是喜欢这个行业，喜欢学习和分享。培训团队的管理有两方面，第一要带动整个团队强调培训不能就专业谈专业，一定要有一个业务的视野和商业的视野，与公司的业务紧密相联。第二要注重专业的提升和个人的成长，在腾讯学院我们经常会组织标杆学习活动，内外部交流，同时会就一些重点的课题和重要项目，做深度的研究、总结。我们经常一轮轮地研讨碰到的问题，然后想办法怎样去改变它。这也是一种行动学习吧。

李桂云：现在对行动学习的探讨也比较热，您感觉行动学习面临的最主要问题是什么？您最大的困惑是什么？

马永武：行动学习有两类，一类是基于问题解决的行动学习，一类是基于人才发展的行动学习，目的不同，做法也不一样，腾讯更多的是人才发展类的行动学习。

我们研究行动学习也很多年了，因此还是有一定发言权的。我们觉得第一类基于问题解决的行动学习，有时候太关注解决问题本身了，这样对人的学习反思和人才发展的作用会减弱。但是也有另一个矛盾，如果过于偏重人才发展的行动学习，即第二类行动学习，做的只是一些虚拟的课题，学员的参与也有限，人的成就感会比较弱，就可能没法对企业真正产生太多的影响。因此各有利弊。

李桂云：你们更多的是基于人才发展的行动学习，也就是模拟一些场景的学习方式？

马永武：对，但是模拟也会有问题，比如投入度的问题，也就是能否带来成就感的问题。对此我们当然也有一些解决的办法，比如会让高层关注和参与到行动学习的评审中，这样参与者就会很有成就感。因为虽然是模拟，但是如果是马化腾来听了，并且给了反馈给出了建议，对参与者的帮助和提高就很大，他们也会愿意做这样的事情。

李桂云：很多人都觉得培训者这个角色在机构里面稍微有一些尴尬，不知道你们这样的团队会不会有这样的一种感觉？

马永武：我也经常会碰到这个问题。但是跟大家去交流、去谈，我觉得首先是要有好的心态，就是作为培训者这事你要认了，你要不认你就别干这行。因为你不是做业务做产品的，你是做支持的，你的成就感不会来自于产品，所以你也不要有那样的期望值。所以第一要做好期望值的管理。第二在招人的时候要选好，如果他真的喜欢做培训，他就能坐得住，就会愿意潜心做研究，愿意做体系建设性的工作。而且做培训还是要选一些有积累和阅历的人才好。第三点就是作为培训团队的管理者，也要有一些手段和创造一些机会，能让大家有成就感。同时也需要向老板申请这种奖励，我们现在就有很多奖励，腾讯每个季度都有CAO特别奖。

培训行业需"精进"

李桂云：抛开团队管理这个话题，在培训领域里面工作这么多年，您也经常出席培训及人力资源领域的会议及沙龙，您对整个圈子有什么建议？

马永武：我在培训的圈子里甲方和乙方都做过。我自己挺深的一个感受就是说，培训这个圈子，是一个挺好的圈子，开放、分享和交流非常好，这可能比其他圈子做得更好，大家都有相互学习、分享、交流的意识，这是一个非常好的趋势，好的现象，我也挺喜欢这种氛围，并且身体力行，经常参加这种分享。

李桂云：是，您的开放意识特别强。

马永武：只有大家分享才能做得更好，开阔视野才能见识更多。另外一个感受，我觉得培训不能过分强调培训专业，虽然培训是需要很专业的，但有时讨论的一些内容有点太专了，甚至唯恐别人不知道自己有多专业。其实如果培训脱离了对客户的服务，脱离了培训对象的业务，脱离了他们的一些感受，没有针对性地解决他们的问题，那就是空的。我觉得在培训圈子里面更要强调以解决问题为导向。

李桂云：那您从腾讯学院这个角度，期望能为培训这整个行业做一些什么事？

马永武：第一就是开放，腾讯在讲开放，培训也在讲开放，把我们的一些经验一些做法开放给别人，如果有一些平台和机构能够让大家经常在这个平台上研究一些培训的规律性的东西，做一些很有深度的，具有实操性的研究，这个是很重要的。我很愿意去参与，尽一份力。另外，我挺认可凯洛格企业大学白皮书6.0版本的题目：《精进》。我很认可这一点，现在大家做培训，不要再没完没了地找很多新的工具、新的方法论、新的概念。其实没有太多新的东西了，通常做的效果不够好，是因为做得不到位，做得不精。早些年做培训的时候，是从无到有，现在应该是从有到精。我的建议就是要把事情做精，坚持下来去做就会有效果。

《中国远程教育》（资讯）杂志记者　罗勇/整理

中兴通讯　员工能力提升助推企业发展

中兴通讯自 1985 年成立至今，通过近 28 年的发展，逐渐成为全球领先的综合性通信制造业上市公司和全球通信解决方案提供商之一。目前，中兴通讯拥有员工近 8 万人，遍布全球 150 多个国家和地区。其中，从事海外市场推广和技术服务的员工 1 万多名，研发人员数量更是超过 2.3 万名，在国内上市公司中名列第一。

中兴通讯学院 2003 年成立，致力于合作伙伴培养及内部员工培训。中兴通讯学院为全球近 100 个国家和地区，近 30 万名国内外客户提供培训、文档、咨询等知识服务。在对客户提供服务的同时，中兴通讯自身的人才培养做得如何？是什么支撑着这样一家企业能够快速而稳健地发展，成为全球知名通信设备供应商和中国高科技领军企业？为此本刊特地走访了中兴通讯人力资源中心培训与发展总监赵艳丽女士，希望通过此次访谈了解中兴通讯的人才培养之道。

因应战略发展　企业大学转型

李桂云：请谈谈中兴通讯在人才培养上的态度与主张。公司建立了怎样的人才培养的组织框架？

赵艳丽：中兴通讯从成立之初就立志打造学习型组织，从董事长、CEO 到中层管理干部，再到一般员工都在不断地学习，以适应公司国际化和业务发展的需要。

作为一家领先的通信产品及服务提供商，之所以能够快速而稳健地发展，员工能力的不断提升和发展是促进企业发展的最重要原因之一，企业高层更把员工能力提升提高到战略的高度并予以全面关注。

在中兴内部，人力资源中心与中兴通讯学

中兴通讯人力资源中心培训与发展总监赵艳丽

院分别作为员工能力提升的管理和实施单位,人力资源中心与中兴通讯学院是平行的两个单位,连同各业务单位管理人员和专家骨干,建立起面向公司战略、促进业务发展的员工培训与发展体系。

1993年中兴通讯培训中心成立,2003年重组为中兴通讯学院,作为中兴通讯的企业大学,整个学院把促进公司战略的发展和促进战略变革作为愿景及使命,为客户、员工和外包商提供优质的培训服务。短短几年时间,不论在经济效益还是社会影响力方面,中兴通讯学院都位列全球通讯行业企业大学的前几位。中兴通讯学院的目标很明确,即为内外部客户培养人才,提升人力资源的能力,并成为企业的学习发动机,提升企业竞争力,目前学院把更多的精力放在内部员工能力提升上。

李桂云: 学院把更多精力放在员工能力提升上,是否与中兴通讯整体业务发展战略有关?

赵艳丽: 是的,这与公司战略密切相关。近两年,公司业务高速发展,尤其是海外业务在整个业务中所占的比重越来越大,目前我们大约60%以上的业务收入都来源于海外。海外业务的发展,不仅对员工的业务专业能力有高的要求,而且对语言能力、沟通能力的要求都非常高。因此提升员工能力,逐渐成为凸显的一个问题了。

三方协同制定培训规划

李桂云: 人力资源中心与中兴通讯学院是并行的单位,涉及培训工作,两者的具体分工及协作情况是怎样的?人力资源中心与中兴通讯学院之间也是协议式的合作方式吗?

赵艳丽: 两者是并行的关系。涉及培训工作,人力资源中心专设了培训管理的部门,负责整个公司员工培训的管理、培训的规划以及培训需求的收集和管理,更注重培训前端的设计与宏观规划。规划完成后,有一部分培训会交予中兴通讯学院去实施,尤其是公司级的一些重点培训项目。另外一部分,就由各个业务单位自己来实施。

培训规划与实施之间通过协议的方式,也可以说是委托的方式。年度计划制定出来后,一些重点项目将由公司领导亲自签字,委托中兴通讯学院实施,策划案中会把要求、目标定清楚,学院根据规划及相关要求,再去设计具体的策划案。

李桂云: 做一个培训规划大约需要多长时间?还有业务部门的相关人

员介入吗？几方共同参与的模式，对培训工作的开展有何利弊？

赵艳丽： 做前期规划时，人力资源中心更多扮演的是规划牵头人的角色，把规划的重要方向、整个进程及主要方法列出来，会组织相关业务部门专家加入到制定培训规划的大团队中来。将业务专家吸纳进来是因为他们最了解业务现状和发展，比如：2011年产品研发整体方向应该在哪儿？员工能力提升的重点是什么？在每个体系中，如销售体系、物流体系等都有自己专门的业务培训团队，他们了解业务因而清楚培训需求的重点。同时中兴通讯学院的项目组主要成员也会加入到规划团队中，这样实施培训的项目组会充分理解规划主旨所在，有利于后期培训实施的有效性。

我认为由人力资源部门牵头，三方共同参与，最关键一点是保证了公司培训方向和重点内容的一致性，需求聚焦，同时共享最优资源，为企业共同目标而努力。把业务单位纳入其中，保证了培训是以支持业务发展和支持战略实现为目的，而非只是为了培训而培训。

如果谈到不足，我认为当把各个体系单位纳入其中时，会因各单位培训成熟度的不同，业务领导对培训重视程度不同等原因，导致培训计划与实际问题之间的贴合度会有差异。

实际每次做培训规划都需要比较长的时间，一般持续半年左右。比如2011年规划，从2010年9月就开始着手，一直持续到2011年3月才全面完成。

灵活运用内部资源

李桂云： 您觉得中兴通讯在员工内部培训工作中面临的最主要的挑战有哪些？

赵艳丽： 随着通信技术的发展，如何让一线员工在最短时间内掌握新产品、新技术的核心内容，这是我们目前培训面临的挑战之一。前两天我跟同事交流，当我们把一个新产品的关键技术做成多媒体课程面向海外市场推广时，发现这个产品有可能已经更新或被其他技术替代了。在一些传统行业可能存在一门课程可以连续用三四年的情况，而在我们这里这种情况比较少，行业的发展决定我们在课程开发、培训推进等方面要非常快速。

另外，我们有很多在海外的员工，有些是本地员工，还有一些是中方派过去的员工，他们遍布在150多个国家。我们都知道面对面的培训效果是相对比较好的，但显然不可能派老师将150多个国家走一遍去面对面培训，这就存在用什么方式培训的问题。有人提出通过远程培训的方式解决，这的确可以解决因距离和时差造成的问题，但在非洲一些国家，通信网络正在搭建完善中，收大一点的邮件可能要花去一天的时间，借助网络学习又谈何容易呢？

还有一个比较凸显的现象，目前越来越多的"80后"员工，他们更加独立、自主，他们的价值观，包括对事物的理解、表达方式等都比较独特。如何让他们更好地理解和接受公司传统的价值观，比如我们侯董事长（侯为贵），近期提出在目前情况下依然不要忘了艰苦奋斗，如何将这个传统概念赋予新时代的意义，让员工更为准确理解，这也是我们培训的范畴。如果只是面对面地宣讲灌输，对于那些"80后"员工就可能难有效果。我们采取的方式有很多种，比如用比较潮的载体微博等传播比较传统的理念，先让他们从形式上接受，进而接受内容，这是我们正在尝试的，目前来看效果还不错。

李桂云：您刚才提到，行业发展对员工知识更新率的要求非常高，面对企业新产品迅速增加、平均生命周期不断缩短的现状，在培训课程开发方面，培训管理及实施者该如何去追赶这种快速步伐呢？

赵艳丽：首先是模块化的课程设计，这是用有限的人力物力来适应中兴通讯不断增加的新产品和越来越短的课程开发周期的解决之道。模块化管理最大的优点在于可以按照客户的需求定制相应的课程，并且在新课程的开发上可以大量借用共用的基础部分的文档、讲师等体系，从而大大提高课程设计的效率和准确度。

目前中兴通讯学院新课程的开发平均仅一个月不到的时间就可以完成，并且可以做到在产品设计的阶段就介入，产品推出之时课程也可以同步推出。

另一方面产品线有一些专家，这些专家除固定的工作职责外，还有知识输出的义务，他们要快速更新产品知识并传播出去，这是对专家骨干的要求。现在每周、每月他们会输出新的产品和技术要点，培训管理相关部门会把这些更新后的知识，以学习手册、在线课程和配套测试题的形式，快速输出给销售一线，包括海外一线。为了检验学习效果，我们每月要组织新知识的考试以检验其掌握程度。

李桂云：看来这些产品专家在培训中有很大作用。除了课程之外，培训讲师内部也可以解决吗？

赵艳丽：我们多数培训都交付内部完成，包括讲师。现在全公司通过认证的有3600名兼职讲师。这些兼职讲师与外界讲师最大的不同是他身处业务中，了解企业特点和现状，他们往往是专业领域的骨干，因此授课过程中传播业务知识是他们的强项，公司更多的是需要培养他们的演绎技巧，课程开发的技巧等。

李桂云：这 3600 名兼职讲师，是否有些考评制度来约束他们？他们是否有足够的动力从事这项工作？

赵艳丽：我们有一个专门内部的《员工培训兼职讲师管理办法》，在这个办法中最核心的就是兼职讲师的任职标准，在有些企业兼职讲师没有分级，在中兴是建立了五级的兼职讲师发展通道。

对于兼职讲师，我们提出"传道授业成就未来"的期望，他们是公司内部知识和优秀经验的沉淀者和传承者。从精神层面讲，这是一个比较高的定位与激励。其次，不同级别的讲师，我们有配套的物质的激励，在他们薪酬之外有兼职讲师授课费，同时，每年会有优秀讲师的评选，包括课程开发贡献，参与培训项目贡献程度的评选，表彰会上会邀请两层领导亲自颁奖，而且还会在公司内部刊物和 e 员网上刊登，对他们来讲，这也是一种很高的荣誉。现在公司很多人都愿意加入到兼职讲师的队伍里来。

客观评价培训效果

李桂云：培训效果由哪个机构检验？有哪些比较实用的方法？

赵艳丽：对于重点培训项目的效果，人力资源中心跟各有关单位共同来检验。年初制订培训规划时对每一个培训方案会制定培训目标，依据不同的项目有不同的目标，有些可能会用培训的及时性，有一些会用能力提升的测评结果作为培训验收目标。比如研发人员代码能力的培训效果，我们会直接验收培训对象在接受培训后代码的复杂度下降了多少，也会直接用工作绩效作为衡量培训效果是否达成的标准。

现在的培训目标会根据不同项目的要求尽可能地量化，有些项目处于刚刚开始的阶段，会更多地考虑它的资源建设和覆盖情况，有一些项目则相对比较成熟，就要去考察深层次的绩效结果有没有达到。

李桂云：这样的培训效果，与公司对员工发展提出的需求是否匹配呢？

赵艳丽：培训效果以及培训目标的制定，考虑的一个最主要因素就是公司对员工能力的要求，比如公司对销售一线员工的能力要求，主要来自于客户对我公司员工的能力是否满意。公司会委托第三方对客户进行一个满意度的调查，调查包括各个方面，比如产品满意度、解决方案满意度、售后服务满意度、员工的技能满意度等。还有对员工的语言表达能力、介绍技术产品的情况、演示产品时是否到位等，都会在调查时让客户有一个评价。结合调查中的评价，我们会建立一个匹配培训目标，至少要通过培训达到客户的要求，甚至比客户的期望还要高。

李桂云：请谈谈您对员工能力提升的认识。

赵艳丽：谈到员工能力提升，首先要对能力定义，然后要测评能力，如果能力不匹配，哪些能通过培训来解决？有些员工的能力问题是培训也解决不了的，有可能员工并不适合此岗位，也许需要重新引进人才。这些都不是通过培训所能解决的问题。我们人力资源中心的领导非常明智，把招聘、绩效、薪酬、培训全部纳入到一个项目组进行考虑，制定了综合解决方案。

扎实推进让培训理念落地

李桂云：在培训领域经常出现一些概念，如行动学习、研究性学习、教练式培训等，常常是概念炒得很热，但实际效果不知怎样。您对这样一些现象是怎么理解的？

赵艳丽：就拿行动学习来讲，其实这个概念也不算最近新推出，2006年，中兴通讯学院在对管理人员的培训过程中，就运用了行动学习的方式。

一位在国内推行行动学习的老师曾说，他特别担心行动学习在中国就像流星一样，很闪亮，但会瞬间陨落。在中国培训领域常常会有一些好的理念出现，但你会发现，最后落地没落下来，就一闪而过了。我觉得中国的企业现在不缺这些新理念，缺的是怎样把这些东西扎扎实实地做下去。

作为实践者来说，我们要客观认识一些新的培训理念，包括新的方法。以行业学习为例，它是企业在解决实际问题、采取行动以及边干边学的一种方式，重点是学习以及学习中的反馈和反思，不能为了推行动学习而行动学习。行动学习也好，其他概念也罢，只要和本公司的实际情况结合，能够落地就是一种行之有效的好方法。

在行动学习的几个要素中，到国内增加了一个非常重要的因素就是领导的重视，一定要让高层一开始就认为这是一种非常有效的学习和解决问题的方式，然后再逐渐推进、落实。

李桂云：从行动学习我们想到了 E-Learning，目前也广泛应用于一些知名企业。对于 E-Learning 在企业中的应用您有怎样的认识？据了解中兴正在考虑 E-Learning 平台改造事宜，可否谈一下这方面的情况？

赵艳丽：2003 年年底开始，中兴开始真正搭建自己的培训平台，我们称之为 E 学院，中兴的 E-Learning 经过几年的建设，已经成为员工认可的学习平台，特别是无法及时回国参加培训的海外员工，会觉得这种学习方式省时高效。他们只要登录"E-Learning 员工培训系统"，就可以根据自身的需要进行在线学习，完全实现了网络教学。目前，在线学习的课程已基本覆盖公司所有的业务范围。员工报名参加 E-Learning 课堂教学后，系统会根据学员的学习进度进行跟踪提醒，督促学员按时完成相关课程的学习，学习后也会进行相关的考试，考试成绩进入学员培训记录。

我们公司目前使用的是 IT 部门自己研发的学习平台。到底是自建平台，还是从外面采购，我们也一直在权衡，并认为各有优势。我们期望的平台不仅仅要满足目前业务的发展，还期望能对现有的培训管理工作有所引领，它不仅仅是一个培训管理的平台，还应该是一个人才发展的平台，包括与绩效管理的结合，任职资格的结合。尤其随着海外业务的拓展，我们对 E-Learning 平台的要求越来越高。也许一些功能目前还用不上，但它会是未来业务发展的一个方向。

李桂云：您已经在中兴通讯从事培训及人力资源工作近十年，请从一个培训管理者的角度谈谈从事这项工作的感受与建议。

赵艳丽：作为一个培训管理人员，我对中兴和这份工作比较有感情。

谈到感受，作为培训管理人员首要一点是要对培训有兴趣，兴趣会促动你投入更多的热情与激情。现在越来越多的企业开始重视培训管理工作，从行业发展来看、从职业生涯发展来讲，这也是一个很有前景的事业。

第二点，除了兴趣之外，培训管理人员还要勇于钻研这一领域。培训领域有很多非常专业的内容，比如课程设计，国外有一套完整的课程设计的理念，包括课程设计的方法，已经形成一个体系，而我们国内刚刚把课程设计理念引入进来。在培训领域单独拿出一个课程设计就有那么深的内容，可见我们培训管理者需要不断学习、努力钻研，才可能深入领会培训的奥秘，才可能更专业地为员工和企业服务。

另外，有热情、深钻研的过程中，一定要清楚自己的责任与使命。

我在给内部培训管理人员培训时就问到一个问题，培训到底是满足员工的需求还是满足公司的需求？许多人在这方面是有误区的，站在培训管理者的角度，我们强调一定要站在公司的角度去考虑，如果员工的需求跟公司的需求一致，那肯定是最好的。但是，如果现状不是这样，作为培训管理者就需要站在公司的角度去考虑组织对个人的要求是什么？组织发展需要什么样的能力和人才培训？员工能力的提升一定是与公司人力资源的其他政策、公司的发展战略相配套的。

《中国远程教育》（资讯）杂志执行副主编　李桂云/整理

第六章 "创造者"的春天

西安杨森大学　做专业的业务合作伙伴

　　在中国目前建立的一千多所企业大学当中，西安杨森大学算得上是新起之秀，虽然它成立只有短短两年的时间，却较之大部分为了办企业大学而办的企业大学，显得更加务实、成熟与专业。

　　"当我们搭建企业大学的时候，就立足于要以专业化方式提升员工能力为目的"，卓越中心高级总监、西安杨森大学校长陈崇光在采访中对记者说："我不能说我们非常成功，但我们非常努力。"交流中他频频强调"专业"与"业务"，还多次用 iPad 查找他们总结沉淀的培训工作模型资料展示给记者看，以确保记者更全面和直观地了解。陈校长向记者介绍的建立业务伙伴关系的六步流程化操作管理，一些工作理念以及对内部培训师的培养、开发精品课程以及提供创新和领先的网络学习资源以支持能力发展和业务目标实现的种种举措，无一不折射出他们日常工作中每一个培训、每一个项目都重视工作流程与高绩效相结合的专业精神。正是凭借着这股执著与认真，西安杨森大学由一个专业的培训课程提供者快速转型为一个专业的业务合作伙伴，使企业大学服务于企业经营发展战略，成为知识的源泉、精力的基石、创新的动力，并力争下一步成为企业变革的驱动者。

立足专业搭建企业大学

　　李桂云：医药行业是一个很特殊的行业，建立企业大学的意义是否较之其他行业更深远？

　　陈崇光：医药行业确实是一个特殊的行业，从产品的研发到推广，各岗位员工的专业知识都很重要，因为要科学地将产品推广出去，在整个过程中的任何环节都容不得半点差错。尤其是我们的客户非常高端，他们是训练有素的专业医务工作者和专家。我们不仅要让员工深度理解产品，还要让他们对疾病有认识。从药品研发到医药代表推广，整个过程都要很清楚、非常科学地与客户有效沟通产品的相关研发和临床文献、产品的特性、效果和潜在风险。企业内部对医药代表有严谨的合规要求，因此医药代表

卓越中心高级总监、西安杨森大学校长陈崇光

必须科学地推广产品，帮助医生全面了解产品，帮助患者解除痛苦，提高生命质量。

所以当我们搭建企业大学的时候，就立足以专业为基础，并且我们不能去跟其他行业对比，因为行业不一样，我们要紧紧围绕自己公司人才发展的策略来做。2011年，配合公司战略目标，我们确立了企业大学的使命、愿景和目标。我们的目标是确保公司的人才发展，因为中国市场在快速增长，我们必须拥有人才。其次是发展领导力。我们按照培训功能划分，设立了五个学院，即领导力学院、销售学院、市场学院、研发学院、战略伙伴发展学院，网络和卓越执行学院是大学的学习平台。

李桂云：据了解，西安杨森企业大学下的这五个学院，角色、职责定位都很明晰，在投入上有侧重吗？

陈崇光：刚开始的时候，我们花的时间很多，尤其像销售学院，它是整个大学里培训师人数最多，且服务对象最多的学院，所以需要付出更多精力。还有对 E-Learning 学习平台也是有过侧重的，一开始我们是以台式个人电脑设备学习为主，现在升级为 iPad，整个学习方式、方法也改变了，因此投入 E-Learning 学习平台的跨越也非常大。不过，不同时期对不同学院均有侧重，所以总的来说就是比较全面的。

六步工作法流程化操作管理

李桂云：西安杨森大学在实施各院职责时，有流程化的操作与管理吗？

陈崇光：现在都是有流程化操作与管理的。初期还不够完善，但是经过两年的探索，我们每个学院和团队都有一个部门工作原则，我们也是按照这个原则来提供基于业务需求的学习解决方案。几乎所有的事情都可以用到这个六步工作法。

简单地说，这六个流程步骤，其实就是我们做事的方法。第一步：业务诊断；第二步：制定策略；第三步：制定方案；第四步：达成共识；第五步：实施执行；第六步：评估总结。

由此可见，无论是搭建企业大学，还是搭建课程，还是做培训，都是在解决问题，都需要经过一个不断完善的过程，这个流程也是可以通用的。

尤其我们在整个过程里融入了KPI，以终为始，在开始做的时候就比较清楚最终的结果。因此，这个六步法就成为了我们西安杨森大学工作的一个流程化方法论。

李桂云： 西安杨森在差不多两年时间里，能总结出比较固化的工作方法，而且实施得这么好，真是很不容易。

陈崇光： 其实，一开始我们也没有完善的流程化操作与管理，我们是在实践过程中慢慢摸索总结出来的这个六步法原则。并将此方法推广，灵活运用到其他工作上。

这个方法是由销售业务实践中总结而来，因此能很好地与业务配合。再加上当时我们企业大学正经历一个转型，由过去的培训课程提供者转型为业务伙伴、学习伙伴，成为培训的顾问。这个转型要求我们的培训人员从思维上、能力上都做出改变。可到底怎么变化，我们也一直在摸索，而该方法的变通运用也算是摸索过程中的一种尝试。

以终为始助培训落地　数据评估促绩效改进

李桂云： 如何让培训工作落地是业内较为困扰的问题，您能分享一些西安杨森将培训与业务、绩效相结合的其他经验吗？

陈崇光： 将培训落地除了上面讲的务实的工作方法，还跟评估有很大关系。其实我们在做评估时就看我们落地的效果是怎样。另外，我们还有一个特色就是保持30%的一些基于胜任力的核心课程，这些都是不同岗位员工必须要学的。还有70%是用六步工作法提供的定制化的基于任务导向的学习解决方案。也就是说我们一开始设计时就必须清楚地了解需求，需要在哪些能力上有所提升。所以我们的方案从一开始就是对接需求问题的，是落地的。因为它设计的出发点就是以终为始，通过课程一步一步跟进，就衡量了每一期的培训效果，最后的结果也是容易落地的。

西安杨森大学走到今天才两年左右，我不能说我们非常成功，但我们非常努力。我认为企业大学要成功就必须与业务联结。

李桂云： 在评估时要注意什么？

陈崇光： 说到评估，有四级评估［柯氏四级培训评估模式（Kirkpatrick Model）］，它是由国际著名学者威斯康星大学教授唐纳德·L.柯克帕特里克于1959年提出，是世界上应用最广泛的培训评估工具。四级评估分别为：Level1.反应评估（Reaction）：评估被培训者的满意程度；Level2.学习评估（Learning）：测定被培训者的学习获得程度；Level3. 行为评估（Behavior）：考察被培训者的知识运用程度；Level4. 成果评估（Result）：计算培训创出的经济效益。之后，国际绩效改进协会（ISPI）的主席——杰克·菲利普斯博士在这个基础上研发了第五级评估，即项目有效性方法模型，使我们在培训项目设计之初就与培训的成果联结。

以前我们在培训的时候，对学员与老师进行打分是一级评估，对学习效果进行评估是二级评估，比如通过产品测试、演练，看学员通过学习是否能过关。第三级是行为评估，例如在课程搭建的时候，教其主管一个小工具，看他们回到岗位后，在工作中是否会用这个工具。看其行为是否改变。

同时，数据也很重要。我们会对学员培训前后的行为进行评估对比，对其学习的效果进行对比。菲利普斯博士的学问很有道理。我们用的调研方法是一个蜘蛛网结构的能力评估。当然我们调研收集数据也是有针对性的，不同部门分工合作，有的做培训，有的关注调研结果，每一个计算都非常负责任。

李桂云：业界有很多人说做完培训后没办法进行评估，不知道培训效果的有效性如何，按照您的说法，是不是因为缺乏数据的收集整理？

陈崇光：对。你要做绩效改进就必须要有数据，而且这些过程数据，要拆分到不同的步骤进行统计。有了数据才能量化，要用数据说话，使人信服。

李桂云：您认为业界对绩效改进的认识存在哪些限制，或有哪些误解？

陈崇光：很多时候，我们因为组织结构而局限了思维，因为做培训就走不出培训的框框，因为做绩效改进，就只做绩效改进。所以我觉得第一件事情，就是要打破限制思维的框框。第二就是要用行动寻找方法突破培训难题，用数据评估绩效改进，尤其是过程数据一定要拆分到不同步骤。

突破思维限制 业务精英任培训骨干

李桂云：对接业务、收集数据这些培训前后的工作都需做足了才能保证高绩效成长，西安杨森培训的主力师资队伍又有什么特色呢？

陈崇光：我们有一部分的师资是销售部门的轮岗同事，他们是销售中的骨干，到大学学习发展，带来他们的销售和管理实践经验。我们师资的骨干是一些固定的专职老师，例如销售学院里老师的背景一般都是销售为主。

这些销售管理人员在销售管理方面发展到一定的职位后，也很愿意来做培训。销售学院有三个最主要的功能，一个是对一线医药代表提供系列培训课程；二是对我们的中层经理提供系列销售管理培训和卓越领导力系列课程。

李桂云：可这些总监或经理本身工作职务也应该都不错，为什么喜欢来企业大学工作？是有什么吸引他们吗？

陈崇光：其中有很多的原因。培训是一个非常有趣的行业，有些人可能出于兴趣喜欢培训，还有一些人可能业务做久了也想在积累到一定阶段后转型为教书育人。我觉得其实在西安杨森大学做培训老师是蛮不错的，对员工个人的发展来讲，我们有一个健全的系统。如何培养人，如何培训讲课，如何设计课程都很有学问。通过做其他同事的绩效改进顾问，提升别人的价值，对自身的价值也是一个提升。并且，来西安杨森大学做老师后也并不意味着他就永远在这儿，他也可以积累一段时间后又回到业务中去。

企业是根据员工的职业发展意愿来培养的，每个人在一定的阶段，都会有不同的职业发展需要。特别是思维不能局限，不要以为你是做销售的就一生做销售，做 E-Learning 的就一生做 E-Learning，我们不是学院派大学，而是企业模式的大学。企业大学中所有的人都是业务人，既然是做业务的，不管你有什么能力都可以贡献，当老师也是我们需要的一种能力。当然同时还需要有业务的概念，推动业务的发展是企业大学生存的主要意义。

李桂云：原来西安杨森大学之所以培训与业务能结合得如此好，除了您讲的以业务为导向外，在人员搭建的过程中，也考虑到了培训老师本身就是业务导向的人，他们都从业务中来。还有您讲的六步法原则也是基于问题的解决，与业务紧密相关。可见这就形成了一个环。

陈崇光：对，这也蛮有趣的。

聚焦业务打造业务合作伙伴型企业大学

李桂云：要打造高绩效成长的企业大学，仅聚焦绩效改进能行吗？

陈崇光：只聚焦在绩效改进上肯定是不行的，要做好企业大学，专业也很重要，要有非常专业的培训师队伍，要有一套非常专业的评估体系；另外从企业大学长远的发展来说，还要建立和传承推广企业的文化，推动企业的变革和发展，这样才能持久地推动企业发展。当然高绩效也是一个关键的问题，我们这种聚焦要从企业大学的四个不同发展阶段说起。最初级的企业大学是成为培训专家，或者做到稍微体系化的培训；第二阶段是提供比较系统化的学习方案；第三阶段是成为业务合作伙伴，强调业务聚焦；第四个阶段是成为变革的驱动者，即战略联动型。现在西安杨森大学在建设两年后处于第三阶段还是一个比较适合的位置，要成为业务合作伙伴，就要聚焦业务，关注绩效改进。

E-Learning 成功策略：服务于企业经营发展战略

李桂云：据了解，西安杨森的 E-Learning 实施得不错，能具体谈谈吗？

陈崇光：西安杨森大学 E-Learning 平台一开始有一部分课程是由总部强生公司 E-Learning 平台上的英文课程翻译过来的，其中有 100 多门汉化的课程。这些课程有领导力方面的，也有个人效能方面的。但是总部系统存在一些问题，例如在使用上对英文界面的不习惯。另外，访问国外网站的网速有时会特别慢。因此我们自己又建了一个系统，满足中国员工一些比较独特的需求。比如我们需要做线上和线下相配合的混合式培训，还会开发很特殊的符合中国需求的产品知识学习课程，还有我们销售代表的考试，等等。这些在国外都很少用，但是在中国却是医疗领域很重要的职责监控。尤其是我们上了 iPad 以后，移动学习就更方便了。目前我们大部分员工都有 iPad。如果是视频课件，在 iPad 与手机终端上都可以学习，而且都很流畅。

李桂云：一般做一个课程需要多少时间？

陈崇光：课程可以分为三类，最简单的可能就是 PPT 形式，通过一个很简单的软件就可以转化过来；稍微复杂一点，就是在此基础上有一些互动，加一些配音；复杂度最高的就是完全定制化的 Flash 课程，这种课程每个要用一个半月到两个月的时间。一般来说我们与培训师一起商量，结合课程的内容，针对不同的群体选取不同的课程模式。也许业务部门最清楚课程要传递什么信息，但他可能不知道以什么方式和形式表达为好。这就需要我们来把关，比如，课程不宜太长，另外每个课程最想传递的信息不能超过五条，最好只讲三点，要尽量精简。

李桂云：西安杨森的移动学习，相信在许多企业大学中也属于先行者，您有哪些建设性的想法可以分享，以供同行借鉴？

陈崇光：iPad 平台建设是我们网络学院现阶段较为侧重的一个项目，

也取得了一定成果。网络学院的愿景就是运用有效的网络技术，提供丰富的在线学习资源，形成一个按需学习（On Demand Learning）的"YOU"平台，致力于更好地支持业务。E-Learning走向成功的必然策略就是使企业大学服务于企业经营发展战略，成为知识的源泉、业务的基石、创新的动力。

从细节上讲，我们现在做的iPad平台紧跟学习者需求变动，尽量使学习课程生动有趣。因为我们发现现在年轻的一代喜欢游戏，喜欢做达人，喜欢竞赛，喜欢有积分、排名。所以我们在课程里增加了相关的互动，设置了"学习达人""积分排行"等，完成学习任务后还会有相关的游戏，并鼓励大家分享小案例，写故事。

总的来说，第一我们需要想好做项目的真正目的，移动项目的成功或者说其价值的实现一定要和业务连起来。第二，现代人的选择很多，很难集中精力学习，所以一定要有很好的用户体验。第三，内容很重要，与形式一样重要，这样才能取得好的效果。像我们M-Learning第一版的内容就很不错，员工在学的时候真的能学有所获。

《中国远程教育》（资讯）杂志记者　李密珍/整理

长虹商学院 标准化进程中打造教导型组织

长虹始创于1958年，从军工立业、彩电兴业，到信息电子的多元拓展，目前，长虹已成为集军工、消费电子、核心器件研发与制造为一体的综合型跨国企业集团，并正向具有全球竞争力的信息家电内容与服务提供商挺进。植根中国，长虹在广东、江苏、长春、合肥、景德镇等地建立数字工业园，在北京、上海、深圳、成都设立研发基地，在中国30多个省市区设立200余个营销分支机构，拥有遍及全国的30000余个营销网络和12000余个服务网点。2011年8月25日，长虹首次披露了其以智能产业为核心的整体智能战略，计划未来几年内将加速智能终端战略的拓展和实施步伐，成为全球领先的智能终端提供商。

在家电产业竞争日趋白热化的今天，长虹商学院是如何完成对长虹集团旗下遍布全国各子公司7万余名长虹员工的培训工作的？如何服务于长虹集团以智能产业为核心的整体智能战略？又是如何践行长虹"三个满意"的企业文化的？在四川绵阳，我们访谈了长虹商学院执行院长李吉兴，从他那里找到了答案。

以长虹培训文化为导向建设教导型组织

李桂云：2011年5月11日，在长虹网络商学院的基础上，长虹启动了长虹企业大学建设项目。企业大学应该密切结合企业战略，以提高绩效为导向。但您又提出企业大学要以文化为导向。二者是否矛盾？

李吉兴：系统思考中抓重点。首先，人才培养是培训必须要做的，比如新人的培养、后备干部的培养、营销人员的培养等。第二，培训要为企业解决问题、沟通问题、执行力问题、责任心问题等。第三，培训要提升绩效，如通

长虹商学院执行院长李吉兴

过培训改善产品的销售结构，提升员工的销售业绩。第四，培训要传承企业文化。长虹的企业文化是"三个满意"——员工满意，顾客满意，股东满意。这个口号最初是由集团赵勇董事长在上任之初提出的，经过不断的实践、诠释和丰富，现已经上升为长虹的企业宗旨。其中，员工满意是基石，顾客满意是核心。那么，如何让员工满意呢？公司全力满足员工各项合理要求，帮助员工实现个人职业规划、安家乐业，为员工做实事，给员工以实惠、舞台和未来，关注员工的身心健康与安全。不难看出，培训工作在让员工满意中发挥着不可忽视的作用。

李桂云：据悉，长虹有着自己成熟的培训文化。

李吉兴：培训文化乃培训体系建设的软件系统，解决的是心灵和心态的问题，解决的是思维、价值观的问题。一个组织里面，你的培训文化是什么？培训制度是什么？培训资源整合运行能力如何？长虹强调的培训文化有：管理者就是培训者，人人都是培训师，全员产品知识培训，KPO标准化管理，基于岗位胜任的培训课程体系，强化企业知识管理，完善企业大学培训体系，建设学习型组织，最终建设教导型组织。

李桂云：作为终极目标，教导型组织是一个什么样的概念？为什么要建设教导型组织？

李吉兴：在讲教导型组织建设之前，我们可以先来思考四个问题——世界上最有战斗力的组织是哪个组织？军队。世界上最有学习力的组织是什么？学校。世界上最有凝聚力的组织是哪个组织？家庭。世界上存活最长久的组织是什么？宗教。一活就是几千年。而世界500强企业平均寿命为40—42年，一般跨国公司平均寿命为10—12年，中国民营企业平均寿命为2.9—3.5年。而以上四大组织的共同特征都是以人为本，以人的成长为核心，注重心灵与思想的管理，以教育引导为手段，拥有强大的完善教育体系与工具，不以物质报酬来激励，而以情感和教育为准绳，领导者都是导师。所以世界上最有战斗力、凝聚力、学习力、存活最长久、生命力最强大的组织，都是以教育引导人的心灵和思想为核心，而领导者都是导师的组织。如果一个组织能够真正把军队、学校、家庭、宗教的一些方法、工具、理念整合在一起，不断地研究并最终转变成自己的工具和方法，那么，我们的企业就会拥有军队一样的战斗力，拥有学校一样的学习力，拥有家庭一样的凝聚力，拥有宗教一样的生命力，因此，我们要通过"四化建设"来最终建设教导型组织。

李桂云：具体来说，长虹的培训文化是怎样体现的呢？

李吉兴：所有事情的改变都是从观念的转变开始的。因此，我们在制定各种培训制度和管理办法的时候就明确提出,培育下属是管理者的重要职责,管理者就是培训者,管理者自动成为培训师。这就非常明显了。那么接下来怎么做呢?我们先从主管一级开始,要求主管针对本部门开发一门课程,并规定要把该课程作为其部门内训的教材。部门主管在开发该课程的时候一定会做两件事儿:第一,他会把他的从业经历和从业经验老老实实地进行总结和思考。第二,真正要把这些总结和思考开发成分享课程,他一定会找大量的参考资料,学习很多东西,譬如看很多的书、学习别的老师的视频课程,等等。因此,这个过程客观上也推动了他们的学习。课程拿出来之后,个人的东西自然就变成了组织的东西。之所以提出"人人都是培训师",是因为我们坚信智慧在民间。所以,本着"从群众中来到群众中去"的工作方法,我们把员工的智慧最大程度提炼并共享。行动学习法就自然而然地诞生了。

在我们看来,做培训项目绝不是想当然的,而是为了特定的目标,为了完成一定的任务,或解决某些问题。所以我们先跟业务等部门把要解决的问题找出来,作为培训的主题。比如我们最近搞了个研讨训练营,准备了18个研讨主题。相应地,我们把要接受培训的学员分为18个小组,由优秀学员当组长。在明确了要研讨解决的问题后,小组的学员要在参训前收集资料、总结整理,完成初步成果。训练开始后,先由指导老师分享,领导是指导老师,专家也可以是指导老师。然后小组讨论形成一个解决方案,小组全员认可后交给指导老师审核,指导老师通过后再选拔优秀学员上台分享,有建议就改,没有建议就定稿,然后再推广学习,这就是"行动学习法"。

引进 KPO　瞄准标准化

李桂云:您提到了行动学习法,据我们了解,长虹还有一项用得非常好的工具,叫岗位 KPO。

李吉兴:中国企业发展到今天已经开始进入一个新的阶段,职业化和标准化已成为中国企业必须迈过的两道门槛。早在 2006 年和 2007 年,长虹集团赵勇董事长就连续两年在干部大会和职工代表大会上谈到,长虹现在面临三道槛,第一道槛是中国企业普遍面临的技术创新问题,第二道槛是品牌美誉度问题,第三道槛是与标准化、精细化管理还相距甚远。而我们在实际的培训过程中也发现,一方面,企业需要有一个知识沉淀的体系,把每个人的好东西都留下来，组织才可以积沙成塔。另一方面，培训要生存，有两个关键，一是能不能提高绩效，二是是否能真正解决问题。怎样提高绩效、怎样才能真正解决问题，就要提高岗位胜任能力。所以，我们从最重要的岗位开始做岗位胜任能力模型，目标是给每个岗位做一个操作手册。为此我们在2008年下半年引进了岗位KPO标准化管理，把标准化思想贯穿于我们整个培训工作中。2009年做的是导购员岗位KPO，2010年做的是服务类岗位KPO，2011年做的是长虹·美菱专卖店KPO，一个一个地向前推进。

《KPO标准化管理》是中国营销八大掌门人之一、四川大学李蔚教授的一本最新著作。该书以全员营销理念为指导，以营销链理论为依据，以企业执行力为核心，以关键岗位为单元，以工作绩效为目标，以工作流程为主线，构建了一套企业关键岗位操作标准化管理系统（KPO）。KPO是岗位操作标准化管理的一项新技术，它以岗位操作为核心，把岗位操作文化、岗位操作界定、岗位操作流程、岗位操作标准、岗位操作方法、岗位操作工具和岗位操作考核整合为一个统一的整体，从根本上解决企业的执行力问题，达到标本兼治的目的。KPO标准化管理系统具体要做什么呢？第一要解决岗位操作标准化的问题。麦当劳、肯德基给员工的薪水并不高，但换个人来，干得同样好，原因就如李蔚教授曾经说过的，它的操作手册，光目录就有600页厚。我们有几个企业能拿出这样的手册？所以要向麦当劳、肯德基学习标准化管理。第二要解决执行力的问题，就是解决谁来做、做什么、怎么做的问题。执行力实际上就是一个黑匣子，简单地讲，执行力就是岗位执行力。第三要解决竞争力的问题。通过标准化建设，把企业的市场竞争从传播竞争、质量竞争、品牌竞争、服务竞争、创新竞争演化为体系竞争，达到构建企业核心竞争力的目的。第四要解决履职力问题。高素质低技能是困扰许多企业的通病。建立KPO操作系统，能快速提升岗位人员履职能力，大大缩短岗位成熟期，解决岗位人员流动过频带来的绩效下降。第五解决整合性问题。KPO能有效解决企业各个管理系统的有机整合问题，实现管理系统的一体化。第六解决积累性问题，KPO能实现岗位经验、智慧、方法、流程、工具等各种岗位技术的全面积累，做到流动的是人才，留下的是智慧。

李桂云：具体来说KPO是怎样引进的？

李吉兴：KPO对所有岗位都适用，但最好从人数最多的岗位开始，人越多、基数越大就越划算。实际上引进KPO是引进一个咨询团队，让他们和我们一起来梳理一个又一个的岗位。在梳理过程中有几个关键动作，第一文献收集很重要,要针对这个岗位尽可能多地把所有相关的素材资源都收集起来,尽量不要有遗漏。第二个关键是大量的访谈,从上到下,从下到上,从左到右,从右到左对这个岗位进行访谈,当然也包括这个岗位本身大量的人员访谈。第三是要结合企业的战略和文化、企业的制度考核,等等,把这些落实到该岗位中来。一方面,把这个岗位是干什么的,要做哪些事情,所有的关系全部说清楚,譬如一个办公室主任要做好13件事情,每件事情都有工具、有方法,你照着做就行了。另一方面,由于岗位和岗位之间的理念差异很大,如营销强调的是开放,财务强调的是严谨,所以企业文化一定要跟岗位结合起来,把企业文化变成岗位理念,企业文化才能真正落地。

李桂云:引进KPO的费用会不会很高?能不能在各个企业都落地?

李吉兴:同企业给社会培训咨询机构的费用相比,KPO算是最廉价的。为什么?原因很简单,我们请名师讲三天课要多少钱?几十万、上百万元的都有。而做一个岗位的KPO,前前后后要用大半年,甚至是一年多的时间,很多人在那儿做。多少钱?几十万元。而且最终你会发现拿出来的一套东西几乎是一劳永逸的。为什么这么说?假设我们做了一个执行力的KPO,那么一定会把所有有关执行力的文献资料全部收集起来,并整合进去。那么,从此以后你还需要再去请名师讲执行力吗?没必要了。因为你已经把他讲的东西整合为自己的工具方法、流程标准,并且落地了。岗位KPO形成之后,很多工具都可以用上,譬如行动学习法,譬如世界咖啡,譬如头脑风暴等。尝试使用这些工具的过程是一个非常有趣的过程。

李桂云:您说的这些工具,行动学习法也好,头脑风暴也好,听着都很时髦,很好听,会不会像一阵风一样流行一段就过去了,最终不能很好地进入企业呢?

李吉兴:KPO就是一根线,这根线第一次出来的时候就把所有能够串的东西全部给串起来了,包括外面的资源、企业内部的系统管理、工具方法经验。有了这个基础的1.0版本以后,从时间上它又给串了起来,今年是1.0,明年是2.0,后年就是3.0。在这个升级的过程中,我们的某一岗位只需以前一个为基础,办一两次训练营,把新的东西加进去,不断修订完善,然后交由这个岗位的人员去执行。

做开放式的长虹商学院

李桂云:长虹的企业培训经历了几个发展阶段?

李吉兴：第一阶段是听名师课程。第二阶段是课程选择，我们发现我们不需要老师，需要课程，比如执行力课程、沟通课程等。第三是社会培训机构的体系课程，有时是花几百万、上千万元的，花了很多的时间、很多的金钱，但是员工学了以后，绩效的提升并不大。现在，我们已经进入到一个什么阶段呢？首先，打造自己内部的师资队伍。其次，打造自己的内部课程体系。再次，完成自己的知识积累。最后，通过 E-Learning 网络学习向企业大学培训体系建设不断前进。

长虹是在企业里面最早建立培训中心的，也有了相对比较成熟的培训体系。我是 2006 年开始做培训工作的，从 2007 年开始就觉得企业大学是我们的一个发展方向。所以就苦苦寻觅，最终和时代光华建立了合作关系，用他们的 E-Learning 系统。2010 年 5 月 12 号，在这个特别的日子，长虹网络商学院正式启动。2011 年 5 月 11 号，我们又正式启动了长虹企业大学建设项目。我感觉长虹的培训体系很实用，完整又不那么复杂：有一套组织机构，有自己的内部培训师队伍，有自己的内部实战课程体系，有硬件支持系统，有软件支持系统。简而言之，长虹商学院是以提升岗位胜任能力为目的，以知识管理为方向，以 KPO 为指导，以行动学习法为手段，以专兼职培训师队伍为依靠，以长虹商学院为平台，不断完善长虹企业大学培训体系建设，打造学习型组织，并最终建成教导型组织。

李桂云：请您谈谈做企业培训的感受，近一两年又有哪些新动向？

李吉兴：基于多年从事培训工作的经验，我觉得最近有一些新动向。第一，从去年开始，参加一些全国性的论坛时我发现，在做经验分享的嘉宾中，那些实际干活的人的经验大家尤为感兴趣，也就是说这个行业的关注点已经超越理论，进入实操。大家对于为什么这么做、这么做的效果如何更上瘾。第二，我感觉企业间的交流会越来越多。高等院校虽然教授多、资源多、优势多，但是他们的资源和企业之间存在着一个转化的问题，也就是说，高校的东西不能直接拿到企业就用。而社会机构的培训也是各领风骚几年而已，换一家培训机构又开始重复一样的东西。那么企业的东西怎样才能持续？我觉得，随着企业大学不断地前进，企业知识管理不断地前进，企业内部师资、课程和知识储备的不断完善，今后企业之间的交流会越来越多，企业把自己的东西拿出来交流，可以实现一加一大于二，这也是一个方向。

李桂云：对于长虹商学院的未来，您有哪些规划？

李吉兴：长虹商学院是由长虹集团的一个核心子公司发起建设的，现在我们已经开始把相关的一些子公司吸引进来，一步一步地面向整个集团，其中最关键的是还要面向我们的客户。我们还在搞学习联盟，或者叫做教导型企业联盟，就是让更多的企业加入进来，大家线上线下抱团儿学习，把长虹商学院做成开放式的。首先是和高等院校的资源整合，譬如在绵阳开办MBA班，大家一块儿学。第二是跟社会的培训机构合作，共享资源。第三是跟相关企业合作，内部培训资源面向绵阳其他社会企业开放。2011年12月7日，我们组织的一个学习联盟的活动刚刚结束，这次活动的参与对象不仅仅是绵阳地区的企业高管，还有一些成都的企业。

李桂云：这样做的出发点是什么？

李吉兴：第一是因为绵阳这个城市学习资源和学习机会相对来说比较少，甚至专业的培训机构要想在绵阳生存下去难度都是比较大的。因此，大家都比较珍惜这种学习机会。我们把长虹内部学习资源开放，其他企业的老总们是非常感激的，纷纷表示有机会时记得通知一声，大家一块儿学。而越来越多的企业加入的一个好处就在于，在资源建设的过程中，长虹商学院的资源会因此而越来越丰富，参考意义和借鉴意义就会越来越大。第二，即便各企业都知道培训很重要，但不是每个企业都有培训部门，不是每个企业都可以去搞企业大学，也不是每个企业都拥有强大的师资力量、完整的课程体系，因此，我们一直在倡导企业之间"共用培训部"。第三，对于加入学习联盟的企业来说，显然大大降低了培训成本。譬如绵阳的一家民营企业共用了长虹的培训部，因为长虹是个大企业，所以他们的培训工作一下子就被拔高了。

《中国远程教育》（资讯）杂志记者　潘超/整理

北京龙发装饰集团　培训必须跟着经营走

装饰行业作为刚性需求，2010年行业产值已经突破2万亿，是我国国民经济的重要组成部分。同时该行业吸纳了大量的劳动人口，据不完全统计超过了1400万人。"十一五"期间，装饰行业的组织化和集优化都得到了很大提高，行业逐步走向规范。在这个成长性良好的行业里，龙发装饰以其优良的品质和良好的口碑占据着行业的前列。

龙发装饰成立于1997年，是京派装饰的龙头企业，也是建筑行业AAA级企业之一，经营范围包括装修、商贸、物流和家居产品生产，多年来一直保持着快速发展，目前已在全国设有19家直营公司、70余家加盟公司。让人惊讶的是，在企业规模和经营范围持续扩大的过程中，龙发装饰人力资源管理仍然连续四年获得最佳雇主的称号，在员工年龄跨度、人员知识结构跨度、地域性跨度都十分巨大的装饰行业实属难得。龙发装饰究竟在人力资源管理和企业内部培训方面有何良方，我们特地访谈了北京龙发装饰集团主抓人力工作的副总裁张春辉。

把人力资源提高到企业战略的高度

李桂云：作为装饰行业的民营企业代表，首先请您谈谈行业对人才培养的认识以及重视程度。

张春辉：我们国家对"十二五"的人才观有明确的定义：到2020年，我国人才发展的总体目标是"培养和造就规模宏大、结构优化、布局合理、素质优良的人才队伍"，确立国家人才竞争比较优势，进入世界人才强国行列，为在21世纪中叶基本实现社会主义现代化奠定人才基础。从我们这个行业来看，民营企业可能在发展初期谈不上对人才有多重视，但是随着企业规模不断做大，销售分支机构增加了之后，民营企业如果想在业绩上更上一个台阶，就要一手抓对人才的引进，一手抓现有人员的提升，同时在对员工的人文关怀、培训方面加强认识、提升高度、加大投入。

我们非常注重人力资源工作，并把人力资源工作提高到了企业战略的高度。三国时期著名军事家诸葛亮对战略有一段精辟的论述"不谋万事者，不足谋一时；不谋全局者，不足谋一域"，因此结合企业每五年的规划，制订五年的人力资源规划，并分阶段将人力规划落实为人力实践。人力资源管理中心在企业中的定位一是公司管理者的战略合作伙伴；二是企业内部文化的推动者；三是方法论的专家。

就装饰行业而言，龙发集团郭亚东总裁曾高度概括过这个行业所需要的职业经理人的特质：勤奋、敬业、胸怀、眼界。拿对管理干部的培养来说，我们外埠一线的各分公司老总全部都是通过集团人力资源管理中心系统培养起来的，全国分公司的副总则一半是招聘一半是从企业内部产生的，所以我相信人力资源的工作对于企业经营是有推动力的，尤其对于企业内部人才选拔，以及企业内部的稳健持续发展是起到重要作用的。

李桂云：与同类机构相比，您感觉龙发装饰在人才培养方面的突出特点是什么？

北京龙发装饰集团副总裁张春辉

张春辉：对同业友商我们不便做过多的评价，就龙发而言，考虑到龙发的经营具备持续性，我们的主营业务在多年里没有变动和偏移。我们的人才培养着眼于持续性和系统性，所以我们的员工从储备到晋升的过程，全都是紧密围绕着这样的主线在做。

我们的企业文化契合了"激情、创新、责任、执行"这八个字，真正落到实处体现为"感情留人，事业留人，文化留人，待遇留人"。看到前不久发生的富士康事件，我们也在思考"80后""90后"这些被社会上称为"被房价压垮的一代"员工进入企业，并逐步走向企业的管理层，作为企业怎么能让他们有一个坚强的信念，承担起自己的责任。譬如目前我们正在通过远程视频教育形式设立"国学堂——讲授国学与现代化企业管理"；开展读书会活动，结合现在比较热门的管理现象如"海底捞现象""GOOGLE现象"，并在读书会中引入书籍《海底捞你学不会》等项目，每个周期都要大家分享自己的感受；在龙发商学院中设立交流论坛，唱响企业文化主旋律，正所谓"一旦克己复礼，天下归仁焉"。

关于培训，我不认为培训是纯理性的或者是强灌的，我认为培训是一个在大系统下应运而生的系统性工作。我们的员工基本上都是"80后""90后"，他们接受不了文化强灌，因此我们在探讨培训形式和内容的时候会不断推敲，包括对课件语音的形式也要反复揣摩，做视频展示的时候会根据现在人们思维理解方式的一些细微变化做决定。

总之，我们的培训特点是在既定的大系统、大框架下，对当前的社会热点、现象进行不断捕捉和追踪，激发并引导员工关注并参与研讨。有人会讲这样很俗，但是我们认为大俗才能大雅。

李桂云：您指的既定的系统，是不是说你们有一个比较完整的培训体系？

张春辉：龙发是有一个比较完整的矩阵式培训体系，包括横向的学习与纵向的培养，并结合当下的行业、社会状态，将两者编织成一个培训体系；这个系统又是虚实结合的，即网络商学院与一对一授课结合。我们希望培训与经营是完全贴到一起的，紧密结合。员工从入职开始在体系中进行学习在企业内部成长，要经过N多次的系统培训。

李桂云：龙发在人才的培养和管理方面是否会参照其他企业？

张春辉：行业内有一些企业做得也很好，我们对友商有关注也有交流，放眼全社会发现社会上有很多成熟的企业，他们的做法非常成功，我们在做龙发商学院的时候就吸取了行业巨人联想、海尔的一些做法。我们觉得有些东西不需要自己独创，只要具备强大的学习力就行了，把有用的东西学习过来，做到和企业相匹配相适应，就可以达到很好的效果。

培训的三个发展阶段

李桂云：龙发在企业培训中经历了哪几个阶段？

张春辉：龙发在企业经营过程当中经历了三个阶段，配合这三个发展阶段，在人力资源的培训方面也经历了三个过程。

第一个阶段是从2000年开始，我们以北京为基础进行了全国业务的拓展，随着分公司和门店的开业，人力资源开始显现捉襟见肘之势。当时行业不成熟，综合人才少，人力资源一方面要在企业内部培养人，另外一方面还要从外部吸纳人，但是装饰行业的社会关注度不高，很多求职者不愿意投身到这个行业当中。

我们面对的最大问题就是管理人员的专业水平不高，财务报表看不懂，经营数据统计方法不科学，怎么办？我们和北大开展了校企合作，每月在北京开班，让我们的骨干管理干部过来学习，结果见效很快，财务报表当月不会看，第二月就会看了。我们常说"学中用，用中学"，这种学习的成效性是最显著的，学员的投入度也是最高的，也再一次印证了"实践是检验真理的唯一标准"。

第二个阶段是在企业飞速发展以后，龙发完成了第一个五年计划，全国分公司已经达到了19家，门店110余家，在各地建立了自己的行业龙头地位，业务量急速增长，同时一大批中层经理人加入到龙发团队，龙发也开始启动自己的信息系统。这时企业内部出现了中层管理人员文化塑造的问题，这个问题十分关键，就如阿里巴巴创业中的十八个骨干，也就是阿里巴巴所谓的十八罗汉，又有几人还服务在阿里巴巴？相信其中也有诸多文化问题吧。分支机构对集团的认同度低，理解片面，文化传播碎片化的情况比较普遍；龙发究竟是什么样？在全国19家公司里，每一家的描绘都有所不同，不能形成统一的口径。而那时的行业背景是，建委成立了家装委员会，各地的家装市场风生水起，各大高校也增设了室内设计专业，从原来的手绘、素描变成了电脑软件操作，装饰设计成为一个纯技术工种。行业竞争加剧，龙发在北京所形成的独特的文化却没有能够带到全国去。企业文化是软实力，软实力没有了，怎么到当地和竞争对手拼硬实力？企业的血液被稀释了，如果企业文化不能在机构中得到传播，员工的认同度必然下降，而员工认同度下降的同时，员工流失度也会增加。

看到这些问题，我们采取了一系列的办法，其中重要项目就是当时龙发的郭亚东总裁提出与顾问机构合作，引入当时的热点电视剧《亮剑》，以《亮剑》所展现的精神为载体，立足企业、深化认识、全面统一思想，要求全体经理级以上干部"找准位置，确认自己角色"，也正是因此，龙发在全国业务的突飞猛进中打下了文化的基础。我们把中层干部全部集中到北京，在北京卫成部队进行特训。特训营安排有专家授课、企业文化活动、军事训练和工作标准流程培训。企业文化活动倡导身体力行的良性竞争，比如：篮球赛、排球赛。特训的过程非常艰苦，我们提了一个口号"流血流汗不流泪，掉皮掉肉不掉队"，最终100多名干部全部过关，同时"龙发亮剑"特训营也成为龙发特有的企业文化。我们希望在企业文化的员工层面当中，铸成一种同事＋战友＋兄弟的感情。"龙发亮剑"特训营结束以后，在公司的员工之间《睡在我上铺的兄弟》这首歌流传了很久。同时我们还向员工强调了一个企业的人才观念——"我们不能够提供终身就业的平台,但是能够打造终身就业的能力"。这一点与丰田公司的"绿色管理"类似,善待员工,让员工从感情上倾向于公司,让员工的技能与知识都获得增加,那么员工的产出将会是公司投资的若干倍——这就是绿色管理的价值观。

"龙发亮剑"特训营的模式在北京进行了两届以后,由集团人力中心组织在全国每个分公司推广。这里需要指出一点,"龙发亮剑"特训营的组织完全根据当时的经营需要设定,我们有一个观点,企业的经营是第一位的,培训必须要跟着经营走,要解决经营的问题,这样才能够形成企业与员工真正意义上的双赢。

第三个阶段是全面传导理念和标准化作业阶段。这个阶段我们非常高兴地发掘到了 E-Learning 学习工具,经过短期的试用,集团在 2007 年开始进行了全国的推广。

目前龙发在培训的三个发展阶段中使用过的工具和方案,还全部在使用着,根据企业不同的需求,采用组合使用的方式。

不同岗位分层培训

李桂云:目前,龙发基础员工的学历情况是怎样的?

张春辉:基础员工的学历我们要求是大专以上。对于施工人员则与各地的就业中心及职业鉴定中心合作,进行专业技能培训,如施工要有施工证,电工要有电工证等等。

李桂云:龙发的员工是自己培养的居多,还是引进的人才居多?

张春辉:自己培养和外部招聘各占 50%。我们自己培养的主要是分公司的管理层。在企业的发展当中我们意识到,自己培养的干部成长比较快,但是随着行业的逐渐成熟,其他行业的很多人才进入到这个行业中来,带来了非常新鲜、具有突破感的一些思维和管理经验,所以引进外部人才对企业未来的发展也很重要。但是如何将外部人才留下来并发挥出实力,更为重要。

另外,我们的基础员工,大多数都是本地人。我们希望在全国布局中尽量做到人才的本地化,与当地经济发展共荣共生。

李桂云:目前,龙发在培训方面的投入情况怎么样?

张春辉:现在总公司和分公司加起来一共有将近 2000 名员工。每年培训方面的投入都是一个增长的趋势,年增长比率大概是 10%—20%。每年的培训方案会在前一年的 10—12 月份之间制定出来，而后自己制作一部分课程，再到外面订购一部分课程，还有一部分课程是由集团本部操作，然后三方面结合在一起。

李桂云：培训对员工层面和经理层面有没有严格的区分？

张春辉：有，本着"马太效应"，对于经理层面会固定开一些管理课程，包括远程课程。员工层面没有远程课程，只做专业技术培训和主题教育。主题教育就是刚才所说的热点教育。另外，在去年我们还推出了一个员工夏令营的项目。龙发的企业文化是包容，我们比较注重员工的成长性。

李桂云：是不是可以理解为，龙发把培训重点更多地放在了高层领导培训上？

张春辉：应该是分层次培训。对于员工的教育更多的还是思维方式的引导和技能提升。包括每一年都有设计师设计大赛，每年针对工程有工程技术大比武等等。

李桂云：您刚才讲到有些培训课程跟当下流行的热点结合得比较近，您感觉这种结合的效果体现得明显吗？

张春辉：明显。对于当下热点，我们会定下一个主题，自己组织课件，比如：海底捞现象，负责培训的同事就会去海底捞体验消费，体验活色生香的特色文化，然后把书中海底捞的一些企业实践转化成课件形式，加上视频配音。课件完成后，负责培训的同事会带着书下去，做读书会活动，读书、讨论、演讲，演讲可以做成区域性的，分公司和分公司之间进行区域演讲比赛。

李桂云：对培训的效果，有没有评估指标？

张春辉：我们会做满意度评估及员工业绩周期性回顾。我们的观点是，如果员工满意，他未来肯定会把这种良好的感受回馈到工作当中，或者回馈到客户服务当中。

企业内部推广 E-Learning 必须设专人负责

李桂云：龙发为什么要选择远程教育方式进行内部培训？

张春辉：作为劳动密集型行业，我们的规模虽然不是很大，但是网点很多、员工人数大，这种情形肯定要通过一些远程的形式做一些培训。除此以外，我们还会与当地的院校进行项目合作，比如我们跟浙江大学、西安交大都有合作。与高校的合作一般都是基于传统的学校教育，主要面对分部的管理团队与专业技术人员。

李桂云：在选择 E-Learning 提供商时，龙发的筛选原则是什么？

张春辉：首先要看课程的丰富度，然后还有服务，当然价格也是一个非常重要的因素。

李桂云：远程课程中自建课程与外购课程的比例是多少？

张春辉：应该是一半对一半。我们现在有专门负责开发课程的人员。

李桂云：用 E-Learning 方式后感觉怎么样？

张春辉：非常好。E-Learning 课件可以节约很多成本；厂商提供的都是通识课程，行业课程他们提供不了，由我们自己制作。像我们的热点追踪都是自己制作的课件。

李桂云：很多企业在实施 E-Learning 的时候都会苦恼用不起来，而龙发用得很好，对于 E-Learning 的一些应用，请您谈一下感受。

张春辉：其实我们在推 E-Learning 的过程中间也出现过一些小波折，因此我认为 E-Learning 在企业内部的推广必须得有一个培训经理专门负责常年跟这个系统，不能放到人力资源仅仅让大家各自用各自的账户学，那样做肯定效果会不尽如人意，这一点我们深有体会。

我们最开始推广的时候是有专门的培训经理跟这个项目，尽管我们是劳动密集型企业，只要有一个培训经理管理足可以应对。最开始推动此项工作时，采用了"饥饿疗法"，即购入少量的账号，由培训经理选择课程，流动授权使用。在开展一年多的时间后，该项目进展稳定，这时人力资源中心培训项目的压力增加了，就把培训经理调去做其他培训项目，由人力资源中心的秘书跟这个项目，结果工作调整后很快发现项目推不动了。后来我们又转回来，还是由原来的培训经理管理，这个项目又开始运转起来。

李桂云：您认为培训经理在其中到底起到什么作用？

张春辉：首先，是进行资源筛选——选课件。E-Learning 课程很多，在全部开放课程让员工凭兴趣看的同时，必须指定课程学习。课程分必修课和选修课，员工感兴趣的可能是选修课的内容，企业希望员工当期学习的是必修课的内容，要有所区分。其次，培训经理选定必修课程后，还要负责统一管理一批人的学习进程，这批人是被指定的必须听某些课程的人员，培训经理要提醒他们学习，掌握培训进度，纠正他们的错误。最后，还要组织学员分享学习成果、进行线上与线下的交流并发放学习标兵荣誉及奖励。这中间，培训经理需要把全部指定课程自己消化完成，否则组织学员分享的时候就会很困难。

如何充分利用有限的账号，比如我们在对销售团队做培训的时候，第一批先让西南区的销售团队看在线视频课程,在指定时间内看完之后,他们进入到线下交流阶段,这时会有配套的书籍给他们,做读书会。账号则转到另一个已经进行了配套书籍学习的区域。等到另一个区域看完了视频课程,进入到分享读书会阶段了,再下一个区域就利用账号进入到视频阶段。

李桂云: 看上去时间安排得非常紧张而有序。

张春辉: 是的。所以 E-Learning 培训一定要设专人来跟进,此外还有一点前提就是要注意培训内容必须跟着经营走,不能故步自封或者自己闭门造车。

培训必须跟着经营走

李桂云: 您一直强调培训必须跟着经营走,能不能系统地谈一下培训怎么跟着经营走?

张春辉: 所谓跟着经营走,就是企业确定了年度的经营指标和年度渠道发展方向以后,人力中心要在培训框架范围内重新设立主题和培训方法并且要有前瞻性,因为企业的人力资源管理及培训管理也是企业在竞争中的有力武器,所做的工作必须能够满足集团战略需求。比如,不同地区的自然因素、人文环境、生活方式有差异,导致对家装的需要也存在地区性差异,作为在中国大陆进行大规模扩张的龙发,我们分布在大江南北的分公司也需要依据地方劳动力市场的差异,进行不同地域特色的人力管理。由此对于集团人力资源的重新调配,尤其是高层职业经理人的调配,便成为集团人力资源管理建设的重要举措;如果人员短缺,则既要加强内部培训力度,又需要从合作伙伴、友商那里引入成熟的人才,正所谓急企业短期之需,供企业长期发展之力!

李桂云: 您曾经提到一个观念,企业不能给员工提供终身就业的平台,但是企业要打造终身就业的能力,这句话应该怎样理解?

张春辉: 常说铁打的营盘流水的兵,我们希望每一个服务过龙发的员工,在龙发工作期间都能够对他们各方面的能力有所提升,为他们未来的事业打下更好的基础,实现真正意义上的双赢。

李桂云: 请简单介绍一下您的个人经历。能够取得今天的成绩,您认为最重要的是什么?

张春辉: 我个人经历比较简单,从事过行政文员、经理、高级助理、培训顾问、人力总监,直到现在的岗位。我个人认为就职场中的发展来讲,持续性的勤奋、敬业最重要,要想取得一点点成就,就要再加上一颗感恩的心!

《中国远程教育》(资讯)杂志记者　吕瑶/整理

远东大学　让创造型企业培养"创造者"

我们打造创造型企业，倡导因用而学，旨在提升创造力，培养创造者，最终的成果是创造价值。当每一个人都相信只有创造价值才能获得尊严和发展机会时，自然就会目的性很强地选择学习资源和学习内容，学习就会变得自动自发，创造力就会得到迸发。实现了全员创造，企业的竞争力自然就会提升。

远东控股集团创立于1999年，目前业务以电线电缆、医药、新材料、房地产、投资为核心，销售额超过100亿元。远东的发展被国家定位为苏南模式的代表之一。集团创业领袖蒋锡培对于企业文化、人才培养和使用均有深刻的理解和独特的创造。在这样的企业，在这样的创业领袖影响下，企业大学的发展面貌如何？我们访谈了远东大学执行校长于海发，一探究竟。

创造型企业与培养"创造者"

李桂云：多数企业都在谈学习型企业建设，远东控股集团提出打造创造型企业，这是基于怎样的思考？

远东大学执行校长于海发

于海发：远东大学的校训是"创造价值，服务社会"，远东大学的定位是企业人才的培养与实践基地，企业文化的研究与推广机构。

我们远东积极推进学习型企业的建设，旨在希望全员学习，提升素质。我们认为"学习型企业"建设是企业发展中的一个阶段，不是结果。如果企业的学习行为不能改善工作成果和创造价值，员工的学习行为就不会自动自发。

我们知道，企业行为的核心特点之一就是一定要给客户一个成果，任何商业合同都是以结果为标的进行价值和价格的描述和履行。

我们打造创造型企业，倡导因用而学，旨在提升创造力，培养创造者，最终的成果是创造价值。当每一个人都相信只有创造价值才能获得尊严和发展机会时，自然就会目的性很强地选择学习资源和学习内容，学习就会变得自动自发，创造力就会得到迸发。实现了全员创造，企业的竞争力自然就会提升。

远东控股集团的创始人蒋锡培就是一位创造者。他的富有创造性的"五次改制"已经成为多家商学院的经典案例。我们提升创造力，培养创造者，倡导创造型企业，持续的是创业领袖的 DNA。

李桂云：与其他企业大学对比，您认为远东人才培养的特色之处体现在哪里？

于海发：远东大学的定位是企业人才的培养和实践基地，它不仅仅是学习平台。如果企业大学的学习计划不能与用人部门的使用计划结合在一起，不仅会浪费学习资源，增加成本，还容易产生"学习无用论"。

远东大学把组织学习分为三个阶段：学、会、用；"学"是手段，"会"是技巧，"用"是核心！漫无目的的学习容易学成"书呆子"。

我们把人才培养分为三个阶段：学会用、用会教、教会创。

"学会用"是基础。学不会，学不懂比不学还麻烦。团队学习后如果不能达成足够的共识一定就会争论不休，冲突、摩擦和矛盾就会产生，进而影响组织效能。通过充分的讨论、系统的思考和专业的研究，充分的消化和理解，达成足够的共识，产生组织共振，才能积蓄组织能量。而不会就用，一定会出现偏差，增加新的摩擦和冲突，甚至会造成学不下去，用不下去的后果。

过去企业组织培训时经常要评价老师的授课水平，然后就对下次培训聘请老师有了合理的数据。事实上这种评价行为违背了学习的目的，学习的目的绝对不是为了评价老师，而是要总结自己学到了什么和如何改进自己的工作。评价老师的结果是学员变成了评论员，不去讨论自己如何找到进步的路径，而是议论培训老师之间的水平，这是很危险的现象。我们倡导每次学习结束后都要自我总结和分享，最好是制定工作改进方案。毕竟企业在用人时考核的是员工对工作的实际贡献的结果。"不用"就会让学习变得"无用"。

"用会教"是管理者的职责。如果员工的直接上级没有培养人才的意愿和计划，企业大学安排什么规划都是对资源的浪费。

"教会创"是企业培养核心人才的考核标准。能够和团队一起创造价值的人才才是企业最需要的人才！

我们并不把远东大学定位成培训机构，我们认为它是一个培养人才的基地，而非一个简单的学习部门或学习平台。最终我们不看你学了多少，而看你用了多少。我们考核最终的结果是你要创造什么样的价值。所以我们现在制定了一个系统学分考核办法，对人才的学习和成长给出更全面的加分和评价体系。只要对工作有益的活动并有结果，我们都给加分。比如发表文章、建议被采纳、对工作制定了一个有效的改进方案等等，都是加分项。这种考核办法受到了大家的欢迎。

远东大学对人才的培养通过"学习、竞赛和分享"等多种形式进行全面的素质培养。学习应以工作任务为目标，以能力需求为要素，以解决问题为目的，以"创造价值"为核心；竞赛是通过职业技能大赛、方案设计大赛、演讲大赛等多种形式来提升能力为目的；分享是通过总结学习心得、小组讨论、专题演讲等形式分享学习体会，加强学习效果。

我们也鼓励员工选择自主研修方式。学习不应是为了学习而学习，而应是为了人才的成长和价值的提升探索更加有效的路径。

李桂云：远东控股集团主张管理方式的转变，即从职业经理升级到事业经理，其中有什么本质的区别吗？

于海发：我们国家现在强调转变发展方式。最近清华校庆的时候，胡锦涛总书记就强调，要从中国制造变成中国创造。这就是一种转型。

从"打工者"到"创造者"是人性尊严的呐喊！

远东控股集团创始人蒋锡培先生很早就提出"事业经理"的管理模式。"职业经理"是"打工者"，目的是为了谋生和成长。"事业经理"是老板、是创造者，目的是为了人生的事业和追求。

远东的"事业经理"管理模式，通过制度层面充分保证了独立经营自己的事业，调动了大家的积极性和创造性，并在企业经营过程中取得了巨大的成功。

李桂云：世界是大家的，每个人都当家做主，这不是说一句话就可以实现的。

于海发：对，所以最后要落实到制度上。中国的联产承包责任制，就是让每一个中国家庭，社会的每一个细胞都活了。要想让每一个员工都活起来，那就让他当老板，我们要有一套制度来保障他。一方面让他们完全独立自主，自主经营，你创造价值来跟企业进行交换。在我们的财务制度上，你就是一个自主经营的老板。你既然是老板，就应该自主决策，自主经营，成为一名创造者，通过创造更大商业价值而获得财富。

企业大学运作融入组织行为

李桂云:人才培养是一个组织的行为,在组织分工方面需要哪些机构与部门的协作与分工?各自在其中主要发挥怎样的作用?如何让这一组织行为高效运转?

于海发:人才的培养是综合性的工程。需要企业大学或培训部门与用人单位通力合作。能不能"学会",与人的知识结构有关系,责任在企业大学的学习规划;能不能"用会",与使用技巧有关系,责任在用人部门对于人才的使用方法和技巧;能不能"教会",与态度有关系,责任在管理团队对于人才培养的认识。

为了保证这一组织行为的高效运转,需要企业大学制定科学的学习规划、用人部门制定合理的人才使用计划、管理团队制定人才辅导的工作计划。有了方案,要制定考核方法和激励政策,确保各部门的职能都能自动自发,有效衔接,实现人才成长与企业发展的速度和谐共振。

李桂云:远东大学定位为企业核心人员的黄埔军校、经理人推动绩效的业务伙伴、员工发展顾问、企业变革推动者。请举例说明企业大学上述角色是如何实现的?如何坚持以解决问题为导向,以创造价值为目标的原则?

于海发:有的企业大学负责人抱怨工作难做,公司各个部门不配合,老板也不热情,吃力不讨好。

我却认为,做企业大学应该弄明白两个问题。第一,是老板支持我,还是我支持老板?是公司支持我,还是我支持公司?我们既然是企业大学的执行校长,那么肯定不是老板支持你来办企业大学,而是要你把企业大学办好来支持老板。如果都要老板和企业帮你才能做,那么企业要你这个大学有什么用?

第二,部门为什么要配合你?人家整天忙得要命,交不了合同要罚钱的,你企业大学却给人找事,去教育人,部门凭什么愿意配合你?于情于理,你必须能支持人家,不仅要提供学习方案,最好能共同研讨可行性改进方案,有助于提升工作效率,人家才愿意配合你。

我就对我的部门强调,一定要做受人欢迎的人。不是我们要教育人家,而是人家有了问题,我们能帮他们整合资源,解决问题。

这是个定位问题,既然叫企业大学,那么就是为企业服务。当企业遇到问题的时候，企业大学如果能拿出一个合适的方案，那么不用你去找老板，老板就主动来找你了。

比如，远东2010年年底，一天有50多人晋级为中层干部，当天晚上我就给老板发了个短信，说远东大学要马上举办"远东大学新任管理干部研修班"，并拟好培训周期，目的是让他们快速适应管理层，与我们的管理团队迅速达成和谐共振。老板马上就回复："非常好。"

再比如，我在跟我的顾问团不断探讨远东的管理模式。因为我们未来要做到市值两千亿，那时我们一定是由一个集团企业变成一个企业群。这就有必要对我们的商业模式和管理模式进行系统思考，有机结合，建立整个组织的共同语言。我们投资企业，不仅需要资金，也需要成功的经验和成熟的管理模式的支持！

目前远东大学通过聘请数十位企业导师定期到企业进行咨询和辅导，为远东员工的职业发展和企业变革制定方案；学习、辅导和咨询工作都是围绕"解决问题"为核心。员工、部门领导和公司领导提出问题需求，远东大学联合顾问团队和问题提出部门一同研究问题的解决方案，经过和主管领导一起论证后开始培训、辅导和应用。最终不仅要解决问题，更要改善现场、提高标准、降低成本、创造价值。

李桂云：您还提出远东大学是一个"融智平台"，如何做到？

于海发：作为融智平台，我们倡导"远东大学是远东人的大学，群策群力，共创价值"。远东的任何一名员工和部门都可利用这个平台讨论问题，研究问题。远东大学会协助员工和经理整合外部资源和内部资源，共同开发课题，研究方案。

把资源转化成能源，把能源转化成能量，把能量转化成能力，这也是远东大学对自身发展的要求。

李桂云：您提出没有培训教材的大学是不可想象的，远东大学期望的培训教材应该具备哪些特征？您提到希望跟一些优秀的培训机构合作共同开发课程，您对这些机构有怎样的期望？

于海发：任何一所学校都有自己的教材，而企业大学既然称之为"大学"，也应该有自己的"使用教材"；目前企业的培训大多是个人经验和企业经验的总结，缺乏权威的系统培训教材，也是企业大学迫在眉睫要解决的问题。

我现在提到最多的就是标准问题。比如我们的一线员工，他们是最基层的做事的人，而谁对他都有指导权，不同的上级如果标准不同，他应该听谁的？

就我了解，国内的企业培养员工大多数是师傅带徒弟。于是乎徒弟的水平如何，直接取决于师傅的状态，但这是不可控的。我们作为管理者，应该把这些标准统一起来，传承下去。

又比如，那个师傅在某岗位上做了很多年，积累了很多经验，一旦他走了，就把他的经验带走了。所以我认为，对于企业来说，用方案解决问题，比用经验解决问题更有商业价值。对于学习和传承来说，方案比你的经验更有价值。

远东大学所期望的培训教材，应该有解决企业发展过程中遇到的问题的方案，有系统高效培养人才的方法，有提升能力的训练方案和开发人力资源的成功案例。企业大学最基本的教材应该健全每一个岗位的流程与标准。

创业领袖与企业大学领导者的个人影响

李桂云： 作为一家知名民营企业，并且是产值已经超过100亿的上市公司，您对此类机构的企业大学运作思路有怎样的思考与建议？

于海发： 一是要有明确的企业发展规划和人才发展战略；二要根据工作任务需要和人才职涯规划，制定学习方案和人才使用方案；三要根据岗位对能力的需求，开发系统和专业的培训教材；四要明确管理模式，规范管理方案；五要明确企业文化诉求和行为标准。

李桂云： 你这套理念和方法，是不是也适用于国内这些大中型国有企业？

于海发： 中国的民营企业，是伴随中国的改革开放成长起来的，它会不断遇到新问题，不断遇到各种挑战，因为敢于创新，所以形成的管理方案更有生命力。而国有企业大都与共和国同龄，管理方式比较成熟，问题基本都已经有了成熟的解决方案，并且一般都解决得非常成功。民企和国企在管理方面有互补性，有必要相互学习。

李桂云： 在人才培养过程中，创业领袖的影响力究竟是如何体现的？

于海发： 远东控股集团的创始人，董事局主席蒋锡培先生不仅有超人的商业智慧，在人才培养和使用上也体现了大家风范。学习上要求严、投入大，每次学习都要亲自参加，并跟踪学习效果。用人上也体现了"不拘一格降人才"。蒋主席提出的"事业经理"管理模式，是人才培养的最佳方案。人人是事业经理，人人是老板，人人是创造者。

"精品源于人品，思想源于梦想"，是董事长蒋锡培先生的至理名言，也是企业商业圣经。产品质量的好坏一定与企业培养的人品有关；当我们的梦想有更大的追求时，思想一定会发生变化。

"文化发展，文明进步"，是我来到远东控股集团的心得体会。领导者的开放心态，让远东这个组织具有了强大的包容性；"追求卓越，永不满足"的企业精神，使有着不同"文化"背景的人才产生了共同的向心力。

李桂云：请简单谈一下您的个人经历。作为企业大学的领导者需要具备怎样的素质与能力，请谈谈您的看法。

于海发：我的个人经历很多，从事过业务员、主管、高级经理、培训和咨询顾问；自己也创办过公司；2000年开始从事培训、咨询工作。2003年开始与北京大学有五年的合作；主要服务的行业有合金钢、汽车零部件、金融保险、服装彩棉、电子、食品、电缆等，主要为企业提供培训和咨询。现在专注企业大学的运营与探索。

经过十几年的探索，与我的21位好友和顾问共同开发了"创造型企业"的解决方案，希望通过培训、咨询、辅导和服务外包和企业一起创造价值。

我认为，作为企业大学的领导者应该具备以下素质和能力：

热爱企业，喜欢商业；懂企业，懂管理，懂组织；乐于分享，喜欢沟通与交流；有培训和咨询的专业能力；有设计方案和开发教材的能力。

《中国远程教育》（资讯）杂志记者　王铁军/整理

宝钢 十年练就传统行业 E-Learning 春天

在我们以往采访的 E-Learning 案例中，E-Learning 较多应用于国外大型企业、跨国公司、国内金融、保险、电信等机构，而传统行业成功应用 E-Learning 的并不多见。宝钢却是个特例，他们的 E-Learning 成果获得了世界钢铁协会网上炼钢大赛第一名，全国冶金行业管理创新成果二等奖，上海市企业现代化管理创新成果二等奖。从十年前的不被认可，到 E-Learning 建设纳入公司信息化建设规划，E-Learning 纳入公司员工培训体系，再到如今获得多项殊荣，宝钢 E-Learning 实践走过了不平凡的十年路。

宝钢人才开发院网络培训中心主任周胜接受采访时表示，经常有一些机构到宝钢参观后信心百倍地回到自己单位，没多久又垂头丧气来找他抱怨 E-Learning 很难应用起来。周胜指出，实施 E-Learning 其实并没有什么秘诀可言。不同企业的培训理念、培训体系不同，学习的氛围和环境也不同，所以在具体应用环节一定存在差异，但有一条是相通的，即一定要得到公司高层的认可，并得到各级人力资源部门、相关专业部门的支持。"只要坚持不懈，把握时机，E-Learning 春天一定会到来。"

对标找差距

李桂云：一些人曾把宝钢比喻为"制造行业中的 E 路先锋"，听到这样的评价您有何感触？

周胜：作为位居全球钢产量前列的宝钢，我们已经连续七年进入世界 500 强之列，并再度当选"全球最受尊敬的公司"，先建校再建厂，这是宝钢一直保留下来的传统，E-Learning 在行业里得以成功应用，与这样的背景是分不开的。在国内制造企业，特别是央企，应该说宝钢的信息化还是走在前列的，不论是办公系统，还是电子商务、知识管理。因此，整体来看，我们做得不错。但"先锋"可能谈不上，跟一些跨国公司相比，我们有一定差距。譬如韩国的浦项钢铁集团，虽然其在 E-Learning 方面的起步比我们要稍晚一点，但是发展得非常快，应用方面做得也非常好。通过对比，我们看到了差距。所以，"先锋"更多的是对我们的一种鼓励。

李桂云： 目前 E-Learning 多应用于金融、保险等行业，与这些行业相比，制造业的培训特色体现在哪些方面？

宝钢人才开发院网络培训中心主任周胜

周胜： E-Learning 在金融、保险行业的应用很成功，值得我们学习。但作为制造业，员工培训有其自身的特点和规律。我们的培训特色主要体现在几个方面。

第一，我们的 E-Learning 是作为公司培训体系的一个重要组成部分。从 ASTD 的数据来看，国际上大型组织 E-Learning 所占培训的比例是 35％，遵循国际普遍规律，目前我们也是控制在 35％左右。

第二，我们的 E-Learning 是员工能力提升的重要手段。集团下属部分子公司已经建立了基于员工能力素质模型的课程体系，员工可配置个性化的学习课程，E-Learning 大大提高了员工学习的自主性。

第三，它是跨地域学习的一个选择。宝钢各子公司分布在全国各地，在江苏、浙江、广东、新疆都有生产基地，有海外公司，还有分布在国内几十个省市的服务单元，他们的学习怎么办？远程方式是一个必然的选择。

第四，它是对公司知识管理的极好支撑，是实现知识积累、共享和知识推送的主要工具。

另外，它是非常好的缓解工学矛盾、减轻集中培训压力的方式。按照每年 12 万人次的培训量来计算，我们人才开发院每个工作日就要培训 2000 多人，这是不可思议的。但采用 E-Learning 的方式，我们每天的面授培训量就减少了 500 人左右，成本大大降低。

李桂云： 关于投入产出的问题，不同人有不同的观点。一种观点是，从短期来看，E-Learning 是节省成本了，但长期的话，随着平台功能的逐步完善、课程资源的补充，它的投入也是很大的，不比面授少多少。从宝钢的实践来看，情况是怎样的？

周胜： 我们从两个角度计算了一下，首先是从员工机会成本来算，由于员工的 E-Learning 学习是业余进行的，也就是说学习没有影响工作，因此每年公司员工机会成本降低高达好几千万元。其次，系统平台和网络课件是要投入，但这个投入不是一次性的，至少要用两三年或更久，器材也一样，所以下一次的更新一定是在几年以后。这样看，我认为 E-Learning 还是比面授成本要低得多，目前看宝钢每年在 E-Learning 方面的投入大约是面授培训的 1/8 左右。

"培育"时机

李桂云：作为一位行业资深人士，您对 E-Learning 在行业中的有效应用，最深的体会是什么？

周胜：坚持不懈，把握时机，春天一定会到来。为什么这么说？2000 年 5 月，宝钢多媒体网络教育中心成立，7 月，宝钢 E-Learning 平台正式上线运行。从 2000 年到现在，我们已经做了 10 年。经历了 2000—2003 年的起步阶段、2004—2005 年的推广阶段和 2006 年开始的发展阶段，宝钢 E-Learning 走过了 10 年，从最初的不被认可，到如今宝钢提出了打造数字化宝钢的目标，辛勤付出终于结出希望的硕果。2010 年，我们实施完成 E-Learning 培训项目（课程）341 门，培训学员 5 万多人次。

起初，我们做得相当辛苦。在平台上放了一些课程，鼓励大家去学，但没有什么效果，也不受关注。即使在这样的不利环境下，我们还是坚持了下来，今年不行，没关系，明年继续做一些宣传，做一些包装，等待时机。随着制度和流程的不断完善，我们的情况也逐渐有改观。2006 年，我们终于迎来了一个大好机会——新进大学生培训。

我们跟人力资源部一起策划，做了 1000 多名大学生岗位实习阶段的培训，为期一年半。要求他们每年固定学习一定课时的 E-Learning 课程，考试不合格者，实习期的转正将要推迟。分布在全国各地的 1000 多名大学生接受了这个培训，由于基础好，适应这种学习方式，所以培训的效果相当好。这件事影响非常大，E-Learning 这种培训方式也因此受到了从公司领导到人力资源部门，再到员工的关注和认可。

也就是从 2006 年开始，宝钢的 E-Learning 迎来了它的春天，公司不仅把 E-Learning 纳入到公司的培训体系，还将这个成功培训方案写入了《关于加强宝钢新进大学生培养工作的指导意见》。

李桂云：传统行业应用这种现代化的手段，历时十年的磨砺与考验。在坚持过程中，您没有困惑吗？

周胜：谈到困惑，我觉得首先就是观念和信息化的能力完全不同，这是一个比较大的困惑。如果到电信行业、IT 行业，说上网做一些事情，这是很正常的事。但在传统制造业不同，员工的信息化能力要弱一些，很多员工家里甚至连电脑都没有。第二个困惑是 E-Learning 对面授的培训体系，特别是面授教师的冲击很大。一方面，在内容上，无论是管理，还是技术，E-Learning 是全覆盖的，这就导致了冲突的发生。另一方面，老师们也有疑问——你们 E-Learning 都搞了，还让我干什么？所以老师们很反感。冲突在开始的几年比较突出。现在来看好多了，老师们慢慢地接受了这种形式和方式。三是与管理体制和制度之间的一些矛盾。几乎我们所有的体制和制度的对象都是支持面授，它不支持 E-Learning，甚至跟 E-Learning 是矛盾的，这块阻力也是比较大的。

李桂云：您提到对面授培训体系、面授教师的冲击，具体来说，你们是如何缓解这个冲击的？

周胜：实际上是做了一些引导，让他们消除"有了 E-Learning 培训，面授教师就没饭吃了"的疑虑，让他们明白实际上我们只是把部分成熟的、适合网上学习的课程作为网上资源供员工学习，而不是所有的课程，他们同时可兼任网上辅导教师。第二，让老师们知道，把内容拿出来做成课件，这是你的成果，也是新的尝试与体验，从这个角度去鼓励他们。第三，在机制上要求和鼓励教师以混合的形式来形成课程体系。我们目前正在把这 800 多门基础课程逐年的网络化，现在已经达到了百分之五十多。

人才开发战略下的 E-Learning 发展

李桂云：目前一些高校希望与企业开展非学历方面的培训，据了解，宝钢在远程学历教育方面已与东北大学、上海交通大学等合作多年，在远程非学历方面是否也有合作？高校参与企业非学历培训需要破解哪些难题？

周胜：在优质资源较少的情况下，我们选择了跟一些院校开展远程学历教育，近几年随着可供选择的大学资源越来越多，我们把更多的选择权留给了员工。与高校开展的远程学历教育的合作，会逐渐退出，而把更多精力放在员工的非学历培训方面。我们绝大部分课程都是由人力资源部门、现场员工提出实际需求后，按照专业教师的要求，现场编写的。课程开发出来以后，有的做成课件供员工网上学习，有的则进行面授。我们每年开发课程的量很大，都在一二百门左右，有很多是针对宝钢的特定人群的特殊需求。从需求出发，密切结合企业实际，才有针对性。针对性有了，才有有效性。培训要有针对性，还要有有效性。针对性谁来保证？人力资源部门提出需求，保证针对性，有效性则由培训部门来保证。

高校参与企业培训最要突破的就是针对性的难题。高校资源都是针对全国各地、每个城市都适用的。哪个高校的哪门课程对我们来说是适用的？很难说。所以主要是针对性的问题。这点对于高校来说，解决起来难度相当大。

李桂云：在资源建设方面，宝钢有何成功经验？对平台和课件供应商您有何建议？

周胜：我们通常把基础设施建设比做是铺"路"，系统比做是"路"上的"车"，而资源即为"车"上的"货"。宝钢 E-Learning 培训建设注重"路"带"车"、"车"促"路"、"路"、"车"、"货"并重的发展原则，逐步形成了具有宝钢特色的信息化资源保障体系和资源共享库。

在课件资源建设方面，我们通常是结合各部门的需求，自建课程，因为我们人才开发院本身有较为强大的师资队伍。课程开发主要依托公司内部的兼职教师（专家），有价值的课程会现场录制流媒体课件，网络课件入库管理，实现知识经验课程化。并通过专家咨询、专家博客、实时交流、主题研讨等方式完善资源的进一步积累。

我们采购的课件不多，大约20％的比例，都是基础类课件，我们会选择比较固定的合作伙伴。长期合作后，他们会很快理解我们的想法，形成的风格、格式、框架等也比较合乎我们的要求。同时我们会用专门的教师与他们对接，老师不参与课件的具体制作环节，主要结合培训需求，与内容提供方沟通，参与教学设计和脚本撰写，以便课程更具有针对性。

对于平台提供商而言，我想针对那些刚接触 E-learning 的企业，他们应该更多扮演咨询者的角色，为企业排忧解难，答疑解惑。而对于我们已经开展 E-learning 的企业，倾听需求，完善功能，共同成长应该是关键。我们平台的一些功能，如离线学习，辅导教师的短信提醒功能，管理区域、学习区域、交流区域的划分等，对平台提供者而言需要个性化定制，尽管做起来很辛苦，但对他们也是一个重要积累。

李桂云：宝钢人才开发院的定位是作为员工教育培训基地、公司管理研究的基地、员工创新活动的基地，E-Learning 除了在教育培训方面发挥一定作用，在其他两个方面是否也有所作为？

周胜：2007年8月，宝钢教育培训中心更名为宝钢人才开发院。人才开发院的定位是宝钢的员工教育培训基地、公司管理研究基地和员工创新

宝钢人才开发院正门

活动基地。我们要把学院建成传授价值理念、共享知识经验的讲坛；传播最佳实践成果、助推管理变革的智库；同时它还是传承创新成果、激发创新活动的平台。除培训外，E-Learning做的主要是一些支撑性的工作。比如公司的管理研究成果最终要跟研修结合在一起，即管理诊断、研究和研修三位一体。既然是三位一体，我们就要把成果课程化；对于员工创新活动这一块，我们同样是做一些支撑，为员工创新活动搭建平台。譬如对一些创新的理念、方法，我们通过知识管理的方式进行实时的发布与共享。

  人才开发院建设的最终目标是聚焦在围绕公司战略来提升公司绩效上。一方面要做好支撑公司战略实施，另一方面要支撑公司实现员工与企业的共同发展。怎么把公司发展战略化解成员工职业发展和能力提升需求，从而形成公司的培训计划，这是公司人力资源部门和企业大学集中要解决的问题。我们的 E Learning 也正是围绕这样的目标开展工作。

《中国远程教育》（资讯）杂志记者　潘超/整理

国美培训 零售业龙头的雄鹰之志

"企业的核心竞争力在哪里？雄厚资金？恐怕不是；商业模式？恐怕也不太经得起推敲；恐怕还是我们的组织能力。团队是企业的核心竞争力。"这是国美电器集团（以下简称国美）人力资源中心副总监、培训中心总监赵克欣在"经济复苏背景下的企业学习战略"主题研讨会上的一段讲话。

赵克欣，北大光华战略人力资源管理MBA，自幼酷爱国学，喜易经，好儒法道，研究兵法，参悟佛学。除在沃尔玛做过三年营运、三年培训工作，他还有多年在百货业及个人创业的经历，这样的背景似乎决定了他更愿意从战略层面思考培训业务，"培训的本色就不是小打小闹的事，应该顶天立地，轰轰烈烈，把组织塑造成'人人教我，我教人人'的学习型组织，实现基业长青。""战略变革，反映的是战略思想变革。先要转变团队的思想，然后输出战略行为，最后才会到达战略变革的彼岸。此所谓胜兵先胜而后求战。"赵克欣指出，培训首先要把格局做起来，其定位务必为战略培训，其业务必须支撑和协同组织战略，绝不可为了培训而培训。

对于一个拥有30万员工的零售业龙头企业，目前国美的培训工作离轰轰烈烈还有一定距离，但这并不妨碍其做大做强，甚至服务社会的远大理想。"培训业务是有生命的，从它孵化出来那一天起，不管其DNA决定它命中注定是一生爬行，一生迅跑；还是可以一生搏击长空，翱翔天地；它都要历经自己既定的发育成长过程，我们要尊重生命的自然规律，顺时而动，有所为有所不为，既不可拔苗助长，更不可削足适履。"国美相信，只要是雄鹰总有一天会在苍穹展翅高飞。对于一个拥有30万员工的零售业龙头企业，国美的培训工作意在顶天立地、轰轰烈烈，把组织塑造成"人人教我，我教人人"的学习型组织，实现基业长青。

软硬兼施的赢家

李桂云：零售业不是一个以某项核心技术、某一专用性资产作为游戏筹码的行业，有人提出大规模、压低成本是行业的最核心竞争力。这样的一种行业属性决定了怎样的人才需求特点？

国美电器集团人力资源中心副总监、培训中心总监赵克欣

赵克欣：零售业不能简单地以一个人群来概括，我更习惯于把它划分为一线和二线。一线主要指门店终端直接服务顾客的人员，对这一群体岗位的要求越标准化越好，公司需要他们具备很强的顾客服务精神，关注细节的工作意识以及良好高效的执行风格。

对于负责决策和管理的二线员工，我们要求高素质、高学历、高智商，具备优秀的学习创新能力。除了必需的岗位职业技能之外，他们还要心智更加成熟、视野更为开阔，既具有大局整体思维、系统战略能力，做事情时又能够脚踏实地、放下身段。主观上努力做一个"眼高手低"的人，客观上能够在组织里成为顶天立地的人。

二线的所有工作都是围绕着如何支撑一线员工更好地服务顾客而展开的。同样需要很强的顾客服务意识，二线在服务当中为一线创造了价值，一线才能把价值传导给顾客，让顾客感受到企业为他创造的价值，就能产生顾客忠诚度。顾客忠诚度会反过来为企业锁定购买力，支持了企业可持续发展。如果企业富于社会责任感，这个价值将会有一部分投放到社会进行慈善事业，转化成为社会价值。当然还有恰当的另一部分，会反哺回员工，驱动新一轮更大的价值。

这样就形成了一个良性价值循环，在这种良性循环当中，所有人都是赢家，包括员工、顾客、股东、社会。所有人都是赢家的事，一定是得道之事、得道多助，这就达到了《易经》中"元亨利贞"的境界。曾有位乳业企业家说过："财聚人散，财散人聚。"非常有见地。

李桂云：所以人力资源中心、培训中心主要做的就是如何凝聚人心？

赵克欣：是的，我们要做的正是这样一个工作。培训中心力戒为了培训而培训的事务性小培训。国美培训体系的使命非常朴素，我们用"五好"来形容：首先是思维好，希望通过培养团队正确的思维方法，科学的思维结构，理性的心智模型，来使我们的团队建立起对公司的忠诚度；二是身体好，我们把它也作为培训体系的一个有机组成部分。公司有自己的健康俱乐部，在总部、大区、分部，甚至包括1200多家门店，都设有自己的健康俱乐部；三是心情好，国美有自己的艺术团，艺术团整体才艺水平很不错，历年公司年会上的表演可称做是山寨版的春晚了。身体好和心情好，服务于员工满意度。还有一个好，就是培训业务的本职了——学习好，学习好服务于员工专业度。以上四好合一好，归根结底还是为了工作好，能够创造出更大的岗位价值来。希望通过忠诚度、满意度和专业度，支撑整个员工团队的敬业度。在敬业度这个层面，员工将能够自主自发地为了公司的战略目标，为了部门的战术目标去努力工作，而不是出于无奈或被迫，这点很重要。

敬业度是支撑公司软实力的，国美23年的发展历程当中，从来不缺硬实力，靠硬实力国美打拼到今天家电零售行业领军地位，但是伴随着公司的战略转型，国美是该加强软实力的时候了。这种软实力对外来说，体现在与上下游供应商建立起更富效率的双赢合作关系；在内部能够创造更加尊重和开放的沟通环境，为员工创造更大的价值。这样的软硬结合构成刚柔并济的国美力量，凭借这个力量推动国美走向更高更远的未来。

低成本战略下的E-Learning建设

李桂云：您曾讲过企业之间的竞争，表面上看是人力资源的竞争，但其核心是培训体系的竞争。较量的是培训体系谁搭建得更为科学、系统、开放和有效率。面对国内外零售连锁企业的竞争局势越来越激烈，国美在培训体系的建设上有什么法宝？

赵克欣：从国美目前的培训体系来说，有四个显著特点，也可以说是四个指导思想。首先一个是实战性培训。实战并不意味着放弃理论，恰恰相反，我们认为理论与实践是一体两面，如影随形，无法或缺。真知，是可以在理论与实践之间自由穿梭，互为表里的，没个升天入地的七上八下是无法获得真知的。

第二个特点是全岗位覆盖。国美培训体系，能够覆盖所有序列的岗位，包括一线，也包括二线。国美这架商业机器的运行效率，完全符合木桶效应，即最短的木板往往决定整架机器的效率，因此没有哪一个岗位是可以被摒弃在培训体系之外的，每一个岗位都非常重要。

第三个特点是低成本驱动，这是由零售行业的微利性决定的。国美的纯利率也就是3%多一点，国美会用很多方式来省钱，包括培训业务，省钱不是减少培训，而是通过优化培训模式，进而优化它的成本结构。

第四个特点网络化发展。我们有两个网络，一个是物理的网，由全国

45家国美培训零售学校所构成，学校的英文叫 Store of Learning，源于英国的阿斯达百货，这是一个前店后校的实战型培训模式。另外一个是虚拟的网络，我们从 2009 年 12 月在全国正式推广国美远程培训系统，到现在将近半年的时间，它的作用已经呈现出来了，而且非常的显著，尤其对地处偏远的二级市场。

李桂云： 零售业的特殊性似乎让人们觉得传统的面对面培训更见成效，E-Learning 在零售行业中的应用是否会受到相应的限制？你们用了半年多的时间，最主要的成效体现在哪里？尤其您提到的低成本驱动？

赵克欣： 在普及网络学习之前，国美所有培训基本上都是通过面授来完成，由于费用所限，一些偏远地区就变成了被培训遗忘的角落，后果很严重，因为他们不能很好掌握公司的政策程序，也由于缺乏岗位知识技能而难以胜任工作，这方面的短板最终都将体现在公司业绩损失上。

我们粗略算了一笔账，面授培训预算的 65% 左右都用来支付非直接培训费用，比如交通、住宿、餐饮等，况且我们的员工大概在 30 万人规模，要实现全员覆盖，通过面授基本不现实。

难题在 E-Learning 推广使用之后全都解决了，国美培训业务也因此进入了一个新时代。每一家门店都有足够的联网电脑，学员可以随心随时随地打开电脑学习。如果预算 1000 万元，其中的 650 万不用支付差旅了，这也体现了低成本驱动的特点。不仅如此，除了培训，E-Learning 平台还承担了很多管理工作，大量人力物力得以解放出来。

我相信，没有哪一种培训模式可以包打天下，我们采用的是"3L"组合培训模式，即国美零售培训学校、行动学习、远程培训。我们是因应教学目标、培训对象、课程内容和实施要求的不同，灵活选择恰如其分的培训模式，同时兼顾几种培训模式的相互支撑与协调，最大化地发挥模式集成的合力作用。

胜兵先胜而后求战

李桂云： 据了解，国美 2010 年上半年在培训业务上的投入是 2009 年上半年的四倍。你们是如何争取到这么多的经费支持的？

赵克欣： 我们做培训始终坚持一个理念，就是要持续性地给予公司信心，无论短期还是长线，要让公司不断感受到培训价值，公司才乐于对培训业务不断增加投入与关注。

培训业务首要的是营造格局。俗话说，心智决定视野，视野决定格局，格局决定命运；培训业务以格局起势，其定位务必为战略培训，其业务必要支撑和协同公司战略，远离为培训而培训。我们需要保持对战略的足够专注，要有足够的定力抵御各色诱惑，社会流行的再热门的培训项目，如果并不紧贴我们企业的战略需求，并不支撑战略行为所要求的配套能力，也要做到丝毫不为之所动。

从公司角度来看，他也非常能够理解培训业务的出发点和立足点是什么，既然业务方向是一致的，支持当然也就不在话下。

李桂云：我发现好多机构的人力资源中心与培训中心都是脱离的，而国美人力资源与培训业务是联系到一起的，您本人也身兼人力资源中心副总监、培训中心总监两个职务，这样的组织安排，对培训工作有怎样的影响？

赵克欣：我加入国美后做的第一件事，就是彻底解决培训资源整合的问题，把公司所有培训资源及管理全面整合到培训中心来，实现对培训业务纵向一体化的垂直管理，以保证资源整体效率最大化。这件事太重要了，体制是最大的一个格局，这个问题解决不好，刚才说的所有规划、设计、体系搭建，都只能免谈。

李桂云：具体是如何进行资源整合的？原来的培训模式已运行了一段时间，冰冻三尺非一日之寒，如何兼顾各方利益让国美总部的培训在一线可以落地？

赵克欣：国美培训的组织体系是这样的：在总部设有培训中心，6个大区都有培训经理，42个分部有培训主管，1200家门店有人事服务专员，这样整个工作系统就贯穿下来了，培训业务自上而下层层分解，自下而上层层支撑。

原来的人力资源系统与营运系统各有自己专属的培训体系，两边各自分别开班，时间与场地的撞车事件时有发生，到门店店长和品类主任一级的学员，就左右为难到底要上谁的课。现在好了，资源全都整合在一起，以国美零售培训学校为例，校长是分部总经理，下设两个副校长，一个是行政副校长、一个是营运副校长，分别由行政总监和营运总监担任，人资经理任教务主任。这样，软性技能的课程基本是由人资体系的老师来担任，硬性技能主要由营运的老师来担任。营运老师可能是店长、可能是主任，也可能是营运总监。这个SOL平台实际上是一个整合集成的平台，营运与人资在此是你中有我、我中有你的关系，不分彼此，做得好一荣俱荣，做不好一损俱损，大家早已变成了事业共同体，培训业务的统一战线到这里也就自然而然地形成了。

多元市场群雄争霸

李桂云：国美在平台合作以及课件引进方面都采取了全国招标的方式，尤其在最近的课件招标中，有几家课件提供商从众多竞争对手中脱颖而出。您对课件制造这部分市场有怎样的认识？您觉得能与国美培训实现无缝链接的供应商应该具备哪些特征？

赵克欣：有一个明显的感觉，FLASH课件制作是一个多元化市场，课件商的制作标准、教学思想和设计风格可谓百花齐放、各具特色，差异很大。国美第一次课件发标就是600个课时，这在业界可能是比较少有的，而一般来说，课件制作商的年生产能力达到200个课时，就已经算是比较有规模的企业了，这就注定制作团队仅有一家肯定不行，我们得需要3～5家才能满足需要，最终我们要把这几家组合成一个大的制作团队共同来做这个事情。

把不同的几家变成一个制作团队的前提，就是标准一致性的问题。其实，把统一的标准设计出来并不难，难的是大家长期以来各有各的标准，一下子按照统一标准来执行，对他们来说挑战性也很大，因为他们的制作团队早已养成了自己的习惯，一夜之间改变习惯可不是一件简单的事，尽管不简单但我相信还是可以实现。我们希望跟这些中标的制作商，能够发展成为一种长期的战略合作关系，伴随国美快速发展他们也能迅速发展壮大起来，也希望通过几年的合作，能够产生拥有1000课时年制作能力的大型课件制造企业。

李桂云：你们与平台商的合作是从2009年12月开始正式启动的，是否契合当前培训工作的需要，有需要改进之处吗？

赵克欣：国美与平台商的合作关系很好，但总体来说平台升级是大势所趋。我们希望在原有平台上增设3D技术虚拟实景空间，以支撑课件在生动和趣味方面的升级。我们现用培训教材相对来说还比较单调，知识转化率受制于课件形式不够生动灵活，我们希望把所有商品知识分期分批地转化为3D课件或者动漫课件。可以想象，如果一个产品可以立体解构为模块来解读，能够360度旋转，上下左右、前后内外，都能让学员有一个彻底的了解，这样掌握的产品知识肯定会更加牢固。

另外，课件的情景化也是我们所看重的，比如典型销售情景：怎么接待一个急躁易怒的顾客？如何面对一个犹豫不决的顾客？这方面理论很多，理论源于实践，对大量实践进行总结归纳，最终升华为理论，这个过程相当于把鲜活的实践加了一次密，老师讲课的过程相当于是对实践的解密，而学员听课和理解的过程相当于二次解密，这个解密过程不可避免地会出现信息衰减和污染。现在我们希望以还原回实践情境化方式，把这些课程开发得生动鲜活，用一种有趣传神的方式来演绎诠释这些课程，实现隐性知识的

情境化，为学员创造一个调动类似佛家六根"眼耳鼻舌身意"去领会和吸收信息的条件。当然我们不能期望学员通过情景剧就都能够充分理解要传递的消息，在情景剧尾声再把关键核心内容，用文字刻画出来，起到画龙点睛的作用。

通过课件教材的全面升级换代，实现培训业务更高的知识转化率，为公司战略目标的达成，从培训角度创造更大的价值。

待培训风生水起

李桂云：对于培训中心未来业务您有哪些设想？

赵克欣：作为企业学习与发展领域的一分子，我们很希望能够为企业、行业甚至社会贡献更大的价值。最近正在与三星、LG、夏普、惠普、海尔等企业商学院进行实质性接洽磋商，积极探讨双方资源共享互换的可能性和操作性。我们知道，各大企业都有自己质量非常优秀的培训教育资源，但无论多么优质和丰富，大都被企业自己的边界所束缚，即使培训能力过剩，也无法轻易对外输出，不能参与流通对培训资源的社会性来说的确是一个巨大的浪费。而事实上，各家资源之间存在非常强的共享、交换与共同创造的可能性。我们很希望能与存在共识的企业大学深入探讨如何让各自的资源进一步开放和共享。在这样的合作平台上，哪一家都不必额外投入一兵一卒，但每家的价值通过共享互换却可以上涨数倍。到了这个境界，我们大家全都升华了，已经不再局限于具体的培训业务，我们已经有条件去共同研究市场发展、改善零供关系，甚至探索行业标准，这不仅在解决行业的事情，某种程度上也是在解决社会的事情。

李桂云：您的想法非常独特，很多企业大多想到如何把分内的培训工作做好，很少有人会想到联合其他机构，如何促进整个行业的发展。国美的设想很远大，按照目前公司培训业务的发展，您设想实现的把握有多大呢？

赵克欣：我们还是希望能够既对企业有益，又对行业有所贡献，如果能对社会也有所价值，那作为培训工作者来说我会感到很自豪。

目前我们还很渺小，还没有足够的战斗力，但是我们希望自己还有一点点眼界，能够看得稍微远一些。个人力量微不足道，甚至企业的力量也微不足道，但是如果志同道合的企业能够紧密团结在一起，齐心协力共同来做一些事情，就会让不靠谱的事情变得很靠谱。

唯有大局势才会有大价值，我觉得培训本不该是小打小闹的事情，培训应该是顶天立地、轰轰烈烈的事情。我们目前弱小并不可怕，一个蛋孵化出来时小并没有什么，关键看它与生俱来被赋予了什么样的命数，具有什么样的格局，可以期待怎样的未来。如果这个蛋孵出来一只小乌龟，那它一辈子注定都在地上爬行；如果是只小鸡，它慢慢会长出翅膀，但最多只能飞上墙头；如果是只雏鹰，一开始它并无特别之处，也是爬来爬去，有一天它也会飞上墙头，但终有一天它将冲天而起，在天地间自由翱翔。俗话说，爬得最快的也比不上跑得最慢的，跑得最快的也比不上飞得最慢的，模式使然。所以，最后我衷心祝愿所有企业的培训业务都能孵化出来一只雄鹰，在组织战略的天地里，风生水起，始终自豪荣耀地飞翔！

《中国远程教育》（资讯）杂志执行副主编　李桂云／整理